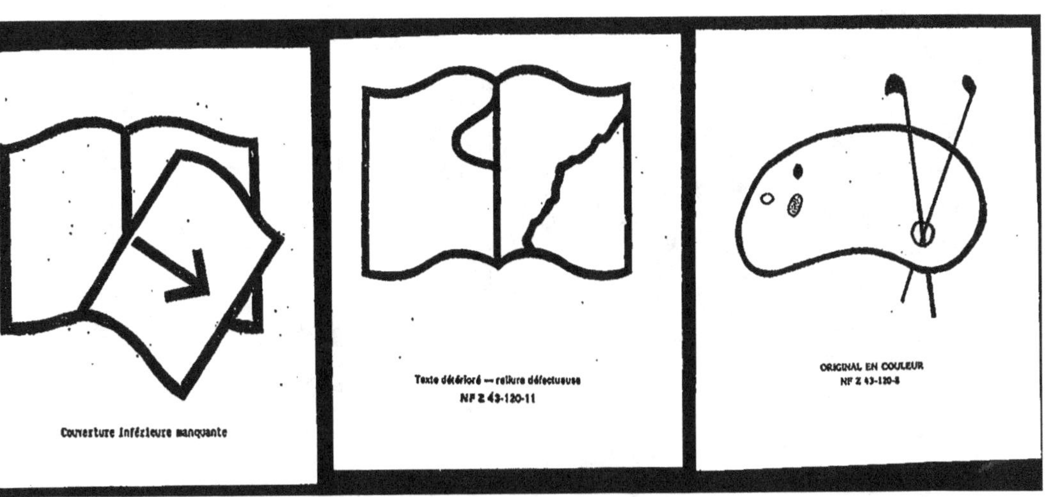
Couverture inférieure manquante
Texte détérioré — reliure défectueuse
NF Z 43-120-11
ORIGINAL EN COULEUR
NF Z 43-120-8

A. STÉPHA.
Ex-Commissaire de la Sûreté prussienne, à Str.
Les
Coulisses
DE
l'Alsace-Lorraine
LIBRAIRIE
UNIVERSELLE
PARIS

5403

Les Coulisses

de

l'Alsace-Lorraine

A. STÉPHANY

Ex-commissaire de la Sûreté prussienne, à Strasbourg.

es Coulisses de l'Alsace-Lorraine

Traduit de l'allemand par XXX

PARIS
LIBRAIRIE UNIVERSELLE
33, RUE DE PROVENCE, 33

Stephany.

Avertissement de l'Auteur

A la suite de la publication de ma première brochure, le gouvernement et les feuilles à sa dévotion
ont entamé une campagne de calomnies contre moi.
Ils n'ont même pas hésité à couvrir de boue ma
femme qui, pourtant, n'avait rien à voir en cette
affaire. La calomnie n'a même point respecté la
tombe de mon père.

Il m'est impossible d'accepter une pareille situation sans mot dire. De même, je ne peux pas continuer à passer pour un criminel qui a été condamné.

C'est pour cela que, dans ce livre, je tiens à révéler
au public les tares dont sont affligés le gouvernement, les fonctionnaires, les magistrats, la société,
comme on dit, et les officiers du Reichsland.

Mon livre n'est, en aucune façon, un pamphlet;
c'est la reproduction absolument fidèle, au point de
vue historique, de faits authentiques. Peut-être ces

derniers sembleront-ils inouïs au premier coup d'œil, mais que l'on veuille bien se rappeler le procès Moltke-Harden qui n'est pas bien vieux, me semble-t-il, et qui a prouvé de la façon la plus éclatante que la plus haute société alleman.. se compose de caractères vils. Or, les révélations qui ont été faites à ce propos ne sont que de l'eau claire en comparaison du marécage qui existe en Alsace-Lorraine. Mais, ici, certains personnages sont plus prudents, plus intelligents et prennent toutes les précautions imaginables pour éviter la publication de leurs vilenies.

En écrivant le présent livre, je n'ai donc fait que me défendre conformément au dicton :

> *Qui dit ce qui lui plaît*
> *Doit entendre ce qui l'indigne.*

Que le gouvernement alsacien-lorrain médite ce dicton .

Quant à moi, je le prie de se rappeler que, maintenant, comme jadis, je conserve la devise :

TOUJOURS EN VEDETTE !

A. STÉPHANY,
*Ancien commissaire de la police de
sûreté prussienne, à Strasbourg.*

Les *COULISSES*
de l'Alsace-Lorraine

CHAPITRE PREMIER

La « Germanisation » de l'Alsace-Lorraine.

LES ARGUMENTS DE LA *Strassburger Post*. — L'OPINION D'UN HOMME COMPÉTENT. — POURQUOI LES ALSACIENS SE RENDENT EN FRANCE LE 14 JUILLET. — LES DÉMENTIS DU SOUS-SECRÉTAIRE D'ÉTAT MANDEL. — LES FICHES CONCERNANT LE CLERGÉ CATHOLIQUE. — UN FAIT — LES COMPTES RENDUS ADMINISTRATIFS. — RIEN DE CHANGÉ. — LE « CONTRÔLE DU PATRIOTISME ». — LE QUESTIONNAIRE DU GENDARME. — LA FÊTE DE L'EMPEREUR ET LA POPULATION INDIGÈNE. — LES SIGNATURES SOLLICITÉES PAR LE COMMISSAIRE DE POLICE. — LE PASTEUR CÉSAR ET LES ASSOCIATIONS DE VÉTÉRANS. — LES AUTRES FÊTES PATRIOTIQUES. — LA « FIDELITAS ». — LE VOLONTAIRE D'UN AN ET LA FEMME DU MAJOR. — LE CERCLE DES ÉTUDIANTS ALSACIENS-LORRAINS. — LES JOURNAUX A SUPPRIMER. — L'ANATHÈME D'UN SURPATRIOTE ALLEMAND.

J'ai affirmé, dans mon précédent ouvrage, que le gouvernement allemand n'a guère réussi, jusqu'à présent, dans son œuvre de germanisation et que, pour le moins, 90 pour 100 des Alsaciens-Lorrains ont encore aujourd'hui des sentiments français. En disant cela, je me suis attiré les sarcasmes les plus virulents de la *Strassburger Post*. Dans son numéro 75, du 21 janvier 1906, elle n'a pas hésité à opiner du ton le plus méprisant que « l'on ne peut pas engager de discussion politique avec l'auteur de pareilles assertions ».

Les choses étant ainsi, j'opposerai donc à cette estimable feuille les appréciations d'un Alsacien très authentique, M. René Prévôt, auquel une longue expérience a procuré une connaissance approfondie des hommes et des choses de son pays natal. Ces appréciations ont été émises par lui, en janvier dernier, dans une conférence qu'il a faite à la *Société d'éducation populaire*, à Munich.

« Beaucoup d'Alsaciens, dit M. Prévôt, conservent encore aujourd'hui les yeux rivés sur la France et au fond de leurs regards il y a une nuance de regret. Ces sentiments ne se traduisent pas seulement par différentes manifestations politiques, dont les commissaires de police allemands s'effarouchent, bien qu'au fond elles soient assez anodines. A titre d'exemple, je citerai les pèlerinages faits au delà de la frontière à l'occasion de la fête du 14 Juillet, les cris de *Vive la France !* et le chant de la *Marseillaise*. A vrai dire, la question d'Alsace n'était pas d'ordre politique, mais de force on lui en a donné le cachet. L'Allemand qui débarque en Alsace entend de tous côtés parler français ; les mœurs du pays sont françaises. Aussi ne tarde-t-il pas à se croire transplanté dans un milieu complètement français.

» Le gouvernement français a laissé pendant deux cents ans, à l'Alsace, le temps de s'assimiler. Au lieu de cela, le gouvernement allemand, après

1871, a voulu réaliser, d'un seul coup, instantané-
ment en quelque sorte, la conquête du peuple
alsacien.

» Au cours de la Révolution et du premier
Empire, l'Alsace a donné à la France un nombre
incalculable de soldats et pas moins de soixante-
deux maréchaux et généraux célèbres Les ceintu-
rons de ces héros forment le lien indissoluble qui
rattache, encore aujourd'hui, les Alsaciens à cette
période de gloire française. L'Alsacien n'a pas
oublié que la *Marseillaise* a été chantée pour la première fois dans la maison du maire de Strasbourg
et que la honte du neveu n'a pas terni l'éclat du
nom de Napoléon Ier. Encore aujourd hui, dans
chaque intérieur alsacien, les murs sont ornés de
tableaux représentant l'Empereur et les batailles
françaises ; et l'on peut dire que, chez nous, le
soldat français est plus considéré que dans son
propre pays.

» Aux yeux du public allemand, toutes ces manifestations constituent une sorte de haute trahison
et prennent le caractère d'une protestation. Or, pourquoi le public alsacien ne serait-il plus attiré vers
cette armée française dont il a partagé les lauriers ?
Pourquoi ne chanterait-il plus les chants militaires
qui célèbrent les hauts faits des Alsaciens ?... »

Je pense que M. Prévôt, dont je ne cite pas le
discours entier, a convenablement répondu en mon
lieu et place à la *Strassburger Post.*

Lors des interpellations qui ont eu lieu, à la Délégation d'Alsace-Lorraine, après la publication de
ma première brochure, M. le sous-secrétaire d'État
Mandel a donné un démenti à certaines de mes affirmations, notamment au sujet des fiches concernant
les membres du clergé catholique. D'après lui, ces

fiches n'auraient été établies qu'en 1887, au temps de Boulanger, et il n'en resterait plus trace aujourd'hui.

A mon tour, je proteste et je prétends que les susdites fiches existent encore aujourd'hui et sont établies à nouveau chaque année.

Dès qu'un ecclésiastique est désigné par l'évêque pour l'obtention d'une cure et que sa nomination est présentée à l'approbation du statthalter, le commissaire de police du canton intéressé est chargé de rédiger préalablement un rapport très circonstancié sur les opinions politiques du candidat.

« Personnellement, en 1902, le curé d'Ichtratzheim[1] ayant été mis à la retraite, j'ai été mis en demeure de faire un rapport de ce genre sur le compte du prêtre qui était préparé pour prendre sa succession.

» A toutes les assertions de M. le sous-secrétaire d'État je pourrais opposer des démentis avec preuves à l'appui ».

Ainsi, en mars 1906, la première commission de la Délégation d'Alsace-Lorraine discutant le budget ministériel, un de ses membres a posé au gouvernement une question à propos des comptes rendus administratifs confidentiels qui sont remis trimestriellement. (C'était moi qui en avais parlé dans ma première brochure.) Séance tenante, le représentant du gouvernement lui a répondu que « ces comptes rendus n'ont d'autre but que de présenter un tableau fidèle de la vie publique en Alsace-Lorraine pendant le trimestre écoulé et du développement acquis par

1. Village de la Basse-Alsace, canton de Geispolsheim.

le commerce, l'industrie, l'agriculture, etc., etc. En revanche, il est extrêmement rare que ces comptes rendus fassent mention de l'attitude politique observée par telle ou telle personne. »

Il est extrêmement rare, dit le représentant du gouvernement. Eh bien! je prétends que la rubrique « attitude de la population » occupe une place très considérable dans ces rapports. Il suffirait de consulter les dossiers du premier commissaire cantonal venu, pour constater que dans celui intitulé « comptes rendus administratifs » figure une masse de circulaires concernant le point en question. Après avoir étudié ces dernières, ainsi que les doubles des rapports, on en arriverait bientôt à cette conclusion que :

1° En vertu d'une circulaire ministérielle, il doit être fait mention, dans chaque compte rendu administratif, des opinions politiques et de l'attitude de la population.

2° Tous les commissaires se sont conformés jusqu'à présent et se conformeront toujours aux prescriptions contenues dans ladite circulaire.

Questionné au sujet du *contrôle du patriotisme* exercé à l'occasion de l'anniversaire de naissance de l'empereur, le gouvernement avait répondu, en séance de la Délégation, qu'il n'avait jamais entendu parler de cela. Puis, accablé de preuves, il s'était vu obligé de battre en retraite et de déclarer que la chose avait eu lieu dans un cercle, dans un seul, mais que pareil fait ne se reproduirait plus par la suite. Cette promesse avait été donnée avec la plus grande solennité. Or, quelques mois plus tard, on a pu se convaincre que le gouvernement ne tenait aucunement sa parole.

Le 3o janvier 1906, à la séance de la Délégation, le député Wetterlé a déclaré avoir été prévenu par différentes personnes que, le 27 du même mois, le *contrôle du patriotisme* avait été exercé à nouveau.

A la séance du 28 février de la même année, le député Weber a déclaré ceci :

« Le contrôle du patriotisme existe comme par le passé. Pas plus tard qu'hier, 27 février 1906, dans un chef-lieu de canton, un gendarme s'est adressé à deux employés du gouvernement qui prenaient leur chope du soir et leur a demandé : « Pourquoi n'avez-vous pas assisté ce matin à la « fête des écoles, célébrée en l'honneur du couple « impérial ? »

Enfin la *Lothringer Volksstimme* a mentionné le fait suivant :

« Quelques jours après la célébration des noces d'argent, un gendarme est arrivé dans certaine localité et a posé au maire les questions que voici : 1° A-t-on sonné les cloches, le jour de la fête? 2° Le maire et le curé ont-ils assisté à la cérémonie du jour? 3° Combien de conseillers municipaux ont-ils été à la fête? 4° Comment s'appellent ceux qui y ont pris part ? »

Le journal en question faisait à ce propos les réflexions que voici : « Nous sommes tellement habitués à des choses de ce genre que personne ici ne songe plus à s'en étonner. Cependant, malgré tout, nous nous étonnons de l'acharnement stupide avec lequel on persiste dans le système Kœller, système dont les effets déplorables ne sont pas ignorés de notre gouvernement. »

Le correspondant messin de la *Bürger-Zeitung* a caractérisé d'une façon parfaite la valeur de la participation des indigènes aux fêtes données le jour anniversaire de la naissance de l'empereur. Le 27 janvier, il écrivait ceci :

« Vendredi, après-midi, ont eu lieu les grands banquets ; cette partie de la journée avait été choisie de préférence par les habitants des communes suburbaines. Ici, l'on en est arrivé à s'imaginer que l'on est considéré comme un patriote d'autant plus sincère que l'on prend part à un plus grand nombre de repas officiels. »

Ces dîners sont d'une uniformité militaire. On avale la soupe avec un air très solennel, puis on pêche avec componction le petit morceau de viande, des quenelles et des champignons dans un vol-au-vent, on attaque hardiment le plat de veau rôti qui nage au milieu d'une garniture de petits pois et de carottes.

Alors, vient le moment solennel où le maire de la commune suburbaine se lève et « amène » son discours impérial. On choque joyeusement les verres pleins d'un vin aigre, puis, quand chacun s'est rassis, on se remet à manger avec une ardeur nouvelle. On fait largement honneur au traditionnel ragoût de sanglier et, le petit vin aigrelet du pays messin arrosant le tout, chacun en arrive à s'imaginer qu'il a fait de son mieux pour relever le prestige national.

La conversation est d'une monotonie désespérante, elle est gênée; à proprement parler, chacun préférerait ne rien dire. Ceci est une conséquence forcée de l'inscription des invités sur une liste. Les choses se passent ainsi : l'agent de police fait le tour de la localité et recueille les souscriptions. Voici ce qui arrive généralement : cent vingt personnes se font inscrire, payent leurs cotisations, et quand vient le moment de se mettre à table, on n'est plus que soixante-dix. Seuls, MM. les membres du conseil municipal assis aux côtés de M. le maire échangent, de temps à autre, quelques paroles solennelles, quelques paroles graves. Tel est ce fameux dîner, dont les convives sont considérés comme de bons Allemands, de sincères patriotes et sont notés en conséquence.

Philippe de Vigneulles nous raconte encore autre chose de très particulier :

« Au temps jadis, beaucoup de dames portaient, le jour de la fête de l'empereur, des nœuds aux couleurs nationales. Les enfants aussi portaient des écharpes et des drapeaux. Cette année-ci on a constaté que presque personne ne cherchait à arborer les insignes de son patriotisme. Le public se montrait d'une indifférence presque complète au moment solennel où l'on pousse les vivats en l'honneur de l'empereur. J'ai constaté, de mes propres yeux, que personne ne criait et que pas un des spectateurs n'a ôté sa casquette. »

Cette attitude froide de la population a été la conséquence directe de ma brochure, si méprisée par le gouvernement, brochure dans laquelle j'ai fait comprendre aux habitants ce que c'était que le patriotisme de commande, par ordre supérieur.

Dans *les Scandales allemands en Alsace-Lorraine*, j'ai reproduit une lettre du président de l'Association des vétérans d'Alsace-Lorraine. Cette lettre indique, de la façon la plus nette, les procédés par lesquels on veut germaniser le pays conquis.

A ce propos, le gouvernement a eu le toupet de prétendre qu'il n'avait rien à voir avec les circulaires et que, même, il avait recommandé au président de la Fédération des associations de vétérans d'éviter de faire intervenir les commissaires de police, ainsi que les employés des administrations, dans les démarches faites en vue de constituer de telles associations.

Ceci est absolument inexact.

Une fois de plus, les hommes du gouvernement ont perdu la mémoire.

Ces messieurs du ministère ne se rappellent plus que, dès l'année 1901, ou peut-être 190 , il a adressé, à tous les sous-préfets, une circulaire les engageant à prêter tout l'appui possible aux personnes qui voudraient fonder les associations de vétérans et à donner aux commissaires de police placés sous leurs ordres la consigne d'agir dans le même sens.

En ce qui concerne les associations de vétérans, je tiens à rappeler les paroles qui ont été prononcées à Erfurt par le pasteur César. Cet ecclésiastique, parlant dans une réunion publique, a donné la définition caractéristique suivante des associations de vétérans :

« Voyez ce que sont les associations à la campagne. Je n'ai rien vu ni entendu d'aussi lamentable qu'au temps où j'étais dans l'Oberland d'Eisenach. Là, en général, les fêtes ne sont pas autre chose que le triomphe de l'ivrognerie et des disputes sanglantes. En aucune autre circonstance, on ne boit autant qu'aux réunions de ces associations. Après quoi, régulièrement, il y a un échange de coups de couteau. »

Pour ma part, je sais un cas où, en moins de deux heures, les assistants se sont battus à cinq reprises différentes. Comment pourrait-il en être autrement?

En somme, en quoi consiste une fête de ce genre? Quelqu'un fait un discours, puis tout le monde crie « hourra ! » puis tout le monde chante *Heil dir im Siegerkranz*, puis, on mange des saucisses et on boit de la bière en quantités prodigieuses.

Ce n'est pas seulement dans l'Oberland d'Eisenach que les choses se passent ainsi; en Alsace, c'est encore bien pire. Ici, où toutes les nationalités de l'empire allemand viennent se fondre dans les associations de vétérans, chaque solennité, chaque fête organisée par celles-ci dégénère en une abominable orgie d'alcool.

Les cérémonies patriotiques célébrées à l'occasion de batailles, par exemple la *Sedanfeier*, ne sont pas autre chose que de vulgaires bacchanales. Si les fêtes de ce genre se passaient *à sec*, il ne se trouverait pas une seule âme de guerrier pour diriger ses pas vers l'un ou l'autre des champs de bataille. De même, pas un seul des Allemands immigrés ne participerait à ces cérémonies, étant donné qu'en l'absence d'alcool le patriotisme de tout ce monde-là diminue singulièrement.

Pour s'en rendre compte, il suffit de voir une seule de ces cérémonies. Après cela, on est fixé, car toutes les autres sont taillées sur le même patron.

Pour commencer, un représentant du gouvernement prononce un discours destiné à commémorer la gloire des morts. A propos de ce discours, je remarquerai que sa première partie est généralement consacrée aux guerriers morts pour la patrie ; mais la deuxième, de beaucoup la plus considérable, n'est qu'un dithyrambe phénoménal en l'honneur de l'empereur, et dont la fin est saluée par des vivats et des hourras frénétiques, beuglés par les assistants.

C'est le triomphe du byzantinisme et de la servilité la plus plate. Ces gens-là saisissent par les cheveux toutes les occasions de démontrer publiquement leur aplatissement à Sa Majesté et de ramper à genoux devant le Soleil impérial. La conclusion de tous les discours, quels qu'aient été les sujets traités, que l'on y ait parlé du pôle Nord, ou de toute autre chose, est toujours l'inévitable vivat en l'honneur de l'empereur. Généralement, les orateurs sont obligés de se livrer aux manœuvres les plus grotesques pour arriver à amener ce vivat.

Après le discours, c'est-à-dire quand la partie officielle de la fête est terminée, commence ce que l'on appelle la *Fidulitas*, c'est-à-dire une orgie sans fin. Dans les champs, où, peu d'années auparavant, se sont livrés de formidables combats, où le sang des ennemis aussi bien que celui des amis, a coulé à flots, sur ces emplacements où les gens de la génération actuelle ne devraient pénétrer qu'avec des sentiments de respect et de piété, l'on se livre aujourd'hui à la débauche et à l'ivrognerie. De toutes parts, on n'aperçoit que des mercantis débitant leurs boissons et l'on n'entend que des chansons à boire et des refrains obscènes. Le champ de bataille, sur toute son étendue, est jonché de groupes en train de boire et de chanter. Des couples amoureux se mettent à l'écart, dans les petits bouquets de bois, afin de soustraire aux yeux de leurs contemporains l'échange de leurs sentiments. Plus d'une jeune fille a rapporté, en guise de souvenir de cette fête, l'espoir de doter la patrie d'un nouveau guerrier. Les tumulus sont profanés ; ils servent de sièges ou de tables sur lesquelles on étale la mangeaille et les cruchons de bière.

Le soir, quand ces patriotes ne tiennent plus debout sur leurs jambes, alors, musique en tête, on prend le chemin du retour. Chantant, beuglant, hurlant, faisant de mauvaises plaisanteries, etc., etc., on traverse les villages sous les yeux étonnés des populations campagnardes. Arrivés en ville, on entre encore une fois dans une auberge et l'on vide *l'avant-dernière chope.*

Et voilà tout ce que ces gens-là appellent : célébrer des anniversaires patriotiques !

Par ces spectacles scandaleux, par cette profanation du souvenir des morts, on n'obtient qu'un résultat : on blesse cruellement, plus cruellement que l'on ne croit, les sentiments des habitants du pays.

Pas plus tard que le 2 novembre 1906, après les fêtes célébrées sur les tombes au cimetière Saint-Urbain, à lacitadelle, à Kronenburg, à Illkirch-Grafenstaden, c'est-à-dire à Strasbourg et aux environs, les participants n'ont pas laissé échapper l'occasion de vider un nombre considérable de chopes de bière. Si, dans cette circonstance, il n'y avait pas eu matière à boire. les guerriers auraient perdu tout leur enthousiasme et seraient gentiment restés à la maison.

L'histoire suivante montre quels résultats donne parfois une cérémonie patriotique de ce genre :

L'Association des vétérans de Strasbourg-Robertsau avait pris part, le dimanche 20 mai 1906, à l'inauguration du drapeau d'Illkirch-Grafenstaden et, en cette circonstance, avait puisé dans l'alcool la majeure partie de son enthousiasme. Ceci eut les conséquences suivantes : à Strasbourg, un sergent de ville trouva, au beau milieu de la rue, la caisse renfermant les décorations de l'association et un allumeur de réverbères ramassa, sur le quai de l'Ill, le drapeau de l'association qui avait été perdu.

Dans ces conditions, personne ne trouvera étrange que les jeunes Alsaciens et Lorrains ne répondent pas aux avances qui leur sont faites et ne se soucient aucunement d'entrer dans les associations de vétérans.

Je vais rapporter maintenant différents faits qui me semblent de nature à éclairer d'un jour nouveau les manœuvres auxquelles se livre le gouvernement pour opérer la germanisation de l'Alsace-Lorraine.

En 1906, les jeunes gens du pays accomplissant leur volontariat d'un an, au régiment d'infanterie en garnison à Saverne. ont été avertis qu'il n'était pas convenable que, portant l'uniforme allemand, ils tinssent des conversations en français.

A ce propos, la *Strassburger Bürger-Zeitung* raconte ce qui suit :

« Mme Th..., femme d'un chef de bataillon, à Saverne, entrant dans un magasin et trouvant le pro-

1.

priétaire en train de causer en français avec un volontaire d'un an, les a interpellés en présence de plusieurs témoins. Tous les assistants ont protesté contre un pareil procédé. »

Ce n'est pas dans ce magasin seulement que la dame en question a fait de pareils essais de germanisation. Le fait est connu de toutes les dames indigènes ; aussi, chaque fois que cette personne pénètre dans un magasin, tout le monde se met-il à parler français. Il est douteux que les femmes des officiers de la garnison retirent un grand bénéfice d'une pareille intervention ; car, même dans les ménages de fonctionnaires allemands, on n'éprouve pas le moindre scrupule à s'entretenir couramment en français. De toute manière, il n'est pas admissible que cette lubie d'une femme de chef de bataillon ait pu entraîner une défense analogue à celle qui a été faite.

A l'époque du Carnaval, en 1906, les étudiants alsaciens ont commis une grosse sottise en interdisant aux Allemands l'entrée de la Taverne et en leur adressant toutes sortes d'épithètes injurieuses. A la suite de ceci, le sénat de l'Académie de Strasbourg, non content de distribuer un grand nombre de punitions, a promulgué l'ukase que voici : « 1° l'Association d'étudiants, dite Cercle des étudiants alsaciens-lorrains, est suspendue pour une durée de quatre semestres ; 2° il est interdit aux étudiants de se faire affilier à l'Association des pharmaciens. Les étudiants qui, actuellement, font partie de ladite association, sont tenus de donner leur démission de membres et devront rendre compte, dans un délai de huit jours, au recteur, de l'exécution de cet ordre. »

En prenant une mesure de ce genre, le sénat académique n'a point seulement réprimé des fautes commises, il a eu surtout en vue de combattre une opinion politique. En effet, les associations citées plus haut se composent exclusivement d'Alsaciens et de Lorrains authentiques.

La Taverne qui n'est fréquentée que par des Strasbourgeois bon teint est un objet d'horreur pour le gouvernement, ainsi que l'on peut s'en rendre compte par ce qui suit :

En 1901, l'ancien gérant de la Taverne, M. Georges Muller, avait fait des démarches pour obtenir l'autorisation de créer à Illkirch un restaurant élégant. Cette localité faisant partie de ma circonscription, je·fus chargé d'étudier la demande faite par M. Muller. Objectivement et subjectivement, il n'y avait rien à invoquer contre la création de cet établissement; en conséquence, je fis un rapport favorable à la délivrance de cette concession.

D'autre part, le sous-préfet d'Erstein avait promis verbalement qu'il accorderait l'autorisation. Par la suite, ce haut fonctionnaire ayant appris que M. Muller avait autrefois été gérant de la Taverne, c'est-à-dire de ce repaire de· ennemis de l'Allemagne, il refusa la concession ; il fallut de longues démarches pour que M. Muller obtînt cette concession. L'établissement existe encore aujourd'hui et porte le nom de Niederburg. Si M. Muller est encore de ce monde, il suffira de s'adresser à lui pour obtenir la confirmation de ce que je viens d'avancer.

Dans les petites villes, qui sont le siège d'une

sous-préfecture, M. le sous-préfet se fait rapporter par le commissaire de police cantonal tous les potins et cancans en circulation dans la colonie des fonctionnaires locaux et il en fait usage, à l'occasion, dans ses comptes rendus administratifs. D'une façon générale, le sous-préfet, qui se croit en droit de réclamer la préséance dans la localité, parce qu'il est fonctionnaire du gouvernement, est jaloux du juge de paix. Il est connu que tous les employés d'une administration quelconque se croient toujours supérieurs aux juristes. Si la femme du juge de paix a un plus beau chapeau et un vêtement plus élégant que la femme du sous-préfet, cela donne lieu à des échanges de propos aigres-doux dans toutes les circonstances où ces messieurs se rencontrent.

M. le sous-préfet se considère comme le doyen de tous les fonctionnaires de la petite ville et il entend que pas un de ses sujets ne cherche à l'égaler.

Il existe à Strasbourg un conseiller de justice nommé R..., lequel était, il y a quelques années, président de la chambre criminelle.

En cette qualité, il exerçait aussi la présidence au tribunal des échevins. Ce monsieur s'était attiré l'inimitié du président de police parce que, non content d'acquitter très souvent des gens qui avaient été molestés, insultés, menacés, de la façon la plus odieuse par la police, très souvent, dans les considérants de ses jugements, il se montrait très dur à l'égard de la direction de police.

M. le conseiller de justice R... avait même le courage de ne pas s'incliner devant M. le président de police. Il le lui prouva même, un jour, dans les circonstances que voici : Ayant à trancher une question de principes, il convoqua M. le président, en qualité de témoin, à une séance du tribunal des échevins. L'autre, ayant trouvé au-dessous de sa dignité de se rendre à la citation d'un simple conseiller de justice, ne bougea pas. Le juge, qui ne plaisantait pas, lança un ordre de comparution. Pour le coup, M. le président de police ne put faire autrement que de s'exécuter, mais sa dignité en fut profondément blessée. M. le conseiller de justice R..., qui n'était déjà pas sympathique à M. le président, devint alors un objet d'horreur pour lui; aussi M. D... ne songea-t-il plus qu'à une chose : faire expulser de la chambre criminelle un « personnage aussi désagréable ». Ce n'était pas aussi facile à réaliser que la mise à pied d'un sergent de ville, car il s'agissait d'un juge indépendant et n'ayant de responsabilités qu'envers la loi.

Dans sa détresse, M. le président de police s'adressa au secrétaire d'Etat, M. de Kœller. Celui-ci ne s'embarrassait guère des moyens ; il envoya au sous-préfet et au commissaire de police de Molsheim, localité où M. le docteur R... avait été autrefois juge de paix, ainsi qu'à la police de Strasbourg l'ordre de « fouiller » dans la vie privée du susdit et de lui procurer des prétextes permettant de le déplacer de Strasbourg ; mais ce procédé ne donna aucun résultat, car on ne put rien trouver de défavorable à invoquer contre M. R...

Toutefois, on obtint un résultat : le département ministériel de l'intérieur insista si longuement auprès du département de la justice que, finalement, au 1ᵉʳ janvier suivant, M. le conseiller de justice R...

fut relevé de la présidence de la chambre criminelle et affecté à une chambre civile.

En janvier 1906, différents journaux d'Alsace-Lorraine ont répandu le bruit que, en mars 1897, certaines feuilles désagréables au gouvernement, entre autres *Mülhauser Volksblatt*, *Elsässer* (Strasbourg), le *Journal de Colmar*, *Elsass-Lothringische Volkspartei* (Colmar), *Strassburger Bürger-Zeitung*, *Colmarer Zeitung*, avaient été sur le point d'être supprimées, en vertu du paragraphe de dictature et qu'elles n'avaient été préservées de ce triste sort que grâce à l'intervention de feu le sous-secrétaire d'Etat, de Schraut. Ceci fut naturellement démenti sur-le-champ, par les feuilles officieuses, entre autres, par la *Post* de Strasbourg.

On sait ce qu'il faut retenir de pareils démentis; l'intention a subsisté et la question de la suppression a été très fortement agitée dans les milieux officiels. Ce n'est pas M. de Schraut qui a empêché l'exécution de la chose, c'est bien plutôt la crainte que le gouvernement a eue du scandale épouvantable et du vacarme qu'entraînerait une mesure pareille.

Je suis mieux renseigné que personne sur ce chapitre, car, à un moment donné, j'ai été à même de prendre connaissance d'un dossier renfermé dans les archives confidentielles du ministère et concernant particulièrement ce sujet étonnant.

Au temps où fleurissait le paragraphe de dictature, le ministère tenait un contrôle très exact de l'attitude politique observée par les feuilles du Reichsland, tant vis-à-vis de l'Allemagne en général que du gouvernement alsacien-lorrain. On tenait à jour la liste portant le titre suivant : *Indication des jour-*

naux qu'il y aurait éventuellement lieu de supprimer.

J'ai eu cette liste entre les mains, je l'ai parcourue et j'ai constaté ce qui suit :

Parmi les feuilles qui étaient menacées d'être supprimées, figuraient la *Strassburger Bürger-Zeitung*, le *Journal d'Alsace-Lorraine* et le *Journal de Colmar*. Je me rappelle tout particulièrement ces trois noms parce que j'ai toujours lu ces journaux avec le plus vif intérêt. Quant aux autres feuilles citées plus haut, je ne puis pas être aussi affirmatif.

J'ai constaté, en outre, que les noms du *Journal de Colmar*, du *Journal d'Alsace-Lorraine*, etc., avaient été proprement soulignés à la règle.

Mes affirmations concernant le chauvinisme allemand ont mis dans des rages folles les feuilles gouvernementales. Je pense qu'elles ont dû se calmer un peu le jour où elles ont appris les faits suivants qui ont été rapportés par toute la presse alsacienne et lorraine.

A l'occasion de l'anniversaire de l'empereur, les *Masmunster Nachrichten* ont inséré le poème suivant dû à la plume d'un surpatriote :

> Que la racine welche pourrisse
> Et que le tronc allemand fleurisse!
> Que ce qui fut jadis la gloire de la France
> Devienne la honte de son peuple!
> Nous aussi, nous méprisons le sang de la Gaule.
> Placés près de la borne frontière,
> Nous voulons montrer notre courage allemand
> Et désormais rester Allemands.

Je doute fort que le coq gaulois se soit préoccupé outre mesure de cet anathème. Les faits suivants sont aussi amusants qu'instructifs :

Un commerçant strasbourgeois avait fait une commande de marchandises à une maison de Brandebourg et sa lettre avait été écrite sur papier avec en-tête en français. Je ferai observer que cela ne comporte pas la moindre démonstration, attendu que les commerçants du Reichsland faisant la plupart de leurs affaires avec la France ne peuvent s'en dispenser. En réponse à sa lettre, notre brave Strasbourgeois reçut du chef de la maison de Brandebourg l'épitre que voici :

« Je tiens à vous faire observer qu'en m'écrivant vous avez fait usage, peut-être par méprise, d'un papier dont l'en-tête était entièrement rédigé en français. Étant donné que votre lettre part de Strasbourg et que certaines personnes pourraient y trouver une intention, je crois devoir vous conseiller de ne plus vous servir, dorénavant, pour votre correspondance avec l'Allemagne, d'un pareil papier. Dans l'alternative contraire, ma maison ne pourrait plus rester en relation avec la vôtre. »

L'histoire suivante n'est pas moins jolie : Une lettre adressée par le tribunal de Metz à une personne habitant Cologne fut expédiée (et arriva parfaitement à destination) avec la suscription « Cologne » au lieu de Köln. Ce guillemet de malheur était dû à la maladresse d'un secrétaire auxiliaire; celui-ci avait copié le mot sur une liste française, tenue par un commerçant indigène, et ne s'était pas donné la peine de réfléchir qu'il aurait aussi bien pu écrire Köln. Ceci n'aurait pas causé une minute d'hésitation à un être d'une intelligence même au-dessous de la moyenne, mais messieurs les chauvins en eurent des convulsions.

Autre chose : le maire de Wasperviller (canton de Sarrebourg) avait signé de son nom et cacheté de sa propre main, avec le sceau municipal, un certificat d'origine, rédigé en français.

Ceci lui fut reproché avec la dernière amertume. Il n'y a vraiment pas de quoi. Le maire en question est évidemment le plus brave homme de la terre, mais il ne sait pas l'allemand et ses administrés non plus.

Voilà tout. Il est bien évident que ce brave homme de maire n'a jamais songé à protester contre l'incorporation de sa commune dans l'empire allemand.

Passons maintenant à la catégorie des *Germanissimi*.

La *Voix du Peuple* a administré à cette catégorie de politiciens la douche froide que voici :

« Nous sommes plus favorisés que tous les autres territoires allemands sous le rapport des « Germanissimi », nous les rencontrons partout, ici même, dans les situations les plus hautes. Si ces gens-là n'exerçaient leur activité que dans l'intérieur de leurs bureaux, nous ne nous préoccuperions pas outre mesure de leur exaltation nationale. Tout au plus, à la rigueur, pourrions-nous nous amuser de les voir prononcer à l'allemande le nom de l'auberge ou de l'hôtel du Sauvage. Que les conducteurs du chemin de fer reçoivent des reproches parce qu'ils ne savent pas prononcer de la façon qui convient les noms de Maizières, Courcelles, l'ange, etc., passe encore. Que de braves héros, sous l'influence d'un enthousiasme alcoolique, écrasent chaque jour sous leur table toute la « Racaille welche », c'est leur affaire ; nous ne perdrons pas notre temps à

raconter beaucoup d'histoires analogues à celle que
voici ; mais il faut que nous la citions, parce qu'elle
est caractéristique de l'opinion de certains milieux.
Le fait dont il s'agit s'est passé à Metz, il y a quelques années :

» Certain haut personnage, cédant à l'ivresse que
lui procurait son titre de conseiller intime, a voulu
exiger des employés impériaux qu'ils prononças-
sent à l'allemande leurs noms de famille français ;
de même, l'orthographe de ces noms a été modifiée
par ordre, en ce sens que les accents existants dans
leurs noms ont été supprimés.

» Bien des gens mettront en doute ce que nous
avançons là, et, pourtant, rien n'est plus vrai. Les
personnages qui ont donné les ordres en question
jouissent d'une réputation bien méritée. De telles
stupidités dépassent toutes les limites permises :
si, dans sa folie germanisatrice, le gouvernement veut
pousser les choses encore plus loin, il serait à dé-
sirer qu'il s'expliquât clairement là-dessus, une fois
pour toutes. »

Et, maintenant, passons à un acte de patriotisme
accompli tout récemment : la *Marseillaise*, jouée
lors d'un anniversaire de l'empereur.

« Ce n'est pas dans la plus belle harmonie qu'a
pris fin la célébration officielle de la fête de l'empereur à Audun-le-Tiche. Au cours de cette fête,
le pasteur protestant M. Lotz a félicité, en termes
chaleureux, le maire, M. Fick, et le maréchal des
logis-chef de gendarmerie Rhein, qui ont reçu tous
les deux des décorations du gouvernement français.
Dans son discours, M. le maire s'est fait l'interprète
des sentiments de toute la commune, car tous les
habitants, sans exception, se sont réjouis de la distinction dont ces deux messieurs ont été l'objet.

» Chacun se sentait honoré pour sa part et l'on croyait remplir un devoir de reconnaissance envers les autorités françaises, en demandant spontanément à la musique de jouer la *Marseillaise:* ceci eut lieu aussitôt, mais l'un des personnages présents jugea que l'exécution de cet air était un affront infligé à son orgueil national et il ne cacha pas son sentiment à cet égard; ceci donna lieu à des explications et à des discussions telles que tous les indigènes présents quittèrent la salle; nous croyons que l'exécution de l'hymne national français n'a pas mis en danger la patrie allemande. »

C'est trop ridicule, en vérité.

Et maintenant arrivons à la conclusion.

Dans ce qui précède je crois avoir démontré, à l'évidence, que les moyens employés pour germaniser l'Alsace-Lorraine sont piteux et ridicules; que la population a été, et est encore, traitée par les hommes du gouvernement comme de vulgaires ennemis.

Je pense que toutes les personnes qui se sont montrées sceptiques à l'endroit de ce que j'ai avancé et qui ont préféré ajouter foi aux dires des feuilles gouvernementales ont dû ouvrir les yeux depuis la publication des mémoires du prince de Hohenlohe.

Ce qu'il dit au sujet de la période qui a été la plus dangereuse pour l'Alsace-Lorraine, c'est-à-dire l'année 1887, pendant laquelle ont eu lieu les élections du septennat, nous montre bien le *furor germanicus* s'exerçant contre un pays qui n'était point et qui n'est encore point disposé à se laisser traiter comme une quantité négligeable.

La population d'Alsace-Lorraine, en cette circonstance, a traduit son ressentiment par l'élection de quinze députés protestataires. Après cela, on exerça des représailles contre elle, notamment en établissant l'obligation du passeport et en créant les maires de carrière. Il est vrai que ceci ne suffisait pas aux immigrés intransigeants qui demandaient des mesures encore beaucoup plus sévères et qui auraient voulu changer radicalement la situation dans les pays annexés.

Le prince de Hohenlohe en disait :

« On dirait qu'à Berlin on veuille demander tant de mesures tellement vexatoires pour que la population d'Alsace-Lorraine soit poussée au désespoir et amenée à se révolter. »

La population n'est pas du tout d'humeur à se lancer dans une révolte sans issue: par conséquent, elle s'est tenue tranquille, mais, en revanche, une haine profonde couve sous les cendres ; il est certain que les protestataires actifs ont disparu et que les indigènes montrent en public un air complètement indifférent; mais il n'en est pas moins vrai que, dans leur for intérieur, ils sont profondément aigris et mécontents. Connaissant cette situation, j'ai donc pu dire à bon droit que la population fait le gros dos.

Je crois avoir démontré suffisamment que la Prusse-Allemagne, grâce à sa fureur germanisatrice tant en Pologne qu'en Schleswig-Holstein et en Alsace-Lorraine, n'a réussi qu'à engendrer la haine et le mécontentement. Elle persévère dans cette voie. Au besoin je citerai à l'appui de mes assertions, que certains ne manqueront pas de qualifier de tendancieuses, des opinions qui ont été émises dans le pays et par des gens du pays.

Ces opinions sont celles de politiciens éprouvés, de personnages dont on ne peut pas dire qu'ils sont mal renseignés sur la situation dans le Reichsland. M. le député Riff a dit à la séance du Reichstag du 12 janvier 1906 :

« Voudrait-on faire supposer à notre population, qui est déjà consciente de ne pas être traitée au point de vue politique ainsi qu'elle devrait l'être, voudrait-on lui faire croire qu'au point de vue des contributions elle est également soumise à un régime différent de celui des autres États allemands ? »

Le député au Reichstag et à la Délégation d'Alsace, M. Wetterlé a écrit, il y a quelque temps, dans son *Journal de Colmar :*

«'Si on savait, à Berlin, comment nous sommes gouvernés par instant ! Il est abominable de penser qu'après trente-cinq ans de paix et de soumission les indigènes sont encore traités comme des êtres tarés ! Un grand nombre d'Allemands considèrent, en effet, que nous appartenons à une race tarée. Ces bons apôtres sont méfiants, nous espionnent et sont toujours prêts à dénoncer des dangers imaginaires qui menacent le régime allemand, ce germanisme soupçonneux qui voit dans l'Allemand pur sang un être privilégié et appelé à remplir une sorte de mission providentielle. »

Enfin, en juin 1906, le député Delsor a écrit dans un article du *Volksbote :*

« Les Alsaciens sont traités en citoyens de deuxième classe. »

Les appréciations qui précèdent émanent de personnes que l'on ne congédie pas d'un geste et desquelles on ne peut pas dire « qu'il est impossible de discuter politique avec de telles gens ».

Le mécontentement du peuple alsacien-lorrain ne se manifeste pas seulement en paroles ; il se traduit aussi par des actes, et ceux-ci éclairent, d'un jour plus défavorable que les plus beaux discours du monde les résultats obtenus par le gouvernement dans son œuvre de germanisation.

Chaque année une quantité innombrable de jeunes gens émigrent pour se soustraire au service militaire allemand; ils préfèrent s'engager à la légion étrangère et souffrir sous un climat meurtrier, plutôt que de servir dans les rangs du vainqueur qu'ils détestent. Ceci prouve clairement l'esprit dont est animée la population du Reichsland.

Encore en octobre 1906, le premier avocat général de Strasbourg a lancé un mandat d'amener contre cent dix jeunes gens qui s'étaient soustraits à leurs obligations militaires.

Si l'on veut bien réfléchir à ce que j'ai dit précédemment, et à ce que j'ai démontré, on ne manquera pas de reconnaître que je n'ai nullement exagéré lorsque j'ai dit, ce que je répète encore maintenant à savoir que l'Alsace-Lorraine n'est encore pas et ne sera encore pas de longtemps germanisée.

CHAPITRE II

Les petits fonctionnaires.

M. le secrétaire de police Antin. — Le conseiller de gouvernement Zehn. — Un mari grincheux. — Un mari complaisant. — M. le comte Tekeli et M. le secrétaire Kumann. — Le Dr Wartmann. — Le Dr de Kalenberg. — Le Dr Himmelsheim et le Dr Beringer. — Le mouchoir de M. le conseiller de justice Freis. — M. l'assesseur Brumme. — Un fonctionnaire qui se chauffe et s'éclaire à bon compte. — Le commissaire de police de Hayange. — Les commissaires de police en Alsace-Lorraine. — Quelques mots sur les sous-officiers.

J'ai affirmé dans le chapitre III de ma première brochure que les employés, les fonctionnaires allemands envoyés en Alsace-Lorraine après la guerre de 1870 étaient des gens d'une valeur médiocre, que ces gens-là ne s'étaient jamais imposé la moindre contrainte, avaient mené une existence critiquable à tous les points de vue et que, par suite, ils avaient inspiré de la répulsion aux populations. Enfin, j'ai démontré que tout ceci a été

extrêmement préjudiciable à la cause allemande.
Bien entendu, toutes mes affirmations étaient ap-
puyées d'exemples nombreux.

À la séance de la Délégation du 3o janvier 1906,
M. le ministre de Kœller a dit ceci :

« Ce sont de vieilles histoires, qui remontent à
dix ou à vingt ans et auxquelles on ne songeait
plus à l'époque où j'étais sous-secrétaire d'État.
Dans le cas où de pareils faits se reproduiraient, il
va sans dire que le gouvernement interviendrait
avec la dernière énergie, ainsi qu'il l'a fait jusqu'à
présent. »

Ceci n'est pas exact. Le gouvernement n'est intervenu que dans des cas extrêmement rares, dans des
cas où il lui était impossible d'agir autrement. Je
vais citer un certain nombre de faits à l'appui de
ma thèse.

Au nombre des dévoyés qui sont venus jadis à
Metz, en qualité de fonctionnaires, et avec la mission
de germaniser la population et de relever le prestige
du nom allemand, se trouvait un M. Antin.

En dépit de son nom aux allures très françaises,
ce monsieur était Badois de naissance. Employé de
commerce à Paris, il avait été expulsé de France au
moment de la déclaration de guerre. Cet individu
appartient à la catégorie de ceux pour lesquels les
maisons de tolérance de Metz étaient devenues une
seconde patrie. Il avait pris cette habitude lors de
son arrivée à Metz, et il n'a plus jamais pu s'en
défaire.

C'était un alcoolique invétéré ; il maltraitait sa
femme de la façon la plus odieuse ; aussi, finalement, dut-elle faire prononcer le divorce à son pro-

fit. Dans les considérants du jugement M. Antin fut traité de la façon la plus sévère : il fut déchu de ses droits sur sa fille et condamné à payer une pension alimentaire très élevée, qui absorbait la plus grande partie de son traitement.

Tout le dossier relatif à ce divorce a été mis sous les yeux du ministre. Celui-ci a donc eu pleine connaissance de la conduite scandaleuse de ce M. Antin, qui était, en outre, absolument incapable de remplir ses fonctions; c'est une nullité complète, à tel point que l'on a dû se borner à lui confier le soin d'emballer, de déballer et de ranger les dossiers; il continue à se livrer à sa passion pour l'alcool; et, malgré cela, il est encore en fonction aujourd'hui, comme secrétaire de police à la direction de police de Metz.

Un autre émule du précédent, également un débris de cet âge d'or, c'est le conseiller de gouvernement Zehn, lequel, d'accord avec le Gaspard du *Robin des Bois*, chante:

> Les cartes et les dés
> Et une enfant à la poitrine ronde
> Aident à vivre éternellement...

mais quand un troisième reconnut l'exactitude de ces paroles et réussit à se procurer les faveurs de Mᵐᵉ Zehn, M. son mari trouva la chose extrêmement mauvaise. De son côté, il chercha à procurer à ce polisson la vie éternelle en lui envoyant un coup de revolver.

Tels sont ces messieurs qui réclament en leur faveur tous les privilèges, mais qui appliquent aux autres l'adage : « Il ne faut pas toucher aux pommes du voisin. »

Il va sans dire que M. Zehn fut autorisé à continuer, comme par le passé, à travailler à la germanisation du pays.

M. le secrétaire Leichtenthaler, du tribunal d'appel, fournit la contre-partie de M. Zehn. C'était un homme ayant par-dessus tout l'amour de sa tranquillité; il ne voyait point le moindre inconvénient à ce que sa femme collaborât avec son propre beau-frère, M. le contrôleur des finances Streider et lui posât sur le front l'ornement bien connu.

> Comme Dieu voudra
> Moi je ne bouge pas

Tout le monde, à Metz, savait que ce fonctionnaire des finances était l'amant de sa belle-sœur et la chose causait un scandale énorme. Le couple Streider était l'objet de la risée de toute la population.

En dépit de ce scandale public, le ministère, qui était renseigné à cet égard, ne jugea pas utile d'intervenir et de mettre un terme à un état de choses qui n'était nullement fait pour relever le prestige allemand aux yeux des indigènes.

Deux autres fonctionnaires, venus à Metz peu de temps après la guerre, le secrétaire de gouvernement comte Tekeli et le secrétaire de la poste Kumann, étaient alors à l'ordre du jour de toutes les conversations. L'un et l'autre étaient des alcooliques invétérés; ils battaient leurs femmes et leurs enfants de la façon la plus abominable.

En particulier, Tekeli se distinguait par son incroyable brutalité; il ne se passait pas de jour qu'il ne traînât sa femme par les cheveux jusqu'au bas de l'escalier. Quant à Kumann, les sévices qu'il a exercés sur son fils ont eu les conséquences les plus déplorables, attendu que, à force de donner des coups de bâton sur la tête de son fils Jules, ce malheureux en est demeuré idiot.

Chaque jour, ces deux immondes brutes faisaient quelque nouvelle scène de scandale, en sorte qu'il y avait en permanence des attroupements devant leurs domiciles respectifs et que la foule exprimait son indignation dans des termes tels que ceux-ci : « Oh! les cosaques! on voit bien qu'ils viennent d'un pays sauvage! »

On s'imagine peut-être que l'autorité, qui n'ignorait point ces faits, est intervenue à un moment quelconque; il n'en est rien; jamais ces messieurs n'ont été inquiétés au sujet de leur conduite. Je ne pense pas que M. le ministre de Kœller, ni la *Strassburger Post* estiment que ces faits soient de nature à augmenter, en Alsace, la considération du régime allemand.

Au point de vue de la valeur morale des éléments qui, après la guerre, ont favorisé et honoré de leur présence le pays conquis, je citerai encore les faits suivants :

Dans les années qui suivirent l'annexion, un avoué, venu de l'autre côté du Rhin, s'établit à Metz et s'y créa, petit à petit, une très belle clientèle. Ce monsieur, qui s'appelait le Dr Wartmann, ne tarda pas à gâter la belle situation qu'il s'était faite, car il s'empressa de faire preuve d'un manque absolu de caractère.

Tout d'abord, il se rendit impossible vis-à-vis de la population indigène en épousant Mlle Jeanne Haber,

la propre fille du concierge du palais de justice de
Metz. Petit à petit, les clients désertèrent l'étude de
cet homme qui avait pris pour femme une personne
qui, au su et au vu de toute la ville, avait été la
maîtresse de presque tous les officiers de cavalerie
de la garnison de Metz.

Ne gagnant plus rien, entraîné par les folles dépenses de sa femme, le Dr Wartmann commit différentes escroqueries ; et, lorsque celles-ci eurent été
découvertes, il fut obligé de se sauver de l'autre
côté de la frontière.

Un autre avoué de Metz, le Dr de Kalenberg, a
également gâché, par sa faute, une situation splen-
dide. Jurisconsulte de premier ordre et homme du
meilleur conseil, ce monsieur n'aurait pas tardé à
acquérir une fortune considérable si ses qualités
morales avaient été à la hauteur de son talent.

Malheureusement pour lui, il était tellement
paresseux qu'il négligeait complètement ses affaires.
Il menait un train de vie luxueux.

Sa femme, une ancienne choriste du théâtre,
avait absolument les mêmes goûts que lui ; aussi
ne tarda-t-il pas à être complètement ruiné.

M. de Kalenberg mourut dans la misère la plus
noire ; ses nombreux enfants ont, les uns, mal tourné, les autres ont dû se placer comme domestiques. Le changement survenu dans la situation du
ménage Kalenberg a donné lieu parmi les habitants
à des commentaires qui n'avaient rien de flatteur
pour les Allemands.

Quelques années plus tard, aux environs de 1885,
il y eut un nouveau scandale dans le monde des
avoués messins.

Un beau jour, une nouvelle incroyable circula par la ville ; on raconta que le Dr Himmelsheim, l'un des avoués les plus achalandés du barreau de Metz, mais un viveur particulièrement connu dans le monde des artistes, s'était rendu coupable de ce qui suit : Après avoir soupé au champagne avec la soubrette du Théâtre-Municipal, une personne très aimée du public, il lui avait fait absorber un narcotique, l'avait déflorée et à la suite de ceci l'avait rendue mère. Quand la malheureuse, qu'il avait ainsi déshonorée, avait eu conscience de son malheur, elle s'était rendue au domicile de ce personnage et l'avait supplié à genoux de lui rendre son honneur en l'épousant. De la prière, elle avait passé aux menaces et lui avait mis le revolver sur la gorge.

Cette histoire déplorable souleva une indignation énorme parmi les indigènes. Les ignominies et les malpropretés commises par bon nombre d'autres fonctionnaires ne permettaient pas de révoquer en doute l'authenticité de la chose. Par la suite, quand le Dr Himmelsheim eut finalement épousé la dame en question et que l'on aperçut cette dernière toujours seule, avec une expression de profonde tristesse répandue sur son visage, ce qui n'était qu'une supposition devint une conviction pour tout le monde.

A partir de ce jour, la population, qui tenait déjà les immigrés en très piètre estime, ne cacha plus ses sentiments à leur égard et dit :

« La voilà, la civilisation allemande ! Voilà les hauts faits des sujets de ce pays barbare, des monstres qui n'hésitent pas à commettre les pires infamies ! »

La population aigrie se mit alors à surveiller avec des yeux d'Argus tous les faits et gestes de ceux d'entre les Allemands qui occupaient une situation tant soit peu relevée. Elle ne tarda point à trouver de nouvelles occasions de s'indigner, ainsi que le prouve l'histoire suivante :

La femme de l'avoué D' Beringer, une personne d'un extérieur bizarre, qui attirait l'attention par ses toilettes extravagantes, avait été remarquée à maintes reprises, alors qu'elle se promenait à une heure très avancée de la soirée sous l'allée de châtaigniers de l'esplanade de Metz, en compagnie du banquier Savage.

Une fois de plus la population se dit: « Voilà une femme allemande, une représentante de l'espèce que l'on offre en exemple aux Françaises, disant qu'elle est le modèle de la vertu, de la pudeur. Eh bien, les femmes allemandes ne sont pas meilleures que les autres et vraiment n'ont aucune raison de prendre un air dédaigneux quand on parle des Françaises. »

Lorsque l'on sut, plus tard, que Mᵐᵉ Beringer était la fille d'un tout petit employé et que son mari avait été condamné par le tribunal des échevins de Molsheim, pour bris de mobilier, alors qu'il était en état complet d'ivresse (il avait mis en miettes le mobilier d'une salle d'auberge), le mépris que l'on avait pour eux s'accrut encore d'un profond ridicule.

A partir de ce jour on n'entendit plus que des réflexions dans le goût de celle-ci : « Nous n'avions vraiment pas besoin de pareilles gens en Alsace-Lorraine. Après s'être rendus impossibles dans leur propre nays, pourquoi nous honorent-ils de leur germanisme ? »

Ce n'est pas seulement la population de Metz, c'est encore, d'une façon générale, celle de la Lorraine entière qui se montre très méfiante vis-à-vis des Allemands et qui observe d'un œil attentif l'attitude et la conduite des personnages immigrés. Thionville est une petite ville où chacun connaît les moindres secrets de son voisin. Aussi, quels scandales le jour où l'on apprit que l'avoué D'Fetzau, marié et père de famille, était l'amant de la veuve Schack, la propriétaire d'un hôtel mal famé qui porte son nom !

Laissant de côté le thème des personnalités qui ne dépendent pas à proprement parler du gouvernement, mais qui, en somme, sont responsables envers lui, puisqu'elles nuisent à la cause de la germanisation, nous allons revenir aux personnes auxquelles le gouvernement avait le droit et le devoir de demander compte de leur conduite.

Il est incompréhensible que le ministère ait laissé en fonctions un homme tel que le conseiller de justice Freis, du tribunal de Metz, qui était l'objet de la risée publique et qui compromettait tout le corps des magistrats.

M. Freis possède une petite propriété à Verny. Habillé d'une blouse bleue et de sabots, tels qu'en portent les paysans lorrains, il cultive ses champs de ses propres mains, fauche et, d'une façon générale, exécute tous les travaux agricoles.

Qu'il soit à son bureau ou à une séance du tribunal des échevins, — des centaines de personnes peuvent l'affirmer — ses mains sont couvertes de boue, ses bottes ferrées avec de gros clous n'ont pas été cirées depuis une éternité, et ses vêtements sont couverts de taches.

Au cours des séances qu'il préside, M. Freis ne cesse de priser : régulièrement, il se mouche avec les doigts, et ensuite il essuie ces derniers sur sa robe. C'est une comédie fort amusante. De mon temps, quand on voulait passer un bon moment, on allait assister à une séance du tribunal présidé par M. Freis.

Ses arrêts étaient uniques en leur genre, grotesques tant par leur forme que par leur teneur et attestaient bien la tournure d'esprit bizarre de ce monsieur.

Il est peut-être superflu de dire que cet original a fait passer plus d'un mauvais quart d'heure à sa femme, pleine de distinction, et qui est très intelligente. Finalement, lasse d'une existence aussi insupportable, Mme Freis se sépara à l'amiable de son mari. Pour se consoler M. le conseiller de justice fit entrer chez lui une fille de brasserie. Malheureusement pour lui, cette idylle fut interrompue brutalement par la police des mœurs qui lui reprit son amie.

Pour se faire une idée de l'homme qu'était M. Freis, il n'y a qu'à voir ce qu'il disait à ses inférieurs, avec lesquels il vivait sur un pied de complète familiarité. Quand on lui eut enlevé sa compagne, il confiait à qui voulait l'entendre la plainte que voici : « La police n'a vraiment pas été gentille de me prendre ma petite ; c'était une si brave personne ! »

Je viens de raconter la pure vérité et j'en atteste

les anciens collègues et subordonnés de M. le conseiller Freis.

Parmi les autres personnages qui étaient la risée de la population messine figuraient : le conseiller de justice Grove, un homme d'un certain âge et enragé coureur de cotillons ; avec lui, le directeur du tribunal d'appel Radler, qui poussait les choses à un point tel qu'il n'hésitait pas à aborder, en pleine rue, des domestiques revêtues de leurs tabliers blancs. Moi-même, un beau soir, sur la place Saint-Louis, à Metz, je l'ai pincé à l'instant où il entamait la conversation avec une cuisinière qui portait les attributs de sa profession, c'est-à-dire un énorme panier de provisions. A ma vue, M. Radler battit en retraite précipitamment et alla se réfugier sous les arcades.

En 1895, travaillait à Metz, auprès de l'avocat général, un assesseur de justice nommé Brumme. Ce monsieur avait été l'amant de la cuisinière du Casino civil, et cette liaison n'avait pas été sans donner de résultats. Arrivée à un moment où elle ne pouvait plus travailler, cette pauvre fille s'adressa à son séducteur et le pria de lui venir en aide. A trois ou quatre reprises, il lui remit de petites sommes variant entre 10 et 15 mark ; puis, un beau jour, M. Brumme la laissa en plan. Sans famille, incapable de travailler, cette malheureuse fille si digne de pitié, à la veille de mourir de faim, n'eut plus d'autre ressource, étant enceinte de huit mois, que de se faire inscrire sur la liste des filles soumises. Elle fut donc placée sous le contrôle de la police et se laissa engager pour le compte d'une maison à gros numéro de la rue Braillon.

En ce temps-là, je travaillais dans les bureaux de la direction de police, à Metz, et j'ai eu connaissance de la situation où se débattait cette malheureuse; j'ai été à même de lire les lettres d'amour que lui écrivait M. l'assesseur de justice Brumme, l'homme qui, à certains moments, suppléait l'avocat général.

Suivant l'attestation des agents des mœurs, la victime de M. Brumme était malheureuse au delà de toute expression et ne cessait pas de répandre des larmes amères. Si M. l'assesseur Brumme a eu connaissance de toutes les souffrances que cette pauvre fille a endurées, il est à supposer que sa conscience ne doit plus lui laisser une minute de tranquillité. Mais je suis rassuré à cet égard et je suis persuadé que de pareilles mesquineries ne troublent pas son sommeil. M. Brumme a vécu bien tranquillement au milieu de ses collègues qui ont continué à le considérer comme un parfait gentleman et un homme d'honneur.

Ce que je viens de raconter a été connu de tout le personnel de la police à Metz, et de tout le personnel de la justice depuis le plus modeste fonctionnaire jusqu'au magistrat le plus élevé en grade. Le premier avocat général et le ministère lui-même ont été au courant de ces faits, mais personne n'a songé à intervenir.

M. Burgmann a été, pendant longtemps, le chef de la police des mœurs à Metz; homme d'un zèle aveugle, d'une dureté incroyable et extrêmement redouté de toute la population féminine de Metz, il avait deux filles, extrêmement jolies, qui se livraient à la prostitution dans la plus grande acception du terme et qui étaient bien connues dans le monde des officiers de la garnison.

De toutes parts, la direction de police, le président du district et le ministère. furent assaillis de demandes tendant à ce que l'on éloignât du service des mœurs un homme dont les propres filles étaient de vulgaires prostituées. Rien n'y fit. M. Burgmann demeura en place et ses filles ne furent aucunement inquiétées. *On n'osait point s'attaquer à lui, parce qu'il savait trop de choses sur le compte de messieurs les hauts fonctionnaires.*

Au bureau principal des douanes, à Metz, un employé supérieur faisait voler chaque nuit, par sa bonne, du charbon de terre et de l'huile d'éclairage qu'elle prenait dans les provisions appartenant à l'État. Ce fait a été porté à ma connaissance par le secrétaire des douanes Zitl, qui est en retraite, et qui habite Strasbourg-Neudorf. Ce monsieur avait dénoncé ces déprédations près de ses supérieurs. Comme toujours, le malfaiteur étant un haut fonctionnaire, l'affaire fut étouffée.

Un peu plus loin, je citerai différents cas, également scandaleux, destinés à prouver que le ministère d'Alsace-Lorraine ne trouve pas du tout naturel d'intervenir contre des employés supérieurs qui ont commis de pareilles fautes. Je prouverai ainsi, que M. de Kœller n'a pas dit la vérité, lorsqu'il a affirmé que ceci avait toujours eu lieu.

J'ai raconté que le commissaire de police de Hayange, d'accord avec les gendarmes, rossait les habitants de ce pays et qu'il se livrait à des actes immoraux sur les femmes et les jeunes filles de cette localité.

Un habitant, désireux de sauver l'honneur de sa ville natale, a écrit ce qui suit dans le *Journal d'Alsace-Lorraine* :

« Donc, M. Stéphany parle de nous ; il dit qu'un de ses collègues (il fut commissaire dans la région), menait les Hayangeois tambour battant et que nos jeunes gens ployaient docilement l'échine sous les coups de sabre que ce monsieur daignait leur octroyer. Cela, par exemple, c'est de la pure fantaisie : nos jeunes gens, moins que quiconque, ne se laisseraient pas mener à la prussienne. Des coups de sabre? Je ne conseillerai à aucun commissaire de nous en administrer, car il se ferait certainement passer à tabac, le brave homme. D'autre part, M. Stéphany se plaît à dépeindre ses commissaires, non seulement comme des tyranneaux, mais il en fait des don Juan irrésistibles. Voilà qui jure !

» Toujours d'après M. Stéphany, c'est-à-dire d'après ce qu'il a entendu, les Hayangeoises ne verraient que des commissaires de police dans leurs rêves ; et, certain commissaire, après avoir ravagé le cœur d'une jeune fille de très bonne famille (*sic*), en aurait profité pour perpétuer son espèce. Bref, Hayange serait le paradis de Mahomet pour les commissaires de police.

» Hayange, comme toute agglomération industrielle, peut compter un élément féminin douteux, venu d'un peu partout. Maintenant, si c'est là que certains jeunes gens recrutent leurs bonnes fortunes, ils ne devraient pas le dire. »

Tout d'abord, je n'ai pas tenu le langage que l'on me prête.

Je n'ai pas généralisé ; je me suis borné à citer un fait particulier, un fait patent, le cas du commissaire de police Drossler.

De plus, je doute fort que l'auteur de cet article ait déjà été au monde au moment où se passaient les faits que j'ai signalés. Quoi qu'il en soit à cet égard, il est certain qu'il n'a rien vu ni connu des incidents que j'ai décrits plus haut et ceci n'est assurément pas une preuve que ces faits n'ont pas eu lieu ; je crois donc ne pas me tromper en disant que l'auteur de cet article se base sur ce qu'il a entendu raconter aux anciens, c'est-à-dire à des personnes qui ne sont pas enchantées d'entendre parler de l'attitude piteuse qu'elles ont montrée en ce temps-là.

M. de Kœller a dit à la séance de la délégation du 1ᵉʳ février 1906 :

« Je blâme la timidité et la lâcheté des habitants qui n'osent jamais se regimber quand ils ont affaire à un fonctionnaire qui se conduit grossièrement et d'une façon inconvenante à leur égard ; ceci est assurément une plaie qui règne encore dans ce pays-ci. »

Les paroles de M. de Kœller confirment, de la façon la plus éclatante, ce que j'ai avancé jadis : à savoir que, maintenant encore, la population a peur du gouvernement et qu'elle se fait aussi petite que possible devant lui.

La population avait vu venir les Prussiens avec un sentiment pareil à ceux qu'autrefois avaient éprouvé les habitants de l'Europe, lorsqu'on leur avait annoncé l'arrivée d'Attila avec les Huns. Elle avait pensé que les vainqueurs, qu'on lui avait représentés comme des Vandales, lui infligeraient des supplices pareils à ceux qui sont en honneur chez les Turcs. Il est donc très compréhensible qu'après avoir vu qu'elle s'en tirait simplement avec le dégoût, elle ait remercié le Seigneur, à deux genoux et n'ait pas eu grande envie de se plaindre.

Il est un fait, c'est que du dossier du personnel et du feuillet de punitions il résulte que tout ce que j'ai dit au sujet de la conduite qu'il a tenue à Hayange est absolument exact.

Au surplus, ce n'est pas seulement à Hayange que l'on a procédé ainsi, dans les premiers temps qui ont suivi la guerre. Si je m'en rapporte aux différents dossiers qui figurent dans les archives des commissariats de police cantonaux, il en a été de même dans tous les pays d'Alsace-Lorraine.

Je rappellerai ici quelques paroles du député Hauss, paroles qui sont dignes d'être méditées :

« La catégorie des commissaires de police a exercé un rôle néfaste dans notre pays. Ces personnages ont fait naître une masse de dénonciateurs et d'hypocrites et si la population manque aujourd'hui de confiance dans le gouvernement, la faute en est uniquement aux employés et fonctionnaires de ce dernier. »

Dans ma première brochure, j'avais fait observer que la plupart des commissaires de police d'Alsace-Lorraine sont de qualité très médiocre et j'avais posé cette question : « A quoi faut-il attribuer ce phénomène ? »

La faute en est simplement au mode de recrutement de ces fonctionnaires qui proviennent généralement de la catégorie des sous-officiers.

Nés et élevés habituellement dans un milieu extrêmement modeste, pour ne pas dire quelquefois misérable, après avoir été domestiques de ferme, gardiens d'oies, vachers, ou après avoir appris l'honorable métier de cordonnier, tailleur, serrurier ou menuisier, très souvent aussi au retour d'une tournée de chemineau, celui qui deviendra plus tard M. le sous-officier, entre au service militaire. Lui qui, jusqu'à ce jour, n'avait eu pour toute nourriture que des pommes de terre en robe de chambre et pour couche quelque chose d'indéfinissable, le plus souvent une botte de paille dans le coin d'une écurie, il ne se connaît plus d'aise à partir de ce moment-là.

Lorsqu'il était chez lui, il changeait de linge toutes les six semaines ; pendant des années entières, peut-être, son corps ignorait l'eau et la manière de s'en servir ; maintenant, au service militaire, il reçoit tous les huit jours une chemise propre et va au bain pour le moins une fois toutes les deux ou trois semaines. Jadis, les aquilons et les zéphyrs se poursuivaient à travers les trous innombrables de son pantalon et de sa veste ; maintenant il est l'heureux possesseur de vêtements entiers et de bottes étanches.

Alors qu'il était à la maison paternelle, une queue de hareng lui apparaissait comme un mets de la plus haute délicatesse et maintenant il reçoit, chaque jour, une portion de viande (plus qu'il n'en mangeait autrefois à l'occasion des fêtes les plus solennelles).

Chaque jour, il constate que — suivant l'usage en vigueur dans l'armée et dans un but facile à comprendre — les sous-officiers sont favorisés par leur commandant de compagnie ; ils ont une nour-

riture très bonne, un casino avec une bibliothèque
et un billard, un brosseur, en un mot, une situation
très agréable.

Alors, il se pose tout naturellement cette question :
« Dois-je retourner à mon métier, m'échiner et m'é-
reinter, c'est-à-dire reprendre la fourche à fumier ?
Non, se dit-il, je préfère continuer à servir et devenir, par la suite, un fonctionnaire de l'Etat. »

Là-dessus, il va trouver son capitaine et contracte
un rengagement. Au bout de quelque temps, il est
nommé sous-officier et alors commence pour lui une
existence royale.

Qu'on n'aille pas me dire que les douze ans de
service d'un sous-officier sont une période extrêmement pénible. C'est de la farce. J'ai vécu pendant
vingt-huit ans dans la plus grande ville de garnison
allemande, à Metz ; j'ai moi-même été soldat ; et,
d'après les observations que j'ai continué à faire,
j'ai le droit de dire — et en cela quantité d'autres
personnes sont d'accord avec moi — que le sous-
officier, qui vit continuellement au grand air, mène
une existence infiniment plus saine que les employés
qui sont condamnés à passer leur temps dans la
lourde atmosphère d'un bureau ; les exercices militaires, la gymnastique, etc., constituent, en quelque
sorte, un sport du genre de ceux que les médecins
conseillent aux personnes qui ont besoin de se for-
tifier. Je ne sache pas qu'un seul sous-officier soit
devenu poitrinaire par suite du maigre service intérieur qu'il a à faire. En un mot, autant ne point
parler des rigueurs du métier de sous-officier.

Ces derniers souffrent évidemment d'une maladie,
je veux dire du besoin de mener une existence de

jour en jour plus confortable et — la chose semblera peut-être paradoxal, — du besoin de représenter aux yeux du public. Alors, pour pouvoir jouer aux yeux de leurs contemporains le rôle du « Gros Guillaume » qui dépasse leurs moyens, ils recourent au moyen bien connu de se faire « graisser la patte ». Le graissage des pattes est une habitude qui est passée dans les mœurs de l'armée allemande ; je rappellerai à ce propos un article que le général-lieutenant de Gilsa a publié dans le *Berliner Tageblatt*. Voici ce qu'il dit notamment :

« Ceci est passé dans notre armée à l'état d'usage et c'est un vrai chancre qui la ronge.

» Le fait existe et aujourd'hui c'est devenu un système complet d'exploitation ; aucune personne informée ne peut le nier. A qui la faute ?

» En premier lieu, au volontaire d'un an ; c'est lui, le tentateur et le séducteur. L'histoire commence par un verre de bière et un cigare et elle se termine par des cadeaux du plus haut prix. Le tentateur peut invoquer, à son excuse, que ce système existait à son arrivée au corps, quel que soit ce corps. Ce système existera aussi longtemps que l'institution ; par conséquent, il est devenu une habitude, dont devra tenir compte tout jeune homme appelé à faire son volontariat. »

M. de Gilsa se trompe évidemment sur un point ; il admet que le volontaire d'un an est le tentateur et le séducteur. Or, le sous-officier, ma parole, n'a besoin ni d'être séduit, ni d'être tenté. Non, c'est justement le contraire qui est vrai. C'est lui, sous-officier, qui impose, à proprement parler, au volontaire l'obligation de lui faire tous les cadeaux possi-

bles et imaginables. Assurément, la chose commence
par un verre de bière et un cigare ; mais ses prétentions ne tardent pas à devenir plus fortes ; ce n'est
pas seulement le volontaire, c'est aussi tout fils de
riche paysan, appelé pour deux ou trois ans, qui est
obligé de faire des cadeaux à son caporal d'escouade.
Je reviendrai plus tard sur ce chapitre.

L'article du général de Gilsa a fait un bruit considérable dans le monde des sous-officiers et a soulevé des polémiques et provoqué des réponses sans
nombre ; le général-major de Cloden, — un nom
pas banal, — s'est cru obligé de prendre la parole
et de rédiger un article dans lequel il dit, entre
autres, ceci :

« Je n'ai jamais entendu parler d'un système de
ce genre et je n'ai jamais rien remarqué d'anormal
au cours de mes longues années de service. Je sais
très bien qu'il y a des corps de troupe, principalement des régiments de cavalerie, où ces pratiques
sont en usage.

» Mais enfin ceci est une exception et non pas une
règle. Le vieux sous-officier se distingue par la simplicité de son existence, par son caractère et sa
dignité. »

Vraiment ! je ne puis pourtant pas admettre que
M. le général-major ait dormi pendant les longues
années qu'il a passées au service ; il est impossible
qu'il n'ait pas remarqué une chose connue des
cinq cent mille membres de l'armée allemande : à
savoir que le système des pots-de-vin est un mal
invétéré et non pas du tout un mal accidentel.

Quant aux éloges que le général de Cloden décerne
aux sous-officiers, je veux bien croire qu'ils sont

mérités par les anciens combattants de 1864-1866-1870. Quant aux gradés actuels, nous verrons par la suite, avec preuves à l'appui, que la simplicité de leur existence, de leur caractère, et leur dignité ne sont que des mots.

Une fois arrivé au terme de ses douze ans de service, c'est-à-dire quand il a droit à un emploi civil, le sous-officier se préoccupe de chercher la situation qui lui procurera les avantages matériels les plus considérables. Puis, une fois qu'il s'est décidé pour telle ou telle carrière, il y entre, se berçant des espérances les plus folles ; et, dès le début, il montre de telles prétentions, une telle morgue et une telle insuffisance, soit dit en passant, qu'il ne tarde pas à devenir odieux à tout le monde.

Les examens ne lui causent pas le moindre tracas, car il sait parfaitement que les commissions de classement, très orientées sur le degré lamentable d'instruction de ces hommes « qui ont consacré le meilleur de leurs forces pendant douze années au service de la patrie » seront d'une indulgence extrême envers lui et au besoin même fermeront les deux yeux.

Une fois l'examen passé, le candidat militaire est placé dans l'administration qu'il a choisie et affecté au service où il peut faire le moins de mal possible. A peine casé, il commence à avoir des prétentions toujours croissantes. Dans le monde des fonctionnaires et des employés, il constitue l'élément agité et mécontent qui se plaint toujours d'avoir trop de travail et de ne pas être assez payé.

En un mot, la caractéristique de cette catégorie de fonctionnaires se résume par ces trois qualités : outrecuidance, exigence, insuffisance.

Et maintenant que j'ai montré la genèse de la majeure partie de notre personnel de fonctionnaires, je vais appuyer par quelques exemples l'exactitude de mon assertion.

A l'époque où mon défunt père, en 1871, immédiatement après la fin de la guerre, fut nommé secrétaire de l'avocat général de Metz, avec la qualité de chef de bureau, on lui adjoignit, comme aide, un sous-officier de l'armée active. Très peu de temps après, celui-ci fut nommé secrétaire de la cour d'appel; ce dont il conçut un orgueil tout à fait incroyable.

Cet ancien sous-off, qui s'appelait Metzger, ne sortait pour ainsi dire plus de l'auberge où, chaque jour, il passait son temps à faire des discours interminables. Ce garçon, qui ne se laissait manquer de rien et qui avait été jadis grand et mince, ne tarda pas à se convertir en une boule de graisse. Tandis que ce personnage vivait largement, sa malheureuse famille, composée d'une femme et de quatre enfants, était dans la misère et mourait littéralement de faim. Bien entendu, ce Metzger était du nombre de ceux qui, chaque année, adressaient au ministère des demandes de secours.

Lorsqu'on adopta, en Alsace-Lorraine, le système des maires de carrière, le gouvernement octroya à la commune de Grand-Moyeuvre, en Lorraine, le sergent-major de recrutement Paraker; celui-ci, ne tarda point, grâce à sa morgue prussienne, à se faire détester cordialement dans toute la contrée. La population s'amusa énormément des airs arrogants de ce monsieur, de sa femme et de sa fille et de leurs prétentions exagérées, qui juraient

considérablement avec ce fait, que M. le bourgmestre ne payait ni le boulanger ni le boucher. Finalement, lorsque les dettes eurent atteint un total
respectable, M. le maire ne put faire autrement que
de se laisser adresser les lettres de réclamation et
de menaces les plus insultantes de la part de ses
créanciers scandalisés.

L'opinion générale était : « Toujours la même chose
avec ces Prussiens ; ils sont gonflés, mais c'est de
vent ».

Aux élections municipales suivantes, il va de soi
que M. Paraker fut « nettoyé ». Lorsqu'il effectua
son déménagement, ses nombreux créanciers im-
payés versèrent les larmes les plus amères.

Étant donnés les grands services qu'il avait rendus, suivant le gouvernement, services consistant à
maltraiter la population, M. Paraker fut incorporé
dans l'administration de la police. Après un stage
fictif de trois mois et sans avoir passé l'examen
exigé, il fut nommé commissaire de police à la
frontière pour commencer, puis à Thionville, où il
est encore aujourd'hui.

M. le conseiller de chancellerie en retraite
Runsch, l'ancien chef de bureau de la direction de
police de Metz, représente incontestablement le
nec plus ultra de l'ignorance. En sa personne,
s'incarnent toutes les tares de l'ancien sous-officier
qui a fini par arriver à une situation au-dessus de
ses moyens.

J'ai déjà parlé de ce personnage, dans mon premier volume, toutefois, je crois ne pas pouvoir me
dispenser de compléter mes affirmations à son
égard.

3.

Pendant que j'étais en prison, différents journaux ont publié une notice laissant à entendre que M. Runsch avait déposé une plainte contre moi, sous prétexte que je l'avais insulté gravement, en différentes circonstances, que la justice avait donné suite à cette plainte et que les poursuites à ce sujet auraient lieu aussitôt après le procès qui m'était intenté pour détournement de documents de service. Cette notice me fut mise sous les yeux pendant que j'étais en prison préventive à Strasbourg et en la lisant je me frottai les mains avec le plus grand plaisir. Malheureusement, cette joie me fut refusée, car M. Runsch se garda bien soigneusement de mettre ses projets à exécution. Il a eu raison, car devant la justice, je lui aurais démontré, clair et net, ce qui est la fable de tous les employés de police à Metz.

Ce M. Runsch, qui était d'une grossièreté révoltante envers le public, ses subordonnés et même ses collègues, n'était qu'une loque sans volonté quand il était en présence de sa femme, une dame des plus énergiques, qui était généralement connue à Metz sous le nom de : « La femme géante. » Je n'ai pas besoin d'expliquer la raison de ce titre, puisqu'il s'explique par lui-même.

Les gens occupés à la chancellerie de la direction de police de Metz, laquelle était située sous le logement particulier de M. Runsch, éprouvaient toujours une douce gaieté, lorsque parvenait à leurs oreilles le bruit d'une discussion entre leur chef et madame son épouse qui le dépassait de deux têtes et qui avait la langue admirablement pendue.

Cette joie dépassait toutes les bornes dès que

M⁻ Runsch, agacée par les timides objections de son « seigneur et maître » lui lançait, d'une voix de stentor, l'avertissement : « Eh bien! Wilhelm! » Il n'en fallait pas davantage pour réduire le personnage au silence et le mettre hors de combat.

Les faits ci-après sont aussi de nature à caractériser ce « héros ».

M. Runsch avait, à un moment donné, demandé son admission dans l'Association des combattants de Metz, une association dans laquelle on n'acceptait que d'anciens militaires ayant pris part à la guerre de 1870.

Quand il s'agit, pour lui, de fournir des renseignements sur la situation qu'il avait occupée dans l'armée, M. Runsch fut très embarrassé. Comme il avait servi dans une arme qui ne jouit pas d'une considération énorme — il avait été infirmier — il déclara qu'il avait fait fonction d'officier. Mis en demeure de donner des explications plus nettes, M. Runsch se vit finalement obligé d'avouer la vérité. Cette confession fut saluée d'un formidable éclat de rire général.

Après la mort de sa femme, M. Runsch, qui venait d'atteindre la soixantaine, se mit aussitôt en quête d'une deuxième épouse. Toutes les personnes avec lesquelles il entra en relation l'éconduisirent, en raison de sa grossièreté et de ses manières communes.

Cependant, un beau jour il réussit à se fiancer avec une dame, relativement jeune encore, la veuve d'un employé, mais, au dernier moment, celle-ci lui brûla la politesse et partit avec un capitaine en retraite bavarois. Deux dames de Berlin, avec lesquelles il était également entré en relation, lui jouèrent le même tour.

Les faits suivants sont de nature à caractériser la paresse incommensurable de M. Runsch.

Le matin, aux environs de neuf heures, il venait au bureau et répartissait, en toute hâte, le courrier qui était arrivé; ceci ne lui demandait pas plus d'un quart d'heure de travail. Après cela il disparaissait jusqu'à onze heures, c'est-à-dire jusqu'au moment où le président de police avait l'habitude de venir. A l'heure précise, M. le conseiller de police Westphol pénétrait dans le bureau de M. Runsch et alors, à eux deux, ils tuaient le temps, jusqu'à midi, en causant et en se racontant les potins de la ville. Dans le cas où M. le président de police ne faisait pas appeler M. le chef de bureau, sur le coup de midi celui-ci emballait, en grande hâte, ses papiers qui tous étaient vierges d'encre. A partir de ce moment, M. Runsch demeurait invisible jusqu'à cinq heures ou cinq heures et demie du soir. Il ne revenait à son bureau qu'au moment où il supposait que M. le président de police pourrait y venir également. Si ceci avait lieu, M. Runsch développait une ardeur et un zèle à faire croire qu'il avait l'intention de mettre toute la direction de police sens dessus dessous, mais il se calmait aussi vite, lorsque M. le président de police, après avoir donné un coup d'œil et être resté l'espace d'une demi-heure, se retirait, sur le coup de six heures. A tout prendre, M. le chef de bureau et conseiller de chancellerie impériale Runsch se comportait comme un vulgaire écolier.

Ce que je viens de raconter, concernant M. Runsch,

est connu de tous les employés de la police et du gouvernement à Metz, aussi, le monsieur en question a-t-il eu soin de ne pas me poursuivre et de ne pas s'exposer à se faire dire, en présence du tribunal une quantité de choses désagréables.

J'ai fait observer, ailleurs, que M. Runsch n'avait réussi à se procurer ce poste de fainéant et à le conserver que parce que son supérieur immédiat, l'ancien président de police, baron de Libenstein, était un fervent du principe « laisser-aller, laisser faire ».

Ce monsieur ne se montrait que rarement à la direction de police de Metz et ne faisait que le strict minimum de son métier.

Du reste, d'autre part, M. Runsch savait se rendre agréable au président de police par toutes sortes de manèges, entre autres par des mouchardises.

A l'exemple de M. Runsch, l'inspecteur de la police exécutive, conseiller de police Westphol, avait su tirer parti de la négligence et de l'indifférence que M. le président de police montrait dans le service. Ses uniques occupations consistaient à flâner pendant toute la journée et à aller tailler des bavettes successives dans les différents bureaux de la direction de police. Pendant ce temps, le brigadier de police, Müller, faisait toute la besogne de M. le conseiller, dont il avait été, jadis, le collègue. En effet, tous les deux étaient d'anciens sergents-majors.

Si MM. Westphol et Runsch avaient été payés suivant leurs mérites, ils seraient morts de faim en moins de huit jours.

Autre chose encore. J'ai fait observer plus haut

que, peu de temps après la guerre, le commissaire de police Drossler maltraitait abominablement la population de Hayange ; à Colmar, le contraire était advenu. Les habitants avaient passé à tabac leur commissaire de police, qui n'était autre que M. Westphol. Un beau jour, celui-ci reçut, en pleine rue, une paire de gifles formidable, administrée par une solide main de la Haute-Alsace, qui l'envoya rouler à dix pas.

Les anciens militaires entrés dans le service des chemins de fer ne sont guère chatouilleux sur le point d'honneur ; ils commettent des actes et ont une tournure d'esprit inqualifiables. Voici, à l'appui de mon assertion, un exemple que je pourrai qualifier de classique.

Parmi les employés de la direction des chemins de fer à Strasbourg, se trouve un secrétaire de l'exploitation qu'ils appellent Schneidemantel, un personnage qui a été, jadis, secrétaire d'une brigade d'artillerie. Sa famille, composée de lui, de sa femme et de deux enfants, âgés respectivement, de quinze et de dix ans, n'a qu'une passion à laquelle elle se livre avec frénésie : c'est le culte de son ventre ou de son estomac. Au lieu d'administrer raisonnablement les finances du ménage, la famille Schneidemantel consacre tous ses revenus à l'achat de spiritueux et de plats fins. Comme ceci épuise toutes leurs ressources, leur intérieur présente un aspect misérable et les différents membres de la famille ont un extérieur des plus négligés. Est-il besoin d'ajouter que ces gens-là sont criblés de dettes ? Mais ceci n'est encore rien. Voici mieux : dans le but de restreindre, le plus possible, les dépenses d'habillement, M. le secrétaire Schneidemantel s'habille chez les fripiers. Quant à sa femme, elle mendie et obtient de temps à autre les vêtements, le linge de corps, les chaussures, les chapeaux, etc., que ne portent plus les filles publiques de la maison de tolérance, 5 b. de la rue des Pêcheurs. Il faut dire que cette dame est intimement liée avec la femme Luhoff, propriétaire de cet établissement. Cette intimité provient de ce fait que M. Schneidemantel, qui, en cachette de son administration, fait des écritures pour des particuliers, tient la comptabilité de la susdite propriétaire.

Ces relations qui, dans les débuts, étaient d'ordre purement commercial, aboutirent à une grande intimité ; aussi, maintenant, toute la famille Schneidemantel, y compris les enfants, fait-elle des visites très suivies à la maison en question.

Une fois, il s'est produit un fait que l'on serait tenté de croire impossible. Un beau jour, pendant que tout ce monde était réuni dans le salon privé de Mme Luhoff et faisait honneur à une bouteille de vin offerte par cette dernière, la porte s'ouvrit et livra passage à une fille complètement ivre qui, pour tout vêtement, n'avait que sa chemise. Brandissant une bouteille de champagne et la désignant de la main, cette fille s'écria : « Tenez, je viens de la gagner avec mes jambes, buvez-la à ma santé. »

Bien entendu, les autres ne se firent pas faute d'accepter l'invitation. La famille Schneidemantel, homme, femme et enfants vidèrent donc cette bouteille offerte par une créature appartenant à la lie de la société.

Un autre employé du chemin de fer, le secrétaire Ruhleder, menait une existence tellement ignoble, tellement crapuleuse, que sa femme, minée par le chagrin, dut être enfermée dans une maison de santé. Depuis ce temps, son mari vit en concubinage avec une autre femme et de cette liaison illégitime sont déjà nés trois enfants.

La plupart des autres secrétaires du chemin de fer et de l'exploitation, provenant de la catégorie des anciens militaires, passent la majeure partie de leur temps et dépensent leurs appointements dans les cabarets du Faubourg-National. Ils y restent depuis la fermeture de leurs bureaux jusqu'à minuit, et, à part cela, mènent encore une existence qui n'est pas exempte de reproches. Il y a deux ans à peine, le secrétaire d'exploitation, Juger, également un ancien militaire, à la veille d'être envoyé aux travaux forcés, s'est pendu. Ce Juger, un homme marié, père d'une fille d'un certain âge, était l'amant de la veuve d'un de ses collègues et, à trois reprises différentes, s'était rendu coupable de manœuvres abortives.

L'inspecteur de caserne, Otto Herdt, également un ancien militaire, a été condamné, l'an dernier, en mars, par le tribunal de Saverne, à quatre mois de prison pour détournements au préjudice de l'Etat. Jouisseur au delà de toute expression, ayant pour uniques ressources ses médiocres appointements, et père d'une nombreuse famille, cet individu menait l'existence d'un grand seigneur. Bien entendu, ceci ne pouvait avoir lieu qu'aux dépens d'autrui. Il passait son temps à mendier et à se faire donner des pots-de-vin ; en particulier, il exploitait de la façon la plus éhontée l'entrepreneur Loveck, auquel il a soutiré des sommes considérables.

Dans ce qui précède, j'ai montré ce qu'étaient les employés provenant des anciens militaires. Je n'ai cité que quelques exemples, ne voulant pas abuser de la patience du lecteur.

Passons maintenant à MM. les fonctionnaires supérieurs.

CHAPITRE III

Les hauts fonctionnaires.

Un personnel de choix. — La ponctualité de ces messieurs. — Leur paresse. — La cause du drame de Geispolsheim. — L'histoire du facteur Schmidt. — L'architecte de la cathédrale de Metz. — Les occupations de MM. les référendaires et assesseurs. — Une forte tête. — Pourquoi *ces dames* sont souvent acquittées par les tribunaux. — La belle-sœur du commissaire. — Le référendaire Moeller. — La moralité allemande. — Le Joseph allemand. — Les gros bonnets.

Tout le monde a entendu parler, ces temps derniers, des scandales coloniaux allemands, des affaires de MM. Peters, Leist, Wehlau, d'Arenberg, de Puttkammer, etc. On a vu de quoi sont capables des gens distingués, pleins de tact, des hommes du meilleur monde. On n'ignore pas non plus la conduite de M. le ministre de Podbielski qui, de complicité avec la maison Tippelskirch et Cⁱᵉ, a grugé, de la manière la plus folle, notre administration coloniale,

Les principes qui régissent le recrutement des hauts fonctionnaires en Prusse sont également appliqués dans la dépendance prussienne qui s'appelle l'Alsace-Lorraine. Grâce à quoi, ici aussi, l'on ne trouve qu'un personnel de choix.

Nous allons examiner, ci-après, la valeur de ce personnel.

A tout moment, des journaux officieux parlent de l'esprit de devoir, du zèle et du dévouement des fonctionnaires supérieurs. Nous allons voir ce qu'il faut entendre par leur ponctualité, leur esprit d'ordre, leur goût pour le travail.

Pour ma part, j'ai toujours pu constater que ces différentes qualités n'étaient pas le point fort de MM. les fonctionnaires supérieurs du Reichsland.

Sous le rapport de la ponctualité, je crois que MM. les hauts fonctionnaires ignorent absolument ce que l'on appelle les heures de bureau, bien qu'elles doivent exister pour eux aussi bien que pour les employés subalternes. Je ne connais pas, en Alsace-Lorraine, un conseiller de gouvernement, ni un conseiller ministériel, qui vienne à son bureau avant dix heures, onze heures ou même onze heures et demie du matin, ni avant cinq heures ou cinq heures et demie du soir. Une fois là, ces messieurs « bricolent », rôdent d'une pièce à l'autre et, au bout d'une heure, d'une heure et demie au plus, se sauvent comme des voleurs. Il arrive, très fréquemment, qu'ils ne viennent pas du tout l'après-midi, parce qu'ils ont à se promener avec leur famille.

De tous ces messieurs, celui qui détenait incontestablement le record n'était autre que M. le conseiller de gouvernement Schlussingk, attaché à la présidence de police à Strasbourg. Je ne sache pas qu'une seule fois dans son existence le monsieur en question ait franchi le seuil de son cabinet, avant dix heures et demie du matin et avant quatre heures et demie ou même cinq heures du soir. Quand il était de service, le dimanche, il poussait les choses encore plus loin. Il arrivait à la présidence de police, en tenue de ville, cinq ou six minutes avant midi. Par suite, les affaires les plus pressantes, telles que mandats d'amener, réquisitions et autres, demeuraient là. Il en était de même pour différents actes qui, réglementairement, auraient dû être transmis à la justice avant dix heures du matin ou qui auraient nécessité une intervention immédiate de la police.

Il est vrai que, à deux reprises différentes, le président de police, informé de la négligence de M. Schlussingk, par le conseiller de police Zinch, infligea à celui-là, sans aucun résultat d'ailleurs, deux réprimandes sévères.

Par un phénomène étrange, c'est précisément le monde des fonctionnaires supérieurs qui fait le plus de bruit lorsqu'une fois par hasard un malheureux employé subalterne arrive cinq ou dix minutes en retard. Le vieux dicton allemand :

> Le bureaucrate fait son devoir,
> De neuf à une heure, mais rien de plus,

ne peut donc pas même s'appliquer à MM. les fonctionnaires supérieurs.

Ce que j'ai dit concernant la ponctualité, peut

s'appliquer aussi aux qualités d'ordre et au zèle de ces messieurs.

La caractéristique des hauts fonctionnaires en Alsace-Lorraine, c'est une paresse extrême devant son origine en partie à leur ignorance, en partie à leur indolence. Par suite de quoi, la majeure partie du travail, qui incombe aux hauts fonctionnaires, retombe sur les épaules des employés subalternes.

Comme on ne se douterait jamais du degré d'indolence et d'ignorance dont sont affligés MM. les hauts fonctionnaires, je tiens à citer au moins un exemple.

Chaque administration, — sous-préfecture, direction de police, direction de district et ministère, — possède des dossiers spéciaux, dans lesquels les affaires sont classées suivant leur nature même. Ces dossiers constituent, dans la plupart des cas, la planche de salut de MM. les hauts fonctionnaires. En effet, dès que l'un d'eux reçoit à étudier une affaire qui l'embarrasse ou qui est de nature à exiger de lui quelque réflexion, vite, il se fait apporter, par l'un des employés, un dossier relatif à un cas analogue à celui qui l'occupe. Alors, ce n'est plus qu'un jeu pour lui : il recopie le dossier en question en changeant les noms et les dates et le travail est fini. Il est bien rare que l'on tombe sur un travail original, fait par un conseiller de gouvernement, je veux dire un travail qui porte l'empreinte de l'esprit de celui qui est censé l'avoir fait. Tout est fabriqué d'après le schéma F...

Tout naturellement, la paresse de MM. les hauts fonctionnaires soulève le mécontentement et l'hilarité des employés subalternes qui sont obligés d'en supporter les conséquences.

Un virtuose dans ce genre, c'était l'ancien premier avocat général de Metz, M. Haus, qui était devenu célèbre à cause de sa prédilection pour le repos.

Une véritable montagne de dossiers s'accumulait sur sa table de travail ; certains d'entre eux avaient même acquis un âge vénérable. Jamais il n'y avait touché. Quand une fois, par hasard, l'avocat général supérieur de Colmar venait à Metz, on faisait disparaître, dans les tiroirs et dans les coins les plus sombres, ces témoins de l'incorrigible paresse du personnage. Quant à l'inspecteur, il se retirait toujours enchanté de s'être trouvé en présence d'une table rase.

Si les hauts fonctionnaires n'étaient que paresseux, il n'y aurait encore pas trop à s'en plaindre, mais ils se montrent d'une indifférence tout à fait scandaleuse. C'est à ce manque d'intérêt pour leurs obligations professionnelles, qu'il faut attribuer le drame de Geispolsheim, un incendie formidable survenu en 1906 et qui a coûté l'existence à vingt-deux personnes.

Dès l'année 1901, en ma qualité de commissaire de police cantonal, j'avais attiré l'attention de M. le sous-préfet Bumbach, qui est actuellement président de police à Metz et qui s'appelle aujourd'hui Bumbach von Kaymburg, sur le peu de sécurité qu'offrait le genre de construction de la fabrique d'agrafes. J'avais fait remarquer que le genre de construction des bâtiments n'était pas conforme aux prescriptions et j'avais exprimé la crainte que, en cas d'incendie, il ne survînt une catastrophe terrible.

Mon supérieur, avec son arrogance et ses airs de supériorité habituels, m'avait répondu : « Faites-moi le plaisir de ne pas vous occuper de choses qui ne vous regardent pas; l'inspection des fabriques est du ressort des inspecteurs du travail ». Provisoirement, l'affaire était donc réglée. Cinq ans plus tard, ma prophétie se réalisa.

M. le sous-préfet Bumbach, en la circonstance, s'était rendu coupable d'un manquement extrêmement grave, étant donné que je lui avais signalé la chose et que son devoir le plus élémentaire aurait été soit d'intervenir personnellement, soit d'attirer l'attention de l'inspecteur du travail sur la disposition défectueuse des bâtiments de la fabrique d'agrafes.

La paresse et les autres défauts dont ils sont affligés n'empêchent pas MM. les hauts fonctionnaires de recourir à toutes sortes de manœuvres destinées à donner le change et à se livrer à des intrigues en vue d'obtenir de l'avancement.

Tout récemment encore, en décembre 1906, a été faite une nomination qui a soulevé le plus vif mécontentement parmi les fonctionnaires aussi bien que parmi la population. M. le prince de Hohenlohe, président du district de Colmar, ayant été mis en disponibilité, fut remplacé par le conseiller supérieur de gouvernement de Puttkammer, un nom qui n'est pas très aimé en Alsace-Lorraine. Ce monsieur a passé sur le dos d'un grand nombre de fonctionnaires qui, d'après leur ancienneté et leurs aptitudes, auraient dû avoir le pas sur lui. A ce propos, une fois par hasard, la *Strassburger Post* a reconnu qu'il n'y aurait eu aucune nécessité de faire bénéficier ce monsieur d'un passe-droit pareil.

Le régime de la protection et du népotisme est à l'ordre du jour en Alsace-Lorraine. Ainsi, laissant de côté de nombreux candidats qui remplissaient les conditions, le ministère a admis à son « bureau littéraire » un garçon d'hôtel sans place. Ce jeune homme qui, jadis, traversait l'existence, la serviette sous le bras, a su, dans l'exercice de ces fonctions si délicates, s'attirer la faveur d'un grand nombre de personnages haut placés.

Dame! c'est toujours l'histoire du cheval qui ne reçoit pas l'avoine à laquelle il aurait droit, c'est aussi l'histoire du facteur Schmidt qui sauve la vie à la fille de l'épicier Müller, en la retirant de l'eau et dont l'acte de sauvetage donne lieu à la distribution des distinctions que voici :

1° Le ministre des communications est décoré de l'Aigle-Noir avec le Cor de Postillon;

2° Le président de gouvernement, qui était baron, devient comte;

3° Le sous-préfet de l'arrondissement reçoit le titre d'Excellence;

4° Le maire du village est nommé maire supérieur;

5° L'abbé du couvent, voisin du ruisseau dans lequel Mlle Müller a failli se noyer, reçoit une crosse en argent;

6° La ville où demeure Mlle Müller est dotée d'un régiment de hussards;

7° Les agents de police Piefke et Slivovitz, qui ont

aperçu la scène de sauvetage et qui, ensuite, ont dressé procès-verbal au facteur pour s'être baigné à un endroit où c'était défendu, reçoivent, chacun, un sabre d'honneur et la médaille militaire ;

8° Mlle Müller, qui a été sauvée, reçoit le Luisenorden ;

9° L'épicier Müller, père de la jeune fille, est nommé conseiller de commerce ;

10° Le facteur Schmidt reçoit, de son chef, un témoignage de satisfaction.

Eh bien! c'est ainsi que l'on agit en Alsace. Le haut fonctionnaire empoche tous les avantages et tous les honneurs, tandis que le subalterne est relégué dans le rôle de Cendrillon.

M. le ministre de Kœller a fait tout ce qu'il a pu pour blanchir ses subordonnés des accusations que j'ai portées contre eux. Je ne pense pas qu'en cherchant à les excuser il ait été sincère, attendu que c'est uniquement grâce à ma précédente brochure qu'est due la révocation de MM. Sweersen et Tornow.

Le gouvernement a prétendu que ces deux fonctionnaires ont été mis de côté pour « d'autres » motifs; moi, je prétends que ce sont les aventures amoureuses de M. Tornow qui lui ont cassé les reins. Cette opinion est d'ailleurs partagée par la majorité des gens du pays. Dans son numéro 81, du 5 avril 1906, la *Strassburger Bürger-Zeitung* a publié la lettre suivante qui lui était adressée par un de ses correspondants de Metz :

« A Metz, règne actuellement une atmosphère-Stéphany; la perspective de petite ville est assom-

brie par de sombres nuages qui annoncent l'orage.
Par-ci par-là, un éclair jaillit, et la foudre tombe
coup sur coup, sur les peupliers qui bordent l'allée
des héros et des vainqueurs. L'un après l'autre
prend feu, se consume et, finalement, est réduit
en cendres. Le vent des mises à la retraite balaye et
emporte, dans toutes les directions, les tristes restes.
Sic transit gloria mundi. C'est l'architecte impérial Tornow qui ouvre le feu; après lui vient
M. Neuffer, directeur du théâtre municipal de Metz.
Le premier décorait la cathédrale et se livrait à des
études sur le célèbre *Ars amandi*, pour acquérir les
faveurs de son maître; Neuffer mettait en scène Marc
Antoine et pratiquait dans l'*Ars amandi* ce qu'il
n'aurait pas dû faire. Mais tous deux étaient des
piliers de la société. »

A ce même propos. la *Lothringer Bürger-Zeitung*
consacrait à la même affaire Tornow un article où
il était dit, entre autres :

« Ce fonctionnaire qui, au su de tout le monde,
avait un grand faible pour l'éternel féminin.....
Est-il, dans notre ville, une personne qui ne con-
naisse pas le côté par trop humain de l'architecte
de notre cathédrale? »

J'ai montré, dans ma première brochure, ce côté
trop humain du monsieur en question.
Pareil à l'apôtre saint Paul, M. Tornow se dit :
« Être marié, c'est bien; ne pas être marié, c'est
encore mieux. » Le susdit s'est fait cette opinion en
songeant qu' « il faut varier ses plaisirs »; il y a
encore été fortifié par les dimensions corporelles de
sa femme et par la répulsion qu'elle lui inspire.
Cette dame n'a pas seulement

.Une fossette à chaque bras,
Même deux au menton,
Deux bras dont la force
A souvent abattu des lions,..

elle a encore des dimensions telles qu'un jour, en la voyant, un lieutenant de dragons a poussé cette exclamation très peu galante : « Oh ! cet hippopotame ! » Chez les peuples africains, il est distingué d'avoir des femmes très grasses, M. Tornow n'est pas du même avis et il repousse énergiquement les tentatives de rapprochement de sa femme.

C'est, du reste, seulement envers sa légitime que M. Tornow fait preuve de continence. Aussi longtemps qu'il a été à Metz, il se mettait, chaque jour, en quête d'une aventure amoureuse et, en bon chasseur qu'il était, il abattait tout ce qui se trouvait à portée de son fusil. Des filles de brasserie, des demoiselles de magasin, ses propres bonnes, ou celles des autres étaient un gibier que M. Tornow chassait avec une prédilection marquée. L'héroïne d'une aventure que j'ai rapportée dans ma première brochure, la jeune Paula, que M⁻⁻ Tornow avait surprise en conversation criminelle avec son mari, — ce qui avait donné lieu à une scène nocturne des plus amusantes — a été expédiée à Cologne. Elle vécut là-bas, grassement entretenue par lui. M⁻⁻ Tornow fut informée de ceci par des lettres que cette fille adressait à son mari et dans lesquelles elle l'appelait : « Mon cher Otto ».

Au lieu de se plaindre de voir son idylle si brutalement interrompue, M. Tornow s'est empressé de reprendre sa chasse *intra et extra muros*. Évidemment, il ne pénètre plus dans le domaine de l'*amor domesticus*, puisque ce délit de chasse ne lui avait pas réussi et qu'il avait pu constater que sa femme était un remarquable garde-chasse.

Mme Tornow n'était pas du tout indifférente à la passion que son mari manifestait pour la chasse et elle s'en plaignait très souvent, en termes amers.

J'ai dit, ailleurs, qu'elle avait une fois entrepris de faire porter des cornes à son mari, mais elle n'y avait pas réussi, parce que les hommes considèrent que « femme a l'âge dont elle a l'air ».

J'ai prétendu que le gouvernement d'Alsace-Lorraine ne retire sa protection à ses hauts fonctionnaires que dans les circonstances où il y est obligé par l'explosion de l'indignation publique, lorsque la situation du personnage devient tout à fait impossible. A l'appui de mes dires, je citerai le cas du sous-préfet de Thionville, M. Cormann.

Aussi longtemps qu'il a été employé à la présidence du district de Metz en qualité de conseiller de gouvernement, il a eu la réputation de suivre avec la plus grande ferveur, les enseignements de Gœthe :

> Quand on a bu
> On trouve toujours sa voie.

A force de pratiquer cette maxime, M. Cormann a subi la mésaventure nocturne que j'ai racontée jadis. Moins heureux que ce héros de l'antiquité qui reprenait de nouvelles forces en touchant la terre, sa mère, il avait subi l'attraction de cette dernière dans un sens tout à fait opposé. Il était donc bel et bien resté couché tout de son long et il avait fallu le secours de mains étrangères pour l'aider à se

remettre sur pied. Un autre se serait montré recon-
naissant d'un pareil appui donné au milieu de la
nuit; mais M. Cormann s'empressa de monter sur
ses grands chevaux. Cet épisode, dont l'architecte
communal de Thionville a été témoin, fut porté,
plus tard, à la connaissance du président du district
de Metz. Celui-ci fit appeler M. Cormann, s'entre-
tint cordialement avec lui, mais ne lui en signifia
pas moins l'invitation de « vouloir bien éviter, à
l'avenir, de pareilles choses ». Voilà donc un haut
fonctionnaire qui s'en tire avec une simple répri-
mande.

Combien fut différente la sanction prise, il y a
quelques années, contre l'inspecteur de police
Anger, de Strasbourg !

Celui-ci fut mis d'office à la retraite, pour avoir
été ramassé une nuit, ivre-mort, au beau milieu de
la rue, c'est-à-dire pour s'être mis dans le même
état que M. Cormann.

M. Anger avait le droit d'invoquer à son excuse
que pareil accident lui arrivait pour la première
fois de sa vie; M. Cormann, au contraire, se trouvait tous les jours dans cet état. De mémoire
d'homme on ne l'a pas vu marcher droit, une seule
fois, quand il regagnait son domicile.

Tout récemment, M. Cormann a reçu du gouvernement français la croix de la Légion d'honneur;
une pareille distinction n'a pas été sans provoquer
nombre de hochements de tête. Le gouvernement
français peut invoquer l'adage : « Si certain homme
savait ce qu'est certain homme... »; mais le gouvernement du Reichsland se trouve dans une situation
différente. Il connaît très bien son pèlerin, seulement

il le protège avec d'autant plus d'ardeur que
M. Cormann est le fils d'un ancien officier hano-
vrien et que la consigne du gouvernement prussien
aussi bien que celle du ministère du Reichsland, est
de favoriser certains guelfes.

J'ai dit ailleurs que les fonctionnaires de la justice
mènent une existence privée infiniment plus honorable que les fonctionnaires de l'ordre administratif.
Mon opinion sur cette matière n'a pas changé.

Évidemment toute règle subit des exceptions.

Une expérience de vingt années me permet d'affirmer qu'en Alsace-Lorraine tous les membres de
la magistrature, à commencer par les assesseurs,
mènent une existence généralement exempte de
reproches.

La chose s'explique aisément, puisque les magistrats doivent être très p   ·ents et avoir beaucoup
de retenue quand ils se montrent en public.

Quand je dis les « magistrats », je ne parle point
des notaires ni des avocats, lesquels sont complètement indépendants. Il est évident que le personnel
de la justice est obligé de s'imposer une contrainte
qui le préserve des erreurs où tombent les référendaires et les assesseurs des administrations civiles.
Ceux-ci occupent des situations qui ne leur imposent
qu'une responsabilité à peu près nulle, aussi leur
attitude est-elle sujette à caution.

Leur existence privée se résume en des flâneries
sans but, des parties de cartes faites, parfois, avec
des joueurs de profession et avec accompagnement
de tous les trucs habituels, de longues beuveries, etc.
Du reste, je vais citer un certain nombre d'exemples
à l'appui de ma thèse. Les clients les plus assidus

des cafés de nuit à Strasbourg ne sont autres que les référendaires et aussi les assesseurs. Ces messieurs passent leurs journées et une partie de leurs nuits dans ces établissements d'où ils ne sortent qu'au lever du jour et même parfois plus tard. Ils passent leur temps à boire et à jouer. Les sociétés de joueurs ne se composent pas seulement de ces juristes, le premier venu peut se faire admettre dans l'un de ces cercles de joueurs, et il est assuré que personne ne lui demandera d'où il vient ni qui il est; en revanche, on se renseignera sur l'état de ses finances. Tout individu qui paraît propre à être tondu est admis sans le moindre scrupule. Ainsi, à l'époque où j'étais commissaire de police, il m'est arrivé en plus de vingt-cinq cas différents, de surprendre des référendaires en train de jouer avec des employés de commerce, des voyageurs, des garçons de café et même avec des commissionnaires de la gare et des souteneurs, tous gens qui font figure à Strasbourg.

Je me rappelle tout spécialement le fait suivant, à cause des circonstances aggravantes qui l'accompagnaient. Une certaine nuit de juillet, en 1902, j'avais entrepris de faire une tournée dans les différents établissements de nuit de Strasbourg; le brigadier de la police des mœurs m'accompagnait. En entrant dans le café Muller, de la rue des Serruriers, je tombai sur une bande de joueurs exclusivement composée de référendaires et de commissionnaires de la gare centrale de Strasbourg. Caché derrière un rideau de peluche, nous constatâmes que certains référendaires, entre autres MM. Welf et Stork, dépouillaient, plumaient de la façon la plus odieuse leurs partenaires dont l'un avait fait peu de temps auparavant un petit héritage. Les commissionnaires, qui n'étaient pas aussi roublards que leurs distingués compagnons de jeu, quittèrent finalement la salle, n'ayant plus un sou en poche. Je dois dire que la chose fut portée à la connaissance du chef de ces messieurs, mais elle n'eut aucune suite, attendu que les voleurs aussi bien que les volés avaient également intérêt à ce que l'on ne sut pas qu'ils s'étaient adonnés à des jeux de hasard.

Quand, par hasard, MM. les référendaires ne se livrent pas à leur passion pour les cartes, ils passent leurs nuits à boire. A ce point de vue, c'était M. le référendaire D' Schrader qui tenait la corde; chaque nuit il était plein comme une gabare, et en retournant à son domicile faisait un scandale extrême.

Actuellement ce personnage est avocat à Strasbourg. Certaine nuit, comme je faisais une ronde, je le rencontrai dans la rue Kuss; il était en complet état d'ivresse et poussait des hurlements tellement épouvantables que finalement je dus le menacer du violon.

M. Schrader, poussant son cri de guerre favori, s'éloigna en titubant, pénétra dans une petite brasserie qui était encore ouverte et alla donner de la tête dans la vitre de la porte d'entrée, laquelle fut réduite en miettes.

Nullement guéri par le blâme qu'il reçut à la suite de ceci, M. Schrader, une fois établi avocat, continua son genre de vie précédent; on prétend qu'à la suite de son mariage il est devenu plus raisonnable. Ce n'est pas de luxe.

Au moment où M. Schrader a reçu son blâme, on a appris toutes sortes de choses sur son compte, et l'on a pu se rendre compte de l'opinion que ce monsieur se faisait de sa profession. Etant référendaire et suppléant d'un avocat de Strasbourg, il avait commis toutes sortes d'actes répréhensibles et en contradiction avec tous les principes de l'éthique et avec les usages de la corporation des avocats.

Dans une affaire de divorce, chargé de défendre les intérêts du mari, il prétexta une entrevue destinée à amener une réconciliation entre ce dernier et sa femme qui était plaignante. Puis, il attira cette dame dans un hôtel, où il lui fit boire une telle quantité d'alcool qu'elle en perdit momentanément la raison. Ce dont l'autre abusa pour remplir ses devoirs d'époux. A la suite de ceci, le personnel de l'hôtel put témoigner que le couple en question avait passé la nuit dans la plus grande harmonie et que, par conséquent, la réconciliation était effectuée.

Dans une autre affaire civile, le référendaire Schrader manœuvra si bien qu'il amena la partie adverse à prêter un faux témoignage.

A sa requête, cette partie adverse, assignée pour un certain jour, prêta serment relativement à un fait, alors que M. Schrader avait en poche la preuve écrite du contraire. Il se garda bien d'en faire part au tribunal, car il n'avait nullement l'intention d'accuser la partie adverse de faux témoignage; seulement il se procurait ainsi un moyen de l'influencer, grâce à la menace de poursuites pour faux témoignage. M. Schrader arriva, effectivement, à ses fins. Il convoqua son adversaire à son bureau, lui mit sous les yeux la preuve écrite de son faux témoignage et l'intimida si bien que l'autre finit par se déclarer prêt à souscrire à toutes ses exigences. Et celles-ci n'étaient pas minimes.

Si M. Schrader se livre encore aujourd'hui aux mêmes pratiques, sa clientèle peut être assurée que ses intérêts se trouvent en bonnes mains; au reste, je n'ai pas fini avec lui, je reviendrai encore une fois sur son chapitre.

Au point de vue des mœurs, MM. les référendaires et assesseurs sont très loin d'être irréprochables ; les faits suivants prouveront à l'évidence leur lasciveté.

Presque chaque jour, la police des mœurs amène par devant le tribunal des filles publiques ainsi que des filles de brasserie s'adonnant en cachette à la prostitution, qui doivent être, soit arrêtées, soit traduites devant le tribunal des flagrants délits, c'est-à-dire devant un juge qui n'est pas assisté par des échevins. Les fonctions de juge en pareil cas sont presque toujours remplies par des assesseurs.

Ces messieurs ont le plus souvent l'air très embarrassé en pareille circonstance, attendu qu'ils sont obligés de sévir contre des filles avec lesquelles, peu de temps auparavant, ils ont encore eu des relations. Le policier, dont l'œil est habitué à observer d'une façon constante et avec l'attention la plus vive, découvre, en pareil cas, que ce sont les juges qui ont l'air d'être coupables et que ces dames ont aux lèvres un sourire narquois.

Le désarroi et l'embarras où se trouvent MM. les magistrats se traduit généralement par l'acquittement des prévenues ou par une peine minime. Ce n'est que dans des circonstances absolument graves que ces dernières sont l'objet d'un mandat d'arrêt immédiat; presque toujours, elles sont mises sur-le-champ en liberté. Au nombre des personnages qui se trouvent dans la situation décrite ci-dessus, je citerai en première ligne, le juge, tout frais émoulu, Holdebrand qui vit sur le pied de la familiarité la plus intime avec une des horizontales les plus connues de Strasbourg.

Il est bien clair que MM. les référendaires ne peuvent jamais se trouver dans une situation aussi désagréable. Etant donné qu'ils sont en quelque sorte des apprentis-magistrats, on ne leur confie jamais une situation indépendante.

Un certain nombre de référendaires fréquentent avec enthousiasme les prostituées et les filles de brasserie, mais leur collègue M. Huberbusch vit en concubinage avec une veuve qui pourrait être sa grand' mère et qui, bien avant son mariage, était inscrite sur les contrôles de la police. Depuis qu'elle est veuve, cette personne se livre de nouveau à la prostitution, mais n'est plus contrôlée par la police.

Le référendaire François Waber, dont le papa est notaire quelque part en Lorraine, établi aujourd'hui comme avocat, a choisi pour objet de ses amours une personne un peu plus distinguée. Il a pris pour maîtresse la femme de l'ancien agent général d'assurances et maintenant agent de location Rasch. Cette dame est la sœur du commissaire de police Wehmann, de Strasbourg. Il avait été l'amant de Mlle Nelly Wehmann avant son mariage; depuis qu'elle a convolé en justes noces, il continue ses relations avec elle.

Ce monsieur n'a pas bronché, certain soir, où dans un restaurant de nuit, à Strasbourg, une personne de sa connaissance lui a reproché, en présence de nombreux témoins, sa conduite ignoble envers ce M. Rasch ; du reste, le fait suivant continue à prouver que les principes d'honneur de ce personnage ne sont pas très développés :

En octobre 1903, à l'hôtel Continental, à Strasbourg, où j'habitais en ce temps-là, le référendaire Waber vint me trouver et me supplia de lui rendre un service absolument en dehors de mes moyens. Il voulait, à toute force, que je lui prêtasse la somme de onze cents mark, sous prétexte que mon frère, qui était un homme riche, m'avancerait volontiers cet argent.

Désireux d'avoir, le cas échéant, une preuve écrite de la demande qu'il m'avait faite—car j'étais, depuis longtemps, orienté sur la valeur de M. Waber — je l'invitai à me souscrire le billet à ordre dont voici la teneur :

« Le soussigné reconnaît avoir reçu, par la présente, la somme de 1.100 mark — onze cents mark — valeur reçue comptant, et s'engage à la restituer trimestriellement par versements de 300 mark — trois cents mark — à dater du 1er mai 1905 et à lui en payer les intérêts à cinq pour cent — 5 %, — sauf recours contre les parents. »

Quelle ne fut pas ma stupéfaction, lorsque deux ou trois jours plus tard je fus amené à faire la constatation suivante. Me trouvant assis, à l'hôtel

Continental, à une table voisine de celle autour de laquelle se réunissait habituellement un groupe d'officiers, je vis le référendaire Waber s'approcher de ces derniers, et, après les salutations d'usage, prendre place auprès' d'eux. Ce fut à peine s'il daigna honorer d'un regard des plus indifférents mon humble personne. On aurait dit qu'il ne me connaissait pas le moins du monde. Très froissé de voir agir ainsi un homme qui, trois fois vingt-quatre heures auparavant, était venu me demander de l'argent, je sentis la moutarde me monter au nez en voyant et en entendant ce personnage appeler sur moi l'attention des officiers et leur dire, dans les termes les plus méprisants, que j'avais été révoqué de mes fonctions. Pour le coup, je trouvai qu'il dépassait la mesure. Me levant d'un bond, j'allai le trouver et je lui enjoignis de quitter la salle avant cinq minutes, faute de quoi, à mon tour, je raconterais à ces messieurs une histoire qui les intéresserait prodigieusement. Tableau !

Qui décrira la stupéfaction de l'assistance à la vue de Waber obéissant incontinent à mon ordre, esquissant un salut muet et quittant la salle avec toutes les allures d'un chien qui a reçu une raclée!

A l'heure actuelle, M. Waber est avocat et possède l'ensemble des qualités voulues pour être un digne représentant de sa profession.

Parmi les nobles émules de Waber et de Schrader, je citerai le docteur en droit Stork, lequel étant référendaire a séduit la fille d'un entrepreneur de Strasbourg, nommé Welker; de cette liaison est résulté un fils qui a maintenant dix ans. Il y a deux ans, M. Stork s'est établi en qualité d'avocat à Sarrebourg (Lorraine); mais, au bout de quelques mois, il s'est démis de ses fonctions. A l'heure actuelle, il est quelque part dans l'industrie.

En novembre 1906, le référendaire Moeller a été l'objet d'un mandat d'amener, en raison des graves escroqueries dont il s'était rendu coupable. Après avoir mené — comme on dit — une vie de bâtons de chaises, cet individu avait fait preuve d'une astuce extraordinaire pour se procurer de l'argent et avait ainsi escroqué une masse de braves gens qui avaient confiance en lui.

Il ne faudrait pas croire que les cas cités plus haut par moi constituent des exceptions. Loin de là, la plupart des référendaires et assesseurs de Strasbourg s'adonnent au libertinage le plus éhonté.

Suivant les dires d'un philosophe bien connu, ces *agréables débauchés* jouent le rôle le plus brillant dans le grand monde. Si scandaleuse que puisse être leur existence de bohème, ces messieurs sont toujours reçus à bras ouverts, attendu qu'on les considère comme des candidats au mariage.

En dépeignant ainsi les mœurs dans le Reichsland, je n'ai jamais eu l'intention de m'ériger en censeur, ni de vouloir démontrer que la situation en Alsace-Lorraine est très différente de celle des autres pays. Je sais fort bien que « l'on commet des fautes dans les murs de Troie aussi bien qu'au dehors ». Je n'ai pas eu d'autre but que de montrer sous son vrai jour le chapitre de la moralité allemande.

Il est bien connu que l'Allemagne prétend détenir le monopole de la morale et de la vertu et être, sous ce rapport, supérieure à tous les peuples du

monde, en particulier à ses voisins de l'Ouest, aux
Français. Rien ne l'autorise à émettre des prétentions pareilles, car en France on n'est ni meilleur
ni plus mauvais qu'en Allemagne. Toutefois, à ce
point de vue, il existe une différence notable entre
les deux pays. Cette différence consiste en ceci : le
Français ne cherche pas à paraître meilleur qu'il
n'est en réalité; l'Allemand, au contraire, usant
d'hypocrisie et de tartufferie, voudrait donner à tout
le monde le change sur ses défauts. Dame! en cette
matière, la nation allemande a acquis une véritable
maîtrise.

Tout le monde sait qu'à Paris le député, le banquier, le boursier, l'employé ou l'officier, va dîner
avec sa maîtresse chez Maxim's ou dans un autre
restaurant, qu'il fréquente le Moulin-Rouge, etc.,
et personne ne songe à s'en étonner ni à s'en scan-
daliser, attendu que la chose se fait au grand jour
et avec une certaine grâce mondaine. En revanche,
on éprouve du dégoût, quand on voit ce qui se
passe en Allemagne. Comment ne pas tourner en
ridicule et ne pas critiquer les gens appartenant
aux meilleures classes de la société qui s'adonnent,
en cachette, aux vices les plus honteux, mais qui
évitent soigneusement de les montrer en public et
s'efforcent d'apparaître, aux yeux de tout le monde,
comme les plus saints apôtres de la vertu! Le pu-
dibond Joseph allemand fronce le nez quand on
parle de la moralité de son prochain; c'est les yeux
baissés, et avec une mine cafarde, qu'il parle de la
dépravation de la France. Il ferait mieux de songer
qu'il est à la fois maladroit et dangereux, même
ridicule au plus haut point, de lancer des pavés sur

son voisin, quand soi-même on est assis dans une maison de verre. Il est assez piquant de rappeler à ce propos que le proverbe : « C'est la pelle qui se moque du fourgon » est d'origine allemande.

Cet écœurant pharisaïsme devait fatalement exercer une attraction sur moi, d'autant plus que de l'autre côté du Rhin ses représentants sont toujours cités en exemple à leur prochain.

L'hypocrite, le flagorneur, le gredin qui cherche à cacher ses vices et ses ignominies sous le manteau de la discrétion est assuré de triompher en Allemagne sur quiconque a les sentiments les plus honnêtes.

Je tiens essentiellement à prouver que l'Allemagne — en particulier le monde chic et les hauts fonctionnaires — ne détient nullement le monopole de la moralité. J'espère qu'après avoir lu ce qui suit on m'accordera que j'ai rempli ma mission.

J'ai dit plus haut que les hauts fonctionnaires de l'administration, en Alsace-Lorraine, sont méprisants au plus haut point vis-à-vis de leurs subordonnés et qu'en même temps ils se conduisent en plats valets lorsqu'ils se trouvent en présence de leurs supérieurs. A ce propos, M. le ministre de Kœller s'est bien gardé de manifester quoi que ce soit et de prendre la défense de ses inférieurs, car il les connaît mieux que personne. A la fameuse séance de la Délégation, il s'est bien gardé de faire la moindre allusion à ce que j'avais dit à ce sujet. C'était d'ailleurs ce qu'il avait de mieux à faire.

Quiconque a eu dans son existence le plaisir, très problématique, de se trouver en contact avec de hauts fonctionnaires a pu constater que ces messieurs dégagent une atmosphère glaciale; ils sont inabordables, leur conversation est faite d'orgueil et de morgue. Leur attitude, vis-à-vis de la population, de leurs subordonnés et de gens possédant une instruction égale à la leur, n'est pas celle qu'un homme doit avoir vis-à-vis de son prochain; c'est plutôt celle d'un être qui se rapproche de la Divinité et qui veut bien condescendre à baisser ses regards sur un humble ver de terre.

La cause de cette présomption, qui dépasse toute imagination et toutes les bornes permises, tient à ce fait que l'ensemble du corps administratif culmine en quelque sorte dans la personne du monarque. Par la grâce de ce maître suprême, on se sent investi d'une sorte de distinction professionnelle. On est élevé, anobli, porté au ciel; on domine toutes les autres classes de la société. Aussi, le plus jeune assesseur de gouvernement, à peine entré en fonction, s'arroge-t-il le droit de contempler avec un air de pitié et de mépris le reste du monde. Pour ces gens-là, le mot gouvernement possède un pouvoir magique; devant lui, tout le reste pâlit et rentre dans l'ombre. Mais ce pouvoir magique est bien précaire et cet éclat bien trompeur.

Évidemment, les hauts fonctionnaires du gouvernement voient certains des leurs devenir ministres, ambassadeurs, etc., par conséquent être éclairés directement par les rayons du soleil de Sa Majesté. Ils les voient présider aux destinées du pays, représenter ce dernier à l'étranger, et ils se disent en leur for intérieur : « Nous appartenons à une catégorie meilleure que le commun des mortels ».

Je me reprocherais éternellement de ne pas citer

la description suivante que la *Strassburger Zeilung*
a donnée du haut fonctionnaire.

Elle dépeint, sur le vif, les gros bonnets employés en Alsace-Lorraine. Voici ce qu'elle dit :

« Un beau jour, il apparaît dans la petite ville.
Personne ne sait qui c'est, personne ne sait d'où il
vient. Très fier, il promène son chapeau claque à
travers toutes les rues. A ses côtés trottine une
dame qui, d'ordinaire, est habillée avec fort peu de
goût et qui, au premier coup d'œil, se révèle comme
son épouse. L'œil aux aguets, tous deux cherchent
les numéros des maisons. De temps à autre ils
s'arrêtent, jettent un dernier coup d'œil sur la liste
des visites à faire; puis, ils s'engouffrent dans une
porte. Toute personne qui observe ce manège sait
aussitôt que ce couple bizarre n'est autre qu'un
employé, un fonctionnaire, qui, avec sa femme, est
en train de faire ses visites d'arrivée. Malgré soi, on
songe à ces visites raides, ennuyeuses, durant à
peine dix minutes, et l'on éprouve une vague pitié
pour les deux époux.

» Les visites d'arrivée sont faites. La petite ville
est plus riche d'un fonctionnaire impérial et royal.
Personne ne s'en est aperçu, personne, à l'exception
de quelques fonctionnaires qui ont reçu la visite de
leur nouveau collègue et en compagnie desquels
lui-même devra vivre désormais. A partir de là,
sa femme est invitée aux différentes réunions de
dames; elle prend part aux commérages usuels et
à son tour elle rend les politesses reçues.

De temps à autre, entre midi et une heure, on
aperçoit le même chapeau claque et le même vêtement. Régulièrement, le jour anniversaire de l'empereur, monsieur prend part au banquet traditionnel et s'efforce de manifester le plus bruyamment

possible son patriotisme et ses sentiments d'homme qui sait se respecter.

» Le temps passe. Un beau jour, le même haut de forme, accompagné d'une toilette qui, dans l'intervalle, a subi quelques modifications, reparaît à la surface. On reprend la tournée de visites qui a été faite à l'arrivée. Les indigènes, qui, petit à petit, s'étaient habitués à voir ce monsieur et cette dame, se disent : « Voilà des gens qui font leurs visites » d'adieu! »

» A la même époque, paraît dans la feuille de chou de la sous-préfecture une notice, toujours la même, annonçant le départ d'un fonctionnaire aussi apprécié qu'aimé de la population, exprimant les regrets que cause son départ et ajoutant les meilleurs souhaits pour son avenir. C'est alors, seulement, que la population fait attention à cet homme qui, tout le temps qu'il a été en fonction, ne s'est pas trouvé une seule fois en contact avec elle.

» Il l'avait traitée en quantité négligeable et elle le lui avait largement rendu ; étranger il était arrivé, étranger il est reparti.

» Et c'est là ce qu'à Berlin on appelle « la germanisation de l'Alsace-Lorraine. »

Et c'est la vérité la plus exacte. Tels des demi-dieux, MM. les hauts fonctionnaires s'entourent d'un nuage olympien, nuage impénétrable à vos yeux, vers de terre que vous êtes!

En revanche, les indigènes ne sont pas victimes du mirage, ils savent que ces messieurs sont faits de la même glèbe qu'eux et ils les qualifient selon leurs mérites.

CHAPITRE IV

Les très hauts fonctionnaires.

Défunt le président de Hammerstein. — Le maire de Metz. — Les sous-préfets. — Deux merles blancs. — Eh bien ! monsieur le maire ! — M. Bombach. — Le sous-préfet officier de réserve. — Un gendarme mal informé. — Le sous-préfet échauffé. — La manie de l'uniforme. — Mission intérieure. — Le document V. 6332. — Comment on accueille en haut lieu les pétitions des employés subalternes. — Les hommes-caoutchouc. — Un surpatriote.

L'ancien président de district de la Lorraine qui, par la suite, est devenu ministre de l'intérieur, défunt M. le baron de Hammerstein et sa femme, au temps où ils habitaient Metz, étaient cordialement détestés de tout le monde. A une morgue, qui n'avait pas de nom, ils joignaient une pauvreté lamentable. Pour fixer les idées sur l'opinion que ces gens-là avaient de leur supériorité sur le commun des mortels, pour donner une idée de l'insolence qui était à l'ordre du jour, dans cette famille, je citerai un exemple instructif entre tous.

Il y a de cela quelques années, au théâtre d'été, à Metz, un beau jour, toutes les places étaient occupées. Quelques minutes avant le début de la représentation, M. le président apparut avec sa famille, majestueux à la façon du seigneur et maître devant qui chacun doit s'incliner ; il s'avança avec fracas, bousculant tout le monde, et alla se planter en face de la scène, près de la table où, d'habitude, il prenait place.

Cette dernière n'était pas libre ; elle était occupée par d'autres personnes, au nombre desquelles se trouvait un employé subalterne avec sa famille. M. le président de district, montrant ces personnes du doigt, dit à la sommelière, et de façon à être entendu de tout le monde : « Dites donc à ces gens-là d'aller s'asseoir ailleurs, parce que cette place est à moi ! » Fort heureusement, « ces gens-là » ne songèrent pas le moins du monde à changer de place. Quant à prendre possession de cette table, M. le président n'y avait aucun droit, puisque les places n'étaient pas numérotées et que, par conséquent, elles appartenaient au premier arrivant, conformément à l'adage : « premier venu, premier moulu ». Aussi longtemps que M. le président de Hammerstein a été en fonctions à Metz, il a fait preuve d'une morgue pareille.

En même temps que le précédent, se trouvait, à Metz, en qualité de maire, M. Halm, qui est actuellement président du district de la Basse-Alsace. Semblable au couple Hammerstein, le couple Halm témoignait un orgueil insupportable vis-à-vis de la population, un orgueil qui avait fini par devenir proverbial. D'ailleurs, les dettes du ménage Halm n'étaient pas moins proverbiales ; ces dettes atteignaient un chiffre fantastique. Il est vrai que M. le bourgmestre fit, à plusieurs reprises, des tentatives absolument inutiles en vue de mettre un terme aux bruits qui circulaient parmi la population. Ces bruits étaient on ne peut plus fondés. Il alla même jusqu'à menacer de poursuivre ses calomniateurs en justice ; mais, avant de mettre ses menaces à exécution, il prit le temps de la réflexion et, persuadé que cela ne lui servirait à rien, il s'abstint.

Le troisième larron de la bande n'est autre que M. le conseiller de gouvernement supérieur Hasse. C'est lui, à l'époque où M. Halm était maire de Metz, qui le suppléait auprès de la présidence du district. La famille de ce monsieur était très désavantageusement connue à Metz, parce qu'elle avait les mêmes défauts que les personnes précitées. Sa morgue, poussée à l'excès, lui procura une fin tragique, attendu que M. le conseiller supérieur du gouvernement Hasse, incapable de se tirer du labyrinthe de dettes dans lequel il était perdu, s'empoisonna.

Il importe d'observer que les personnalités mises en cause ci-dessus, se trouvaient employées dans l'administration de la Lorraine, c'est-à-dire d'un pays qui est éminemment hostile au régime allemand. Par suite de leur conduite privée et de leur attitude, ils n'avaient rien de ce qu'il fallait pour se conquérir les sympathies lorraines, ni pour imposer du respect pour la cause allemande.

Un très petit nombre d'employés de l'administration actuelle savent exercer une pression sur le cœur et la pensée de la population alsacienne et

lorraine, les gagner et les influencer dans un sens
favorable à la germanisation. Tous leurs actes administratifs et leur conduite privée portent l'empreinte
d'un orgueil et d'une morgue insupportables et sont
uniquement de nature à éloigner d'eux les gens
qu'ils ont pour mission de gagner. Cependant, il y
a quelques exceptions fort rares à cette règle. Je
citerai parmi ces merles blancs MM. les conseillers
intimes et docteurs Sieveking et Klem. Parmi
les êtres les plus nuisibles à la cause allemande,
je citerai en premier lieu les sous-préfets. La plupart d'entre eux sont des jeunes gens sans aucune
expérience, qui n'ont pas réussi à dépouiller leurs
habitudes d'étudiants chics, ou d'assesseurs, qui
maudissent sans cesse le jour où ils ont été trans-
plantés dans cet « immonde trou », qui, tout le long
du jour, ne pensent qu'aux plaisirs et aux jouissances de la grande ville, qui apportent un intérêt
très médiocre dans l'exercice de leurs fonctions et
qui, dans la plupart des cas, font retomber sur leurs
administrés toute la bile qui s'amasse dans leur
cœur. Tout le monde s'accorde à reconnaître que le
ton arrogant de ces messieurs qui, presque tous,
sont officiers de réserve, n'obtient aucun succès
auprès du public.

Les sous-préfets avec lesquels je me suis trouvé
en contact, pendant le temps que j'ai passé en Alsace-
Lorraine, ne répondent pas à l'idéal que l'on se fait
du fonctionnaire administratif ni du propagateur
de la germanisation. Il est entendu que je maintiens
l'exception que j'ai faite en faveur de deux de
ces messieurs.

Les autres rappellent très vivement le landrath

prussien, un personnage boutonné, grossier et présomptueux, dont, au reste, ils sont généralement les compatriotes.

Les deux fonctionnaires en faveur desquels je fais l'exception sont l'ancien sous-préfet de Metz, M. le conseiller intime Gundlach, et l'ancien sous-préfet de Forbach, baron de Gemmingen-Hornberg, deux hommes qui avaient à cœur, très sincèrement, le bien de leurs arrondissements et qui, par leurs manières accueillantes et aimables, s'étaient acquis l'estime et je dirai même l'affection de leurs administrés.

En revanche, le sous-préfet de Thionville, M. le comte de Villiers-Grignoncourt, s'est révélé à moi comme un aristocrate prétentieux, dont les qualités administratives et personnelles se manifestaient par une arrogance et une grossièreté insupportables vis-à-vis de ses inférieurs, une servilité sans nom à l'égard de ses supérieurs, une paresse et une lâcheté qui dépassent toute imagination.

J'ai dit plus haut ma façon de penser sur le compte de M. Cormann, son prédécesseur.

Ce faisant, j'ai simplement traduit l'opinion de l'ensemble des fonctionnaires d'Alsace-Lorraine. Tout récemment, a été nommé second sous-préfet de Thionville le second chef de la police de Strasbourg, le « brave » conseiller de gouvernement Schlussingk, que je dépeindrai plus en détail au chapitre suivant.

Les braves gens de cet arrondissement s'amuseront! Je plains les pauvres habitants de Dideldum.

Les fonctionnaires de l'administration dont les noms suivent sont des messieurs qui, au figuré, détournent toujours leurs regards de la terre, les élèvent sans cesse vers le ciel et, conscients de leur ressemblance avec la divinité, ivres d'orgueil, trébuchent, pour ainsi dire, à chaque pas. Ce sont MM. les sous-préfets baron de Kapper (Sarrebourg), Bumbach et Lutz (Erstein), et Dr Garber (Bitche).

Le premier, jadis assesseur de la sous-préfecture de Thionville, qui alors avait à sa tête le comte de Villiers-Grignoncourt, est la personnification de l'aristocrate glacial. Son visage fade et ravagé n'est point embelli par un monocle colossal et son extérieur trahit une morgue et une froideur odieuses. Il a pour digne compagne une dame qui, dit-on, appartient à une famille de princes réduits à la misère. Très fière de sa haute naissance, cette dame est inabordable pour tous ceux qui n'ont pas le sang bleu. D'une taille démesurément longue, cette personne est d'une laideur — mettons étonnante.

Et c'est avec de pareils hobereaux, avec des gens aussi insupportables, que le gouvernement se propose de germaniser une population qui ne veut rien savoir de toutes les balivernes usitées dans nos cours!

L'ancien sous-préfet d'Erstein, M. Bumbach, actuellement président de police à Metz, a la même folie des grandeurs que le précédent. J'ai déjà fait mention de ce personnage, à propos de la catastrophe de Geispolsheim, qui a été provoquée par sa négligence.

A l'époque où il était sous-préfet, M. Bumbach passait, aux yeux de la population, pour être un homme inabordable et brutal ; aux yeux des maires de canton, aussi bien que du clergé catholique, il était considéré comme un serpent *anguillonneux*. Suivant lui, son devoir de germanisateur consistait à faire appeler, de temps à autre, tel ou tel maire de chef-lieu de canton, à lui donner une tape amicale sur l'épaule, à affecter des airs bienveillants et à lui poser cette question : « Eh bien, monsieur le maire, que fait votre commune ? » A la longue, cette phrase stéréotypée était devenue l'objet de la risée des maires. Je dirai même qu'elle était devenue proverbiale parmi ceux du canton de Geispolsheim. Quelques naïfs se sentaient très honorés par la cordialité bienveillante de M. le sous-préfet.

Bumbach, un individu saturé d'hypocrisie, un protestant animé d'une haine aveugle contre les gens suivant une religion différente de la sienne, faisait bonne mine au clergé catholique. Mais, aussitôt que MM. les curés avaient tourné le dos, il se livrait à des appréciations haineuses, qui juraient avec l'attitude observée à leur égard peu d'instants auparavant.

Un sous-préfet doit être visible chaque jour pour ses administrés. M. Bumbach, dérogeant à cette règle, avait introduit le système des jours d'audience. Quant à l'attitude qu'il observait à l'égard des personnes qu'il recevait, la rougeur et les traits bouleversés de celles-ci, la hâte avec laquelle elles sortaient du bureau de M. le sous-préfet et, enfin, leurs réflexions parlaient assez éloquemment.

Bientôt, les choses en vinrent à ce point que sauf ceux qui y étaient impérieusement obligés, nul ne se risquait plus dans cette région polaire. C'était ainsi que M. le sous-préfet écartait les « importuns » et s'assurait la tranquillité.

Au bout de quelques années, lorsque M. Bumbach fut envoyé à Metz, son départ fut salué de larmes... de joie.

A l'heure actuelle, M. Bumbach, tout court, a pu réaliser le rêve de son existence. Il est devenu M. Bumbach de Kaymburg.

Ce n'est pas à cause de ses mérites personnels qu'il a été l'objet de cette distinction ; c'est parce qu'il est le fils de son père, un ancien officier prussien, qui a été investi de la noblesse héréditaire en récompense des nombreux services qu'il a rendus au trône et à l'autel.

Depuis que M. Bumbach de Kaymburg est en possession de la particule, on ne peut plus l'approcher qu'à une portée de fusil. La folie du césarisme existe aussi en petit.

Le précédent a eu pour digne successeur à la sous-préfecture d'Erstein, M. Lutz. Ce personnage, qui est d'une famille très riche, est officier de réserve au 13ᵉ régiment de dragons, en garnison à Metz. Etant étudiant, référendaire et assesseur, il a mené ce que l'on appelle une « existence de patachon » ; actuellement, ce personnage est affligé au plus haut point de l'orgueil et de la morgue particulières aux gens de sa caste.

Jusqu'à l'époque de son mariage, — qui a eu lieu voici un an, — M. Lutz a considéré ses fonctions, dans le cercle d'Erstein, comme une sinécure et n'a fait que strictement ce dont il ne pouvait pas se dispenser.

Il y avait déjà je ne sais combien de temps qu'il était sous-préfet de cet arrondissement, qu'il n'avait pas encore visité une seule de ses communes, parce qu'il avait passé tout son temps à la chasse. A ce propos, un gendarme du canton m'a dit un jour : « Avez-vous déjà vu M. le sous-préfet? Moi pas. Je crois qu'il ne connaît pas autre chose, sur terre, que la chasse. » Le gendarme n'était pas très bien informé ; autrement, il aurait su que, chaque soir, M. le sous-préfet Lutz prenait l'express de sept heures, à destination de Strasbourg ; histoire de se dédommager de l'ennui qu'il avait éprouvé au cours de la journée dans cet *abominable repaire de paysans*.

Encore aujourd'hui, M. Lutz ne se montre que le plus rarement possible dans son arrondissement. Et, quand il se déplace, son visage exprime l'air majestueux et indifférent qu'un souverain arbore, lorsqu'il paraît devant ses sujets.

Je citerai encore, parmi les habitants de l'Olympe des fonctionnaires, l'ancien sous-préfet de Bitche, qui est actuellement conseiller de gouvernement à la présidence de district de Strasbourg, M. le D' Garber. J'ai fait la connaissance de ce monsieur dans des circonstances éminemment prosaïques. C'était à l'occasion d'un incident, au cours duquel il s'est montré sous un jour aussi désagréable qu'humain, à la suite de quoi j'appris, de toutes parts, que ce personnage n'avait pas seulement mauvais caractère, mais qu'il avait encore une foule d'autres défauts, notamment un orgueil incomparable.

Voici la chose, telle qu'elle s'est passée, en mai 1902, dans le vestibule de la gare centrale de Strasbourg, peu de minutes avant l'arrivée de l'empereur.

Le couloir central donnant accès aux quais était

barré par la police, attendu que le train impérial
devait arriver d'un instant à l'autre. Tout à coup,
apparut avec des airs imposants, M. le sous-préfet
de Bitche, vêtu d'un simple costume de voyage. Il
voulut gravir l'escalier principal qui, sur l'ordre
exprès du statthalter, était consigné à tout le monde,
même aux conseillers ministériels ; les agents de
police l'en empêchèrent. Là-dessus, il chercha à se
débarrasser d'eux en leur adressant des observations
absolument déplacées.

J'intervins, sur ces entrefaites, et constatai que
ce monsieur était extrêmement échauffé. Je lui
expliquai la situation et lui donnai connaissance de
l'interdiction faite par M. le statthalter ; puis, je
l'invitai poliment, mais catégoriquement, à quitter
le vestibule. Bien loin de se calmer, M. le sous-
préfet s'emporta de plus en plus, me disant qu'il
était attendu chez lui et qu'il était obligé, à tout
prix, de prendre son train.

En réponse à quoi je lui déclarai qu'il lui était
loisible de passer par un autre escalier réservé à
l'usage du public. Ce disant, je ne faisais que me
conformer aux instructions, très précises, que j'avais
reçues ; mais l'autre, voyant que je ne me laissais
pas intimider, pâlit de fureur.

Sans se préoccuper autrement de mes agents qui
se disposaient à l'empêcher de passer, le Dr Garber
s'obstina à faire à sa tête et à gagner le quai par
l'escalier interdit.

Cependant, finalement, voyant qu'il n'y arriverait pas, il se mit à crier d'une voix étranglée par
la colère : « Je suis sous-préfet, comme tel je suis
votre supérieur ; je n'ai pas d'ordre à recevoir d'un

commissairo do police ; jo porterai plainte contre vous. »

Co langago ne produisit pas l'effet qu'il en atten-dait, car jo no me laissai pas intimider. Aussi, M. le sous-préfet dut-il renoncer à mettre son projet à exécution. Jo no penso pas qu'il ait porté la moin-dro plainte à co sujet contro moi, car jo n'en ai jamais ontendu souffler mot.

Soit dit en passant, M. le sous-préfet de Bitche n'était pas plus mon supérieur que M. lo président de police do Strasbourg, mais lo supérieur des com-missaires do police cantonaux en fonction dans l'arrondissement do. M. Garber. Co dernier aurait miroux fait do diro qu'il occupait un rang supérieur au mien. Au surplus, quand mômo il aurait été mon supérieur, jo n'avais pas à lui obéir en la cir-constance, puisquo j'étais couvert par des ordres émanant du statthalter lui-même.

Par suite do la folie des grandeurs dont sont atteints la plupart des hauts fonctionnaires, ces messieurs considèrent généralement leurs subor-donnés commo des cireurs do bottes et les traitent d'une façon inqualifiable. Ils se trompent étrange-ment, s'ils s'imaginent, en faisant preuve d'une arrogance pareille vis-à-vis do leurs inférieurs, qu'ils leur imposent lo respect. Tout au plus, en agissant ainsi, les poussent-ils à l'indiscipline.

Certains do ces hauts fonctionnaires, quand ils sont en public, affectent do traiter leurs inférieurs, leurs subordonnés, avec bienveillance, mais celle-ci n'a rien do sincère. Ils ont beau faire patte do velours, leurs griffes sortent toujours par un bout ou par un autre. Il est à observer que, dans un pays où le militaire occupe une situation prépondérante, comme c'est le cas en Allemagne, fatalement toutes les administrations publiques affectent, dans leurs relations tant écrites que verbales, un ton grossier qui rappelle toujours la caserne. La direction générale des chemins de fer impériaux, en Alsace-Lorraine, est même domestiquée à un point tel que dans ses circulaires le personnel placé sous ses ordres est toujours désigné sous le nom de « troupe ».

En Allemagne, où l'on a la manie de porter l'uniforme, je ne connais pas, en dehors de la catégorie des veilleurs de nuit et des balayeurs, une seule administration dont les employés n'en aient un.

Non contents de chercher à assimiler leurs petits employés aux militaires, par le costume, les hauts fonctionnaires ne se font aucun scrupule de les traiter à la façon des recrues, de les brimer, d'exiger d'eux une obéissance aveugle et un dévouement se traduisant par une obséquiosité inqualifiable. Prenons, par exemple, la police de Strasbourg. L'employé subalterne y est si peu maître de sa personne qu'il est obligé de subir les immixtions les plus inouïes dans sa vie privée. Ainsi, il y a trois ans de cela, le président de police a envoyé, par ordre, les agents assister aux réunions de la « Mission intérieure » et a fait contrôler leur présence par les brigadiers.

Bien entendu, les hauts fonctionnaires se gardent soigneusement de se montrer en public sous leur vrai jour et de trahir le régime autocratique qu'ils exercent. Tout au contraire, ils affectent de témoigner à leurs inférieurs la plus grande bienveillance et de veiller avec un soin jaloux sur leurs intérêts.

Les pauvres diables constatent, chaque jour, avec amertume et avec indignation, les effets de cette fameuse bienveillance de leurs chefs.

De temps à autre, le public apprend la vérité sur ce point. Ainsi, par exemple, au mois de novembre, les petits et les moyens employés ayant demandé une augmentation de traitement, le gouvernement alsacien-lorrain, tout en déclarant que cette pétition était fondée, ne l'accueillit pas, sous prétexte que des difficultés d'ordre financier s'y opposaient.

Cette affirmation était mensongère, car peu de temps auparavant, le représentant du gouvernement, assistant à la discussion du budget à la Délégation, représentait la situation du pays comme très satisfaisante et ajoutait non seulement que l'année 1904 s'était chiffrée par un excédent de recettes, mais encore que la même chose se reproduirait en 1905.

Tout naturellement, à la suite des mauvais traitements dont ils sont l'objet de la part des hauts fonctionnaires, et des injustices dont ils sont victimes, les employés sont aigris et mécontents. Dans un pays où toutes les institutions sont calquées sur le militaire, le fonctionnaire civil est, en quelque sorte, privé du droit de réclamation.

Non seulement il n'a pas ce droit, mais il ne peut même pas profiter des dispositions légales en vertu desquelles il est autorisé à adresser une pétition au Reichstag, car ses supérieurs l'en empêchent.

A titre d'exemple, je citerai le document V. 6332, en date du 17 février 1898, édictant des punitions en masse contre le personnel des chemins de fer d'Alsace-Lorraine. Voici comment s'exprime M. le président de la direction générale des chemins de fer:

« La pétition adressée, le 15 novembre 1897, au Reichstag et dont vous êtes l'un des signataires, est rédigée en des termes absolument inconvenants, incompatibles avec le respect que vous devez à vos supérieurs, ainsi qu'avec les exigences de la discipline. Tout particulièrement, cette pétition reproche aux autorités leur manque de justice, de bienveillance et d'intérêt pour leurs inférieurs. Elle leur reproche aussi de faire des économies à leur détriment.

» A supposer que vous ne soyez pas le rédacteur de cette supplique, il n'en est pas moins vrai qu'en la revêtant de votre signature vous avez pris la responsabilité des allégations qu'elle contient ; en punition de la faute que vous avez ainsi commise, je vous inflige une amende de cinq mark qui vous seront retenus lors du prochain paiement de vos appointements. »

Ce document se passe de tout commentaire.

Les employés subalternes, qui ne sont pas d'humeur à se laisser traiter comme des galeux, ceux qui ont leur point d'honneur et qui demandent que l'on respecte leurs droits, sont considérés, tout naturellement, par leurs supérieurs, comme des fortes têtes et des mécontents.

En revanche, toute une catégorie de moyens et de petits employés sont regardés par leurs chefs comme des sujets dévoués, très obéissants, par conséquent irréprochables. Ces individus ont des âmes de laquais ; ils sont honorés même des coups de pied qu'ils reçoivent au derrière et leur aplatissement croît en raison inverse de l'arrogance avec laquelle les traitent leurs supérieurs.

Le loyalisme qu'ils affichent bruyamment n'est, vu de près, que la servilité la plus plate et la cuistrerie la plus pitoyable. Ces individus, qui n'ont pas le moindre sentiment d'honneur, rampent à plat ventre devant leurs supérieurs, quitte à les insulter et à les maudire aussitôt qu'ils ont le dos tourné. Ces poules mouillées sont responsables, en première ligne, des manières arrogantes que les hauts fonctionnaires affectent vis-à-vis de leurs subordonnés.

La première fois de ma vie que j'ai rencontré l'un de ces hommes-caoutchouc, de ces flagorneurs et chiens couchants, ce fut en l'année 1891. J'avais alors vingt ans et je conçus un dégoût invincible à l'endroit des individus de cette catégorie, si peu connue de moi jusqu'alors, mais dont, par la suite, je devais rencontrer de si nombreux échantillons.

Plusieurs associations de vétérans s'étaient donné rendez-vous à Metz, dans le jardin de la *Germania*, et avaient célébré une réunion patriotique, caractérisée par l'absorption de nombreux tonnelets de bière. Au moment où l'on porta le toast à l'empereur, je restai assis. Un abcès, très mal placé, m'empêchait de me lever, ou du moins m'obligeait à éviter des mouvements inutiles. Toutefois, je m'étais découvert et conformément au règlement j'avais crié « hourra! » de toute la force de mes poumons. Je m'imaginais avoir rempli consciencieusement mes devoirs de patriote allemand, mais un surpatriote ne tarda pas à me démontrer que j'étais dans l'erreur.

Aussitôt que le toast à l'empereur fut terminé et que l'émotion qui en résultait se fut un peu calmée, un monsieur assis à la table voisine — c'était le commis de chancellerie impériale de la présidence de district de Metz — se leva et en proie à une agitation singulière vint sur moi et m'apostropha dans les termes que voici : « Vous devriez être honteux de rester assis au moment où l'on boit à la santé de Sa Majesté! » Très calme, je lui fis observer que ça ne le regardait en rien et que je ne me considérais pas comme obligé de lui donner des explications au sujet de mon attitude.

Ce monsieur, qui s'appelait Schrickel, me lança alors à la figure la menace que voici : « Je porterai la chose à la connaissance de M. le président de district; elle aura pour conséquence de vous faire perdre votre certificat d'aptitude au volontariat d'un an. »

Je suppose que cet individu s'est rendu compte, par la suite, de la stupidité de sa conduite, ou bien que le président de district lui a fait une conférence sur les qualités qui distinguent le vrai patriote et sur la nature des devoirs réels que nous avons envers notre patrie, car j'ai terminé mon année de service sans avoir été inquiété par âme qui vive.

Ce M. Schrickel est une de ces âmes de laquais, de ces plats valets qui, à la vue du moindre référendaire de gouvernement, saluent jusqu'à terre, pareils à un couteau qui se referme, qui rampent à terre, à plat ventre devant un conseiller de gouvernement et qui, à la seule évocation du nom de l'empereur, se mettent au « garde à vous ».

Ce monsieur est membre de toutes les sociétés patriotiques ; il ne manque pas une occasion d'aller là où l'on crie « hourra! » et il y donne de la voix à

faire éclater ses poumons. Dans certaines circonstances, lorsque l'Association des vétérans est convo-
quée pour fournir des figurants ou une haie, ou un
barrage, il arrive toujours en tête, coiffé d'un haut
de forme invraisemblable, datant du mariage de son
grand-père et d'une redingote à la hauteur. Les
jarrets tendus, la pointe du pied tendue, tenant en
guise d'épée son parapluie de famille, il traverse
les rues et « tête droite » défile devant tous les
petits sous-lieutenants qu'il rencontre.

Aussi jouit-il partout de la réputation d'un brave
patriote et sa poitrine est-elle décorée d'un certain
nombre d'ordres, entre autres de celui que, généralement, on appelle la « Médaille des Balayeurs de
latrines ».

Au cours des années, principalement pendant
que j'ai été employé de l'Etat, j'ai eu sous les yeux,
chaque jour, de nombreux exemples prouvant que
très peu de fonctionnaires ont su sauvegarder leur
dignité, tant personnelle que professionnelle, et que
ce n'est pas trop d'une lanterne pour découvrir des
gens qui aient conservé une échine rigide.

Il est vrai que, même parmi ces très rares personnes ayant du caractère, plus d'une est affublée d'une
tête de Janus.

En 1905, au moment où j'ai commencé dans la
Strassburger Bürger-Zeitung ma série de publica-
tions contre le gouvernement du Reichsland, deux de
mes anciens collègues, les commissaires de police
Ohmann et Ruhlau, ne me laissèrent pas de cesse que
je n'attaquasse leurs supérieurs, et en particulier le
président de police qui était leur bête noire. Ils me
documentèrent abondamment sur quantité de faits

qui s'étaient passés après ma révocation et que, par conséquent, j'ignorais complètement. N'étant pas connus et pouvant rester dans l'ombre, puisque c'était moi qui paraissais en public, ces deux bonshommes se frottaient les mains et marquaient les coups avec satisfaction.

Plus tard, après l'apparition de ma première brochure, lorsque j'invoquai leur témoignage au sujet des faits qu'ils avaient portés à ma connaissance, ces deux individus me laissèrent en plan.

Tous deux déclarèrent ne plus se rappeler un seul des épisodes que, peu de mois auparavant, ils m'avaient rapportés. Comme je n'ai dit que la vérité, l'attitude actuelle de ces deux personnages apparaît sous un jour doublement pitoyable.

Si les supérieurs étaient consciencieux, de pareils ascarides humains seraient évacués avec la même facilité que leurs collègues du règne animal et avec le même dégoût. Mais en Allemagne, sur le sol classique de la servilité la plus aveugle, les autorités ne songent pas à pratiquer un pareil nettoyage, parce que l'attitude malpropre de ces individus les chatouille agréablement ; ci-après je vais faire défiler sous les yeux du lecteur quelques spécimens de ces tristes employés.

M. le conseiller d es comptes Schumbro, chef de bureau pendant de longues années au département de la justice du ministère du Reichsland, avait pour gendre un nommé Zach qui a été, pendant quelque temps, commissaire de police à la frontière (Deutsch-Avricourt).

Ce M. Zach, qui était placé sous les ordres du département ministériel de l'intérieur, a été relevé,

6

il y a quelques années, de ses fonctions de commissaire de police parce qu'il avait traité, avec la dernière inconvenance, un grand-duc de Russie, alors
que le rapide de Paris, dans lequel se trouvait ce
personnage, stationnait en gare d'Avricourt.

Les princes n'étant pas habitués à être traités à la
façon de vagabonds, ni à exhiber leurs papiers comme
y sont obligés les chemineaux, le grand-duc fit
adresser, par la voie diplomatique, une plainte au
ministère des affaires étrangères de Berlin. A la
suite de quoi, M. Zach fut immédiatement révoqué.

Ainsi que je l'ai dit, cette mesure fut prise directement à Berlin, c'est-à-dire par une autorité devant
les décisions de laquelle le gouvernement alsacien-
lorrain est tenu de s'incliner sans mot dire. Incontestablement, le ministère du Reichsland ne serait
jamais intervenu de sa propre initiative contre le
commissaire de police Zach, attendu que celui-ci
était son « Fifi » (la faveur dont jouissait ce monsieur ne tenait aucunement à son zèle dans le service,
elle était uniquement imputable à ses flagorneries).

Naturellement, le ministère se garda bien de se
séparer d'un aussi fidèle serviteur. On s'empressa
de le fourrer dans une autre administration et pour
ça on créa spécialement à son intention un poste
nouveau.

Jusqu'à une date assez rapprochée de nous, les
affaires du parquet étaient confiées, très rarement,
exceptionnellement dirai-je, aux assesseurs. D'une
façon générale, les commissaires de police cantonaux assuraient en même temps le service du parquet.

On va voir ce que fit le ministère pour venir en

aide à M. Zach. Il créa spécialement, à l'intention de ce dernier, un poste spécial, unique en son genre dans toute l'Alsace-Lorraine, et, à quelque temps de là, le commissaire révoqué fut nommé secrétaire de tribunal.

Le cas du commissaire de police Rich est encore bien plus caractéristique que le précédent.

Ce monsieur, insinuant et souple comme le serpent, dont il possède d'ailleurs les autres qualités, se trouvant commissaire de police à la frontière, pratiquait l'espionnage sur une haute échelle en France. Etant commissaire de police, il avait mouchardé la population de son canton, dans des conditions particulièrement ignobles. Grâce à quoi, il avait su conquérir les faveurs du gouvernement du Reichsland et se faire une situation à part. Abusant de ces avantages, il s'est tout permis, sans avoir eu à en souffrir le moins du monde. Avant de raconter comment il a fini, je rapporterai encore un fait qui le dépeint au vif.

A la suite d'une mutation dont il avait été l'objet, en 1900, il devait quitter Strasbourg pour s'installer à Ribeauvillé. Il m'invita donc, en compagnie du commissaire de police Kerpinski, — qui est maintenant à Mulhouse, — à prendre avec lui la chope d'adieu.

Il nous emmena dans un café qui, à l'époque, m'était aussi inconnu que le reste de la ville de Strasbourg.

Il nous offrit diverses consommations, qu'il paya d'ailleurs. Pour terminer la soirée, nous prîmes une bouteille de champagne dont le prix s'élevait à dix mark. Lorsque celle-ci eut été débouchée, M. Rich

invita le patron, qui était assis à une table voisine,
à boire avec nous. L'autre déclina la politesse avec
une mine et d'un ton qui me plongèrent dans la
stupéfaction la plus profonde. Les paroles de cet
homme et le regard qui les accompagnait trahissaient un mépris extrême.

Lorsque nous sortîmes de cet établissement, je
demandai à M. Rich s'il avait payé la bouteille de
champagne. Il me répondit que cela ne me regardait
pas, que nous étions ses invités et que, par conséquent, nous n'avions pas à nous préoccuper du
paiement. La demande que j'avais faite était parfaitement justifiée, car j'avais la certitude que le champagne n'avait pas été réglé. Vu la réponse de
M. Rich, je considérai pour l'instant l'incident
comme vidé.

Quelques mois plus tard, faisant une ronde de
nuit, je pénétrai, pour la seconde fois de ma vie,
dans cet établissement (il s'agit du café Collichan,
place du Corbeau). Tout à coup, il me revint à
l'esprit que nous avions pris, en cet endroit, la
chope d'adieu avec Rich et je demandai au patron
si l'autre lui avait réellement payé la bouteille de
champagne. M. Collichan me répondit d'un ton
plein de mépris: « Celui-là n'a jamais payé quoi
que ce fût ». A la suite de quoi ce monsieur me
raconta que le commissaire de police Rich dévali-
sait, littéralement, les aubergistes strasbourgeois et
que, depuis longtemps, ceux-ci avaient l'intention
de porter plainte contre lui auprès du président de
police. D'accord avec mon collègue Kerpinski, j'ai
payé le champagne en question et nous nous sommes fait délivrer par M. Collichan une quittance en

règle. M. Rich a continué à opérer d'après les mêmes principes dans toutes les villes où il a résidé par la suite.

Aussi n'ai-je été nullement étonné le jour où j'ai appris, par une information de Thann, adressée à la *Strassburger Zeitung*, que le commissaire de police Rich, de Massevaux, était mis en congé illimité, pour des raisons qui, selon toute apparence, devaient avoir une connexité avec la brochure Stéphany.

Une fois suspendu, Rich s'établit, en qualité d'agent d'affaires. Comme tel il se rendit coupable de faux en écritures. Pour ce fait, il fut arrêté en gare de Massevaux, le 25 août 1906, par deux gendarmes et transporté, les menottes aux mains, à la prison de Mulhouse.

Je me trouvais à ce moment-là dans l'Oberland bernois. Quand j'appris la nouvelle, je me dis aussitôt: « Il se tirera de là, car il est beaucoup trop malin ». Je connaissais mon homme, et l'on ne tarda pas à voir que j'avais eu raison.

A la fin du mois d'octobre, M. Rich fut remis en liberté; mais, contrairement aux usages habituels, les résultats de l'enquête furent tenus secrets. Une fois de plus la main protectrice qui jusqu'alors avait veillé sur M. Rich intervint en sa faveur.

Ç'avait été un scandale le jour où M. Rich, dont la conduite malpropre n'était pas ignorée du gouvernement, avait été nommé à titre définitif. La stupéfaction du public ne connut plus de bornes, lorsqu'il apprit que cet homme, qui s'était rendu coupable de très grosses fautes dans son service et qui, de plus, venait de commettre des faux en écritures, avait été mis à la retraite avec la pension afférente à son emploi.

Il ne devait cette faveur qu'à ses flagorneries envers ses supérieurs et à la servilité dont il avait fait preuve à leur égard.

Je m'étais proposé d'insérer dans le présent chapitre une série de faits destinés dans mon esprit à bien faire ressortir la corruption qui règne parmi les hauts fonctionnaires du Reichsland; mais je les reporte à un autre chapitre où, je crois, ils seront mieux en place. Toutes les personnes contre lesquelles j'avais énoncé des accusations très précises et qui, selon M. de Kœller, devaient être l'objet d'une enquête minutieuse ont obtenu soit de l'avancement, soit des décorations. Bizarre!

Ainsi. le président de district de Strasbourg a été nommé conseiller de gouvernement supérieur intime effectif; le conseiller supérieur de gouvernement Summer, de Colmar, a été nommé conseiller ministériel; le conseiller de gouvernement Dr de Westerley a été appelé en qualité d'auxiliaire au département ministériel de l'intérieur; enfin, le sous-préfet Cormann, de Thionville, est devenu conseiller intime de gouvernement. Ont été décorés de l'ordre de la Couronne de troisième classe, le conseiller intime de gouvernement Hubsche, de la présidence de district de Metz; de l'Aigle-Rouge de quatrième classe, le conseiller de gouvernement Schlussingk, de Strasbourg.

C'est ainsi qu'en Allemagne on récompense les méfaits d'individus plus ou moins tarés, dont le seul mérite est d'appartenir à la haute société. C'est le pays où un Podbielski, le jour où il s'en va, reçoit la grand'croix en brillants de l'Aigle-Rouge, accompagnée d'une lettre autographe de l'empereur commençant par ces mots : « Mon cher ministre de Podbielski », et se terminant par : « Je reste votre bien affectionné roi ».

Le fait de donner des décorations ou de l'avancement à des gens qui mériteraient d'être mis au pilori constitue un système.

C'est d'ailleurs en Prusse et en Allemagne seulement, que l'on voit se perpétuer au pouvoir des gens tels que M. de Kœller, des gens dont toute la carrière administrative a été caractérisée par des actes de brutalité, d'arbitraire, de malhonnêteté et par des gaffes énormes.

En raison de sa nature grossière et exempte de vergogne qui rappellent tout à fait le caractère des ministres russes, M. de Kœller tient une place à part en Alsace-Lorraine. De tous les fonctionnaires du Reichsland, il est incontestablement le plus détesté. Tout le monde avait poussé un soupir de soulagement et manifesté la joie la plus vive, lorsqu'on avait appris que M. de Kœller était destitué de ses fonctions de sous-secrétaire d'Etat du ministère alsacien-lorrain. Par la suite, un cri unanime d'indignation et de protestation s'éleva lorsqu'on sut que cet homme, si antipathique, devait revenir en Alsace et être mis à la tête du gouvernement.

Quand M. de Kœller fut de retour dans le Reichsland, l'ensemble de la presse locale lui fit un accueil pareil à celui que reçoivent les commis-voyageurs trop importuns.

Assurément M. de Kœller est ferme en selle, parce qu'il jouit de la faveur de l'empereur. Celui-ci serait assuré de conquérir la reconnaissance de l'Alsace et de la Lorraine, s'il voulait débarrasser le pays de ce tyran qui n'est pas à sa place au milieu d'une population exempte d'un esprit servile et qui n'entend pas être traitée comme une cohue privée de tous ses droits. M. de Kœller est un vestige de l'époque du droit de jambage.

C'est dans la Prusse orientale, ou dans la Prusse occidentale qu'il trouverait la sphère d'action qui lui conviendrait le mieux. Là-bas, il pourrait traiter la population d'après la méthode employée jadis par les seigneurs des pays situés à l'est de l'Elbe à l'égard de « leurs gens ». Aussi longtemps que cet homme sera libre de faire à sa guise en Alsace-Lorraine, il ne pourra pas être question de supprimer le régime du bon vouloir, le régime de la protection, du replâtrage et de la corruption.

M. de Kœller n'a pas frappé les fonctionnaires dont j'avais signalé les méfaits, mais il n'a pas réussi à faire prendre aux habitants des vessies pour des lanternes.

Le 26 janvier 1907, le *Berliner Tageblatt* écrivait ceci :

« La brochure de l'ancien commissaire de police de Strasbourg a révélé un certain nombre de tares... la montagne a accouché d'une souris.

» On pensait qu'après les révélations de Stéphany le gouvernement chercherait à remédier à la situation ; mais les exécutions ont été réduites à leur minimum. Quelques malheureux petits employés ont été mis à la porte, et ça a été tout. »

Malheureusement le *Berliner Tageblatt* a dit vrai ; il ne me reste qu'une consolation, c'est de pouvoir répéter les paroles que le député Blumenthal a prononcées, le 1er février 1906, à la Délégation d'Alsace-Lorraine :

« J'espère bien que, do.. ..avant, le gouvernement n'aura plus le front de s ..lon: ..l'air d'être le protecteur de la Religion, de la Mora .. e l'Ordre. »

CHAPITRE V

La police. — L'arbitraire. — Les listes de proscription.

LE PRÉSIDENT DE POLICE ET L'EMPEREUR. — L'AVOCAT GÉNÉRAL ET L'AGENT DE POLICE. — UNE PROPOSITION RATIONNELLE. — HISTOIRE DE SAGE-FEMME. — LE PRÉSIDENT DE POLICE ET LE MATOU. — UN HOMME QUI EN SAIT LONG. — QUELQUES EXEMPLES D'ARBITRAIRE. — LA SURVEILLANCE DE LA HAUTE POLICE. — LA POLICE ET LES FILLES PUBLIQUES. — L'ABBÉ WETTERLÉ ET LES *plaintes étouffées*. — UN DÉMENTI DE M. DE KŒLLER.

Le président de police de Strasbourg est un homme d'une servilité inouïe. C'est surtout à l'occasion des voyages de l'empereur qu'il en fait preuve. Chaque année, lorsque l'arrivée du souverain est annoncée, le pauvre homme est dans un état de désarroi impossible à décrire.

Aussi longtemps que Sa Majesté séjourne à Strasbourg, il ne sait plus où donner de la tête; il ne reprend ses esprits que lorsque le train impérial est sorti de la gare.

Chaque fois, il appelle de Metz et de Mulhouse un renfort considérable d'agents de police, de manière que la population assiste, ahurie, à un coup d'œil pareil à celui que l'on voit en Russie lorsque le tsar entreprend un voyage.

Quelques articles de journaux fixeront l'opinion à ce sujet, mieux que je ne pourrais le faire.

Le 11 mai 1906, la *Strassburger Zeitung* écrivait ce qui suit :

« C'est absolument fou de voir ici comme on barre les rues lorsque l'empereur doit y passer. A maintes reprises, nous avons déjà traduit le sentiment du public sur des mesures de ce genre. Elles ne sont nullement faites pour exercer une influence favorable sur l'opinion ; et, pourtant, il nous semble que les gens au pouvoir devraient quelque peu se soucier de cette dernière. Hier soir, l'empereur a fait en voiture le court trajet qui sépare son palais de celui du Statthalter.

» On ne s'imaginera jamais tout le déploiement de police et de gendarmerie qui a été fait à cette occasion et qui a duré pendant tout le temps du dîner. C'était grotesque et propre à faire croire que la population strasbourgeoise se compose exclusivement de brigands et d'assassins. Le barrage, formé à quelques centaines de mètres à la ronde, pendant que l'empereur, installé à table, bien tranquillement, ne se doutait de rien, rappelait tout à fait ce qui se passe en Russie et produisait une impression déplorable. Le public a traduit son indignation en termes plutôt sévères. Les critiques qui ont été formulées au sujet de ces barrages semblent avoir eu pour unique conséquence d'amener un redoublement de mesures de précautions. Allez toujours !

» Ce n'est pas en agissant ainsi que vous satisferez la population.

» Si l'empereur était mieux conseillé, la police, évidemment, n'en prendrait pas tant à son aise.

» Abstraction faite de la méfiance que l'on exprime implicitement de cette manière à la population, et du mécontentement qu'on lui occasionne — les civils étant abandonnés pieds et poings liés aux cavaliers et aux casques à pointe — on entrave la circulation de la façon la plus préjudiciable... Hier soir, il s'est passé une histoire typique et avec cela très amusante.

» Lorsque les équipages impériaux se furent engagés dans la cour du palais du Statthalter, un monsieur, venant de la place de l'Empereur, essaya de traverser le pont dans l'intention d'aller au théâtre. Ce monsieur, un avocat général très connu de notre ville, ne l'était pas des agents postés en cet endroit. Un homme casqué se permit donc de traiter ce monsieur comme un simple mortel ou un vulgaire civil et lui interdit de traverser le pont. L'autre, qui avait vu passer l'empereur, s'imagina que les agents avaient perdu la tête; il voulut passer à toute force; mais mal lui en prit, car il ne tarda point à se sentir empoigné vigoureusement par le bras de la Loi.

» Comme c'est un très brave homme et un jurisconsulte de première taille, il céda à la force brutale et se borna à déclarer qu'il porterait plainte contre la police. L'agent ne se troubla point extraordinairement à ce propos. En somme, que pouvait-il lui arriver, puisqu'il ne faisait qu'exécuter les ordres reçus? Un commissaire de police, qui se trouvait à deux pas de là et qui avait assisté à la scène, ne montra pas le même calme que son subordonné, car il avait reconnu l'avocat général M...

» — Diable! se dit le commissaire, un avocat général, c'est quelqu'un. Si ce monsieur porte plainte, il n'y aura pas moyen de plaisanter.

» Désirant arranger la chose en douceur, il dit à l'agent de police d'aller trouver l'avocat général et de lui faire ses excuses.

» Nous ne savons si l'agent, un pauvre diable en somme, a fait preuve de la souplesse d'échine voulue et est allé présenter ses excuses à l'avocat général. En tout cas, nous avons éprouvé un sentiment de douce satisfaction en voyant un membre du parquet faire à ses dépens l'expérience de la vigueur de cette police si chère au cœur de MM. de la magistrature, de cette police qui protège le trône et le pays, et nous nous sommes dit que les barrages de M. le président de police ont tout de même du bon.

» Si nous étions sûrs d'être écoutés, nous nous permettrions de donner un conseil au gouvernement : ce serait de faire évacuer toute la ville et d'en faire fermer les portes, aussi longtemps que l'empereur séjournerait dans ses murs. Nous ignorons si cette idée est jamais venue à la police. Nous sommes trop heureux de la lui suggérer et nous ne lui réclamons pas de droits d'auteur. »

Le même journal, dans les numéros 111 et 118 du mois de mai 1908, a inséré des protestations en assez grand nombre, dont voici les plus intéressantes :

« Pourquoi barrer des rues que l'empereur ni sa suite ne doivent traverser? Pourquoi gêner la liberté des mouvements des gens qui habitent dans ces rues.

» Il est arrivé que des agents de police ont pourchassé, jusque dans leurs maisons, des familles

7

demeurant dans ces rues et leur ont lancé à la figure
des menaces telles que celle-ci : « Malheur à vous,
» si ce n'est pas ici votre logement! » Mieux que cela,
des gens qui ont à peine une heure pour prendre
leur repas n'ont pas pu rentrer à leur domicile, et,
par-dessus le marché, ont été accablés d'injures.
Nous autres, bourgeois, nous protestons énergiquement contre ces mesures prises par l'autorité et
nous demandons qu'à l'avenir les parades et autres
exercices militaires aient lieu sur les polygones
spécialement créés à cet effet, et non pas au milieu
de la ville, dans les quartiers que nous habitons. »

Une autre protestation était formulée dans les
termes que voici :

« Le 9 mai, vers six heures du soir, la cigogne
est venue faire visite à une famille d'ici. Le mari
courut bien vite chez la sage-femme et celle-ci,
consciente de la gravité de ses devoirs, le suivit sur-
le-champ.

» Il est malheureux que cette pauvre femme ait
eu à remplir son ministère alors que l'empereur
était présent dans notre ville et se soit vue obligée
de traverser une des rues barrées, à l'occasion du
passage de Sa Majesté.

» Munie de la trousse classique, elle arriva à la
gare, tenta de se frayer un passage à travers la foule;
mais en vain; un agent de police l'empêcha de se
rendre là où l'appelait son devoir. On se demande
quel peut avoir été l'état d'esprit de cette brave
dame, ainsi mise hors d'état de remplir son ministère? Quel doit avoir été l'état d'esprit des deux
époux qui attendaient avec anxiété l'arrivée du
secours?

» La sage-femme ne vint point. On alla donc
appeler un médecin habitant dans le voisinage,

mais il était sorti. En désespoir de cause, l'époux courut à la clinique des femmes. Deux médecins vinrent en grande hâte et, Dieu merci ! purent encore sauver la mère et l'enfant.

» En admettant que ces deux messieurs ne se fussent pas trouvés à point pour secourir la pauvre malade, cette jeune famille aurait conservé un bien triste souvenir de la visite que l'empereur a faite à Strasbourg le 9 mai 1906. Eh bien ! je vous demande s'il est admissible que de pareils cas puissent se produire. »

Ces choses-là se sont passées dans l'Alsace-Lorraine « complètement germanisée », dans un pays dont les habitants, suivant l'expression de M. de Kœller « sont en majeure partie Allemands et veulent demeurer Allemands ».

La présence de l'empereur à Strasbourg donne aussi lieu à des scènes d'un comique irrésistible. Il s'en est passé une de ce genre sous ma direction, dirais-je volontiers. C'était en mai 1902, dans le vestibule de la gare centrale de Strasbourg où, le jour de l'arrivée de l'empereur, j'avais été placé avec un groupe d'agents en uniforme et d'inspecteurs de la sûreté.

Nous commençâmes par fouiller avec le plus grand soin le vestibule et les couloirs qui y aboutissaient, les salles de bagages, les salles où l'on distribue les billets ; nous avions expulsé tous les individus qui s'y trouvaient ; puis, l'œil aux aguets, nous attendîmes la suite des événements. Tout à coup : « Garde à vous ! » Un roulement éclate au-dessus de nos têtes. C'est le train impérial qui fait son entrée en gare.

Un tonnerre de « hourras » éclate et voici M. le président de police qui dégringole quatre à quatre les marches de l'escalier, quand — horreur! — un matou, gras à lard, traverse le vestibule, s'assied et commence à faire sa toilette. A cette vue, le cœur du patriote qu'est le président de police s'indigne. Les cheveux du pauvre homme se dressent sur sa tête à la seule pensée que ce chat pourra raser la route suivie par Sa Majesté (un mauvais présage).

En ce moment de « suprême danger », le président de police reconquiert son « habituelle présence d'esprit » et il commande : « Feu rapide! » A ce commandement, toute la garnison du vestibule se précipite sur le matou qui n'y comprend rien et lui fait la chasse. L'ennemi évacue précipitamment le champ de bataille, juste au moment où Sa Majesté apparaît au haut de l'escalier.

Je suppose que Sa Majesté aurait eu un accès de fou rire si on lui avait raconté la scène qui venait de se passer.

Les mesures prises par le président de police, dans la circonstance précitée, ont été si sévères que j'ai dû expulser du vestibule des personnes notoirement réfractaires au bacille de la conjuration : par exemple, le sous-préfet D' Garber qui, en ce temps-là, était conseiller de gouvernement, attaché à la présidence de district de Strasbourg; et même l'inspecteur de l'exploitation des chemins de fer, M. Grüber, qui était pourtant chez lui.

A force de voir des anarchistes partout, le président de police avait affolé son personnel à un point tel que celui-ci prenait ombrage de tout et s'imaginait voir partout les préparatifs d'une tentative d'attentat. Ainsi, à un moment donné, un agent de police, blême d'effroi, vint me rapporter qu'au milieu de la foule se trouvait un individu armé d'une faux. Je lui répondis : « Laissez-le tranquille! »

La suite nous a appris que ce pauvre diable d'ouvrier n'avait pas fauché la tête de l'empereur.

Le président de police entre dans les moindres détails et prend les mesures les plus ridicules pour se donner les apparences du chef qui veille à tout et qui n'a d'autres préoccupations que de sauver, à toute heure, l'existence de son souverain. Quand le pauvre homme ne peut pas se dévouer pour son empereur, il consacre toute son attention et tous ses soins au statthalter. On en a eu une preuve le 26 janvier 1907. Je laisse la parole à la *Strassburger Zeitung*.

« Comme d'habitude, dit-elle, les musiques des différents régiments ont donné un concert, samedi dernier, dans la cour du palais du Statthalter.

» Cette solennité sert de précurseur au jour anniversaire de l'empereur allemand. Longtemps notre population a demandé que ce concert ait lieu sur la place publique; comme on ne lui a pas donné cette satisfaction, elle en a pris son parti. Cependant, on n'a pas été médiocrement surpris de voir, barrées à grande distance par un cordon d'agents de police les places et rues à proximité du palais. Il était impossible de passer de la place de Broglie dans la ville neuve, ou de pénétrer dans la rue Brûlée. Aux personnes qui demandaient, avec une nuance d'étonnement, pourquoi ces barrages avaient été installés, un agent de police a répondu d'un ton sec : « Je n'en sais rien; en tout cas,

» vous ne passerez pas par ici; nous avons des
» ordres formels à cet égard. »

En manière de conclusion, le journal ajoutait ces
considérations, qui me semblent absolument justes :

« C'est encore une histoire prussienne. Nous
autres, Alsaciens-Lorrains, nous ne sommes pas
d'humeur à la gober. Ou bien l'administration se
croit-elle obligée d'assurer la germanisation par des
mesures de ce genre? »

En voilà assez sur le compte de M. le président
de police. Passons, maintenant, à son aide de camp,
M. le conseiller de gouvernement Schlussingk.

Je ne m'étendrai pas, outre mesure, sur le chapitre de ce monsieur, car tous les manquements que
je lui ai reprochés dans ma brochure sont de notoriété publique dans le monde des fonctionnaires
alsaciens-lorrains et spécialement dans le milieu
où il se meut quotidiennement, c'est-à-dire parmi
le personnel de la police. Ses origines sémitiques,
ses hauts faits, sa genèse de fonctionnaire, attribuable à « l'entente cordiale » qui existe entre lui et
la famille de Puttkammer, tout cela n'est pas vieux de
vingt ans, quoi qu'en dise M. de Kœller, que ses
sentiments profondément chrétiens poussent toujours à couvrir de son manteau certains gestes de
MM. les hauts fonctionnaires.

Qu'on le veuille ou non, je suis forcé de citer
quelques faits bien propres, ce me semble, à compléter le portrait de M. Schlussingk.

Ce personnage est dévoré par une ambition qui se
manifeste parfois chez les sémites. Par tous les
moyens, il cherche à conquérir soit un portefeuille

de ministre, soit un poste de représentant de l'Allemagne à l'étranger. Pour arriver à ses fins et pour se procurer les appuis nécessaires, M. Schlussingk, qui n'a pas de préoccupation du côté de l'argent, a épousé une jeune fille sans le sou, mais — détail essentiel à ses yeux — pourvue d'un beau nom.

Il a donc convolé en justes noces avec Mlle de... etc., etc., etc., fille d'un général de brigade en retraite. Grâce à ce mariage, qui l'a fait entrer dans une famille de vieille noblesse, il espère se lancer et atteindre le but auquel il aspire si ardemment.

Qui vivra verra.

Cette famille de... etc., etc., comptait aussi parmi ses membres un — oh! horreur — un employé subalterne, un contrôleur des finances. Ce fut une pilule bien amère que M. Schlussingk dut avaler.

Quand ce descendant « dégénéré et avili » d'une antique souche — c'était le propre fils de son beau-père — alla rejoindre ses aïeux, en décembre 1906, M. Schlussingk jugea inconvenant de faire figurer son propre nom sur la lettre de faire-part.

Le mariage de ce monsieur avait donc été purement de raison. Comme de temps à autre il se sentait des velléités amoureuses, il voulut retourner auprès de son ancienne maîtresse, la femme Waschler, dont il s'était débarrassé très élégamment peu de jours avant la noce.

Cette dame, dans le ravissement que lui causait le retour de l'enfant prodigue, le pressa sur son cœur.

La maîtresse de M. Schlussingk et ses sœurs, les

filles Waschler, qui sont universellement connues à Strasbourg, mènent une existence tellement scandaleuse que le président de l'association strasbourgeoise dite Sittlichkeit-Verein, M. le conseiller intime de gouvernement, Dr Wolf, a déjà adressé à la présidence de police plusieurs requêtes en vue de les faire placer sous le contrôle de la police. Mais le conseiller de gouvernement Schlussingk a toujours su y mettre obstacle. Il avait réussi à se faire attribuer le ressort de la police des mœurs. Aussi, rien ne lui était-il plus facile que d'étouffer purement et simplement toutes les plaintes lancées contre « les dames » Waschler. Pour éviter que l'on ne m'adresse le reproche d'avoir affirmé des choses dont je ne puis faire la preuve, j'ai cité en toutes lettres M. le conseiller intime Wolf, un homme qui est en situation de se prononcer impartialement sur ce chapitre.

Au reste, la carte postale que j'ai reçue dernièrement vient à l'appui de sa thèse.

« Honoré monsieur,

» Vous cherchez des arguments contre un monsieur qui habite au numéro 11 de la rue de la Nuée-Bleue (c'est le siège de la présidence de police); j'ai l'honneur de vous informer que le susdit fréquente toujours la plus jeune des trois filles Waschler, numéro 3, rue de l'Empereur-Frédéric. Ce monsieur pénètre toujours dans la maison par une entrée particulière. Dans le cas où vous désireriez avoir d'autres renseignements, je vous prie de me le faire savoir aux annonces de la *Bürger-Zeitung* sous le chiffre 100. Je vous en apprendrai long.

» *Un monsieur qui sait beaucoup de choses.* »

Je m'empressai de donner suite à la proposition qui m'était faite par ce monsieur. Celui-ci leva alors le voile de son anonymat et j'eus une entrevue avec lui, entrevue à la suite de laquelle je me trouvai en possession de renseignements confirmant les constatations qui avaient été faites par la police des mœurs.

L'aventure du *capitaine de Kœpenick* est encore suffisamment d'actualité pour que je donne quelques indications relatives à la surveillance de la haute police telle qu'on la pratique en Allemagne. D'après l'article 38 du Code pénal allemand, dans certains cas prévus par la loi, les tribunaux peuvent prononcer la mise sous la surveillance de la haute police. D'après quoi, l'administration supérieure de la police du pays peut, d'accord avec l'administration des prisons, placer le condamné, pour une durée maximum de cinq ans, sous la surveillance de la police. En Alsace-Lorraine ce sont les présidents de district qui jouissent de cette prérogative.

La surveillance de la haute police produit des effets très différents, mais aussi très désagréables. Je ne citerai que les plus intéressants, c'est-à-dire ceux dont sont victimes les indigènes, c'est-à-dire les sujets allemands. Le président de district peut, en vertu du droit précité, interdire aux individus placés sous la surveillance de la police de séjourner dans certaines localités. Ceci est un droit pour l'autorité supérieure de police, mais nullement un devoir. Elle peut interdire toutes les localités d'Allemagne, sauf celles où l'individu en question a son domicile légal.

7.

Cetto loi n'est pas en vigueur dans lo Reichland, celui-ci étant encore placé sous lo régime français.

Tout condamné placé sous la surveillance de la haute police doit, avant sa libération, désigner, par écrit, au directeur de la prison, la localité où il se propose d'établir son domicile futur. Admettons, par exemple, qu'il choisisse Strasbourg. En ce cas, l'administration des prisons soumet son dossier au président de district de la Basse-Alsace. Celui-ci, à son tour, expédie le tout au président de police de Strasbourg, avec ordre d'étudier la question et d'émettre son opinion à son sujet.

A Strasbourg, c'est M. Schlussingk qui est chargé de ce soin. Tout d'abord, il fait vérifier le nom du domicile légal de cet individu, puis, il procède à une enquête minutieuse, méticuleuse, sur les antécédents de l'individu; il l'examine, pour ainsi dire, au microscope. Ceci tient à ce que ce personnage a pour principe absolu de chasser sans pitié de Strasbourg, sans se laisser attendrir par aucune considération, les sujets placés sous la surveillance de la haute police.

En règle générale, on peut dire qu'il n'y a à Strasbourg, en fait de gens soumis à la surveillance de la haute police, que des individus dont cette ville est le domicile légal. Or, une façon de procéder aussi rigoureuse entraîne des conséquences extraordinairement préjudiciables, absolument désastreuses pour ceux qui en sont victimes.

Ayant eu, jadis, dans mon ressort, la surveillance de la haute police, je citerai quelques faits qui se sont produits alors que j'étais en fonctions.

D'après la loi, en vigueur en Alsace, concernant la perte du droit de cité, celui-ci tombe en déchéance pour tout individu absent pendant plus d'une année. Il est arrivé, très fréquemment, que, par ordre de M. Schlussingk, l'interdiction de séjour a été prononcée contre des individus natifs de Strasbourg, qui y avaient passé toute leur existence, mais qui avaient eu le malheur de s'en absenter pendant un an et quelques jours; par suite de quoi ils avaient perdu le droit de cité.

Quoiqu'ils eussent dépassé, de quelques jours seulement ce délai; qu'ils eussent toute leur famille à Strasbourg; qu'ils fussent munis des attestations les plus favorables du directeur de la prison et qu'ils eussent l'assurance de trouver de l'ouvrage — toutes choses qui permettaient de supposer que ces gens-là pourraient se refaire une autre existence — malgré toutes ces considérations qui parlaient en leur faveur, ces individus étaient impitoyablement bannis de Strasbourg et rejetés dans les bras du crime.

Bien que je ne fusse pas en état de modifier les décisions prises par le président de district, un nombre considérable de ces malheureux, pleurant à chaudes larmes, m'ont supplié de leur permettre de rester à Strasbourg. L'un d'eux, auquel j'avais démontré par A plus B que je ne pouvais pas lui accorder sa demande, fut subitement pris d'un accès de fureur épouvantable. Brandissant le poing avec un geste de menace, il me dit en quittant mon bureau : « Eh bien ! alors, cette fois, je vais devenir un criminel pour de bon ».

Ce malheureux avait prophétisé juste. Quelques

mois plus tard, il fut condamné à plusieurs années de travaux forcés, à la suite d'un vol par effraction. Selon toute apparence, cet individu serait revenu à un genre de vie meilleur et serait peut-être devenu un membre utile de la société, s'il n'avait pas été victime de cette mesure de rigueur.

Je pourrais citer une quantité d'exemples du même genre.

Chaque fois que je me permettais de lui présenter quelques observations au sujet de ses procédés, mon chef me refaisait cette réponse stéréotypée :

— Je ne veux pas de cette racaille. Tout ce qui n'est pas de Strasbourg doit en sortir.

Il faudrait voir le traitement que subissent ceux qui ont leur domicile légal dans cette ville et que, par conséquent, on ne peut pas expulser.

Lorsqu'ils arrivent à Strasbourg, ils sont obligés de se présenter à la présidence de police, où on les inscrit sur la liste des personnes placées sous la surveillance de la haute police. Après quoi, on les fait voir à tous les agents de la sûreté, puis on leur rend leur liberté.

Le même jour, la police envoie une circulaire pour recommander aux différents agents de surveiller attentivement les individus en question et d'envoyer, de temps à autre, des rapports sur leur conduite.

Certainement, il n'y aurait rien à objecter à ça, si les agents de la sûreté n'étaient pas si maladroits. Par bêtise, ils bouleversent généralement, au bout de très peu de temps, l'existence que ces malheureux sont en train de se créer. Ils se renseignent habituellement d'une façon si maladroite que les employeurs et les logeurs de ces individus ne tardent pas à apprendre qu'ils ont subi des condamnations. Comme ni les uns ni les autres ne se soucient d'avoir chez eux des gens sortant de prison, ils leur donnent congé au plus vite. Une fois que les tares de ces derniers sont connues, toutes les portes se ferment devant eux et ces pauvres diables, sans travail, montrés au doigt, salués partout de l'épithète de « galériens », n'ont plus d'autre ressource que de retomber dans le crime.

Pendant que j'y suis, je tiens encore à dire que la police a une conception tout à fait autre de son droit de surveillance sur les prostituées, ou, plus exactement, qu'elle commet, à ce point de vue, des abus d'autorité continuels.

Plus d'une fille publique a très sincèrement l'intention de changer d'existence ; régulièrement elle en est empêchée par la police. On me dira peut-être que ce n'est pas possible; je vais donc prouver la vérité de ce que j'avance.

Aussi longtemps que j'ai été en fonctions, il m'est arrivé de constater que le brigadier-chef de la police des mœurs de Strasbourg, un monsieur très autoritaire, agissant de son propre chef, c'est-à-dire sans en informer son chef de section, écartait des demandes très fondées, présentées par des filles soumises, en vue d'être affranchies du contrôle de la police.

Etant donné que ces malheureuses n'ont pas le courage de réclamer contre les agissements du brigadier-chef, dont elles ont une peur épouvantable, elles sont condamnées à traîner leur boulet et à mener une existence méprisable. Si une fois, par hasard, une de ces créatures parvient à faire mettre sa demande sous les yeux de l'autorité, la chose prend la tournure que voici :

La personne en question est affranchie, à titre d'essai, du contrôle de la police, mais elle est contrainte d'apporter dans le délai de trois jours un certificat constatant qu'elle a une occupation ; de plus, chaque mois, elle est obligée d'apporter une attestation signée d'un médecin. Si, d'après l'avis de la police, elle a mené une conduite irréprochable pendant la durée de trois mois, au bout de ce temps elle est rayée de la liste des filles soumises et délivrée du contrôle des mœurs avec tous les inconvénients qu'il entraîne. Si, par malheur, elle se promène une seule fois à une heure avancée de la soirée, ou si elle pénètre dans une auberge, on lui crie aussitôt : « En arrière, rentre dans ton bourbier ! »

Dans la plupart des cas, ces malheureuses sont soumises à de telles chicanes de la part de la police qu'il leur est impossible de se refaire une existence honnête.

J'ai affirmé que la police protège certaines personnes et étouffe, en bien des circonstances, les plaintes dont elles sont l'objet. M. l'abbé Wetterlé, député au Reichstag et membre de la Délégation d'Alsace-Lorraine, faisant état de ma première brochure, a traité cette question à la séance du 3o janvier 1906. Après avoir dit bon nombre de vérités au gouvernement, il a continué en ces termes :

« Considérons, par exemple, les cas où les plaintes adressées à la police ont été étouffées par cette dernière, c'est-à-dire n'ont pas été transmises au procureur du roi.

» Cette accusation est tellement grave que forcé-

ment une enquête doit être ouverte à son sujet. Il
faut que nous sachions si, réellement, des commissaires de police se sont permis de rendre de pareils
services à certaines personnalités. Nous désirons
que des explications à ce sujet soient données à
notre commission et, si c'est nécessaire, nous revien-
drons là-dessus en pleine séance. »

En disant cela, M. Wetterlé a commis une très
grosse erreur. Ce ne sont pas des commissaires de
police qui se sont rendus coupables de pareils abus
d'autorité; c'est le président de police de Strasbourg
et son *ad latus*. Eux seuls avaient un intérêt à faire
bénéficier de leur bienveillance différentes personnalités; mais les commissaires de police de Strasbourg n'ont jamais rien eu à voir dans des affaires
de ce genre et ont toujours appliqué le dicton : « Tes
amis ne sont pas mes amis ! »

Quand M. Wetterlé eut fini de parler, M. le secrétaire d'Etat de Kœller chercha à faire oublier cette
affaire si désagréable pour le monde du gouvernement. Avec ses airs habituels de faux-bonhomme,
il déclara ceci :

« Passons aux reproches que Stéphany adresse
aux personnes qui sont encore en fonctions. Ces
reproches sont de deux espèces, les uns concer-
nent certains actes commis par les fonctionnaires
dans leur service et consistant à avoir étouffé des
plaintes ou des dénonciations qui leur étaient
adressées, ou d'avoir écarté des demandes qui leur
étaient faites. A la suite de l'enquête qui a eu lieu,
il a été établi que les employés en question ne méritent pas le moindre reproche. Dans tous les pays
du monde, il arrive, par-ci, par-là, qu'on ne donne

pas suite à quelque rapport adressé par un agent de police à son chef direct.

» Il faudrait voir les montagnes de rapports que certains agents rédigent. Quand j'étais à Francfort, j'en ai reçu des monceaux que, finalement, je jetais au panier, parce qu'ils ne contenaient que des enfantillages. Agissant ainsi, j'usais de mon droit strict. Les agents subalternes signalent les faits, mais c'est à leur chef de décider si ces derniers doivent recevoir une sanction. C'est à ce point de vue-là qu'il faut se placer pour juger les accusations portées par Stéphany. M. Wetterlé m'a demandé si ses accusations sont fondées. D'après les résultats de l'enquête qui a eu lieu, les fonctionnaires de la police de Strasbourg se sont conduits de la façon la plus correcte dans les différents cas.

» Je ne sache pas que des plaintes aient été formulées contre des autorités autres que celles de Strasbourg. »

Cette déclaration de M. de Kœller a sa valeur, puisqu'il avoue que des plaintes ont été étouffées. Je suis persuadé que les employés et fonctionnaires de la police strasbourgeoise ont dû avoir un doux accès d'hilarité lorsqu'ils ont entendu M. de Kœller dire : « Il arrive, par-ci, par-là, qu'on ne donne pas suite... »

M. de Kœller a bien tort de prétendre qu'un chef de police a le droit de jeter au panier les plaintes qui lui sont adressées. Le fait que lui-même, étant président de police à Francfort, ait agi ainsi ne constitue nullement une preuve en faveur de sa thèse. Ce n'est pas le chef de la police, c'est uniquement le procureur du roi qui a le droit de dire si une affaire doit être suivie ou si elle doit aboutir à un non-lieu. De toute manière, un chef de police n'est autorisé, en aucune circonstance, à faire disparaître purement et simplement une plainte qui lui est adressée par écrit. Ceci ressort clairement de l'article 161 du code pénal de l'Empire allemand, de toutes les interprétations et de tous les commentaires qui en ont été donnés.

Il est bien évident qu'on doit observer de la mesure en tout, et je comprends encore, que l'on n'ait pas donné suite à ce procès-verbal dressé contre un cycliste par un agent qui lui reprochait de « n'avoir pas averti par derrière ! »

Par le plus grand des hasards et à mon immense joie, il m'a été donné de prendre connaissance des résultats de l'enquête ordonnée par M. de Kœller. A ce propos, j'ai constaté que la chose s'est faite à l'eau de roses et que les accusateurs et les accusés, en la circonstance, ont agi d'un plein accord. Au lieu d'agir d'une façon rationnelle, c'est-à-dire de laisser le soin de mener l'enquête à un fonctionnaire du ministère, supérieur en grade au président de police et à son adjoint, de lui donner mission de retrouver certains dossiers confidentiels et autres petits papiers que ces messieurs avaient jugé utile de supprimer, on s'était borné à inviter très poliment ces deux personnages à rendre compte, par écrit, des objections qu'ils avaient à formuler contre les reproches qui leur étaient imputés.

Ces messieurs n'y allèrent point, comme on dit, par quatre chemins ; ils s'assirent à leur bureau et se conformèrent à l'adage bien connu. « Je m'appelle Hase, et je ne sais pas de quoi il s'agit » ; ils écrivirent à M. de Kœller qu'ils étaient innocents, que

toutes mes accusations, depuis A jusqu'à Z, étaient
de purs mensonges, inventés par moi dans un esprit
de vengeance, que, d'ailleurs, ils étaient dévoués de
corps et d'âme à un supérieur aussi bienveillant
pour eux. Au reçu de cette lettre, M. de Kœller
poussa un soupir de soulagement et de satisfaction.

— Je le savais bien ! s'écria-t-il. Ces messieurs
sont absolument incapables de pareilles choses.

Par le plus grand des hasards, — je n'éprouve
pas le besoin de dire comment s'appelle ce hasard,
— une copie de la lettre de justification rédigée par
M. le président de police est tombée entre mes
mains.

Le personnage en question y oppose à mes accusations les dénégations les plus énergiques et il
affirme dans les termes les plus solennels que jamais
la présidence de police de Strasbourg ne s'est livrée
à des abus d'autorité ; que jamais elle n'a étouffé de
plaintes adressées contre une certaine catégorie de
personnalités.

Je me charge de démontrer un peu plus loin à
M. le président de police que c'est précisément le
contraire qui est vrai.

Pour l'instant, je me borne à appeler l'attention
sur ce que M. de Kœller appelle faire une enquête.

En dépit de ses airs importants, M. de Kœller
n'a pas réussi à en imposer à la Délégation d'Alsace-
Lorraine, car le 31 janvier 1906, deux députés,
MM. Emmel et Ricklin, lui en ont dit de sévères, et
lui ont démontré que ce qui est bon en Prusse ne
peut pas se faire en Alsace-Lorraine.

Pour ma part, j'ajoute que, d'après mon expérience personnelle, expérience vieille de plusieurs

années, les deux chefs de la police de Strasbourg, qui ont été représentés par M. de Kœller comme des hommes très bienveillants, pleins de sollicitude pour les petites gens, ne méritent en rien cet éloge. J'ai constaté, au contraire, que ces messieurs ont toujours été très durs pour le petit monde, qu'ils ont toujours poursuivi, avec férocité, les contraventions pour excès de vitesse ou pour infraction aux règlements de voirie ; que leur bienveillance ne s'est jamais exercée qu'envers les personnes appartenant aux classes les plus élevées de la société. Il est absolument faux, comme l'a prétendu M. de Kœller, que les plaintes étouffées par la police étaient portées, principalement, contre des gens du peuple. Si la police avait été vraiment aussi impitoyable envers les « gens de la haute », en particulier le statthalter, M. de Kœller lui-même, se serait vu dresser des procès-verbaux sans nombre pour contravention aux règlements de police.

On verra dans le chapitre suivant que, quatre mois à peine après avoir si bien défendu les deux personnages en question, M. de Kœller s'est vu infliger un démenti sanglant par eux.

CHAPITRE VI

La police. — L'arbitraire. — Les listes de proscription (*suite*).

Différents actes d'arbitraire. — MM. les étudiants et la police. — L'ivrognerie des étudiants. — Si les étudiants..... — *Germania docet*. — L'aventure de la porteuse de pain. — Les étudiants au théâtre. — Le lieutenant en retraite et l'agent de police. — Le recrutement des agents. — Une femme a poigne. — Les listes de proscription et les affirmations de M. Mandel. — La vérité. — Le fils de M. le sous-secrétaire d'état. — La disparition des commissaires de police cantonaux.

Le 15 mai 1906, un bal de noce avait lieu à l'hôtel National, à Strasbourg. Tout à coup, à quatre heures du matin, deux agents de police, en uniforme (une patrouille de nuit), pénétrèrent dans la salle et déclarèrent d'un ton sans réplique que la fête, les danses, etc., devaient cesser immédiatement. En agissant ainsi, cette patrouille de nuit ne faisait que se conformer aux instructions très précises et très sévères de M. le président de police. C'est fort bien, mais...

Quinze jours plus tard, le 31 mai 1906, un haut fonctionnaire, demeurant dans la rue Herder (rue qui est située dans ce que l'on appelle, à Strasbourg, le quartier des millionnaires), donnait une soirée. Cette fête, qui avait commencé à 9 heures du soir, se prolongea bien au delà de minuit. Toutes les fenêtres de la maison étaient ouvertes au large; différentes personnes de la société, installées sur un balcon, firent un vacarme qui dérangea, de la façon la plus sensible, le sommeil de tout le voisinage.

Tour à tour, les patrouilles de police défilèrent devant la maison; mais il ne vint à l'esprit d'aucune d'elles d'intervenir et de mettre un terme à ce scandale; elles ont eu, comme on dit, le nez creux en agissant ainsi, attendu que M. le président de police a décrété que, dans les cas où il s'agit de « personnages », on ne doit « sous aucun prétexte » les déranger dans leurs distractions ».

De mon temps fait dans la police il me reste encore une foule de souvenirs pareils. J'ai toujours constaté que les gens de la haute peuvent se permettre tout ce qu'ils veulent. Je me rappelle surtout que plusieurs fois par an, dans la même maison, les mêmes personnes se sont livrées aux mêmes excès.

Quand je passais la nuit dans la rue Moeller, je constatais, de temps à autre, qu'un officier supérieur habitant un rez-de-chaussée surélevé avait du monde. Chaque fois, la musique de danse, le bruit des voix dérangeaient considérablement le repos des voisins.

J'informai le président de police de la régularité

avec laquelle avaient lieu ces réunions bruyantes et je le priai de me donner des instructions pour le cas où elles se reproduiraient. L'air très important, il me répondit :

— Ne vous avisez pas de toucher à ces personnages-là !

Si un ouvrier, ou quelque autre individu n'appartenant pas à la « société », s'était permis de chanter une « romance de l'Etoile », la police se serait conformée strictement à ses instructions, se serait jetée sur lui et, après lui avoir mis deux ou trois menottes, l'aurait traîné au poste.

Après les réponses typiques que M. de Kœller a faites aux interpellateurs à la Délégation d'Alsace-Lorraine, je suis persuadé que les choses resteront éternellement en cet état. On m'a reproché d'avoir traité durement les protégés de M. le président de police, les étudiants et d'avoir. en ma qualité d'ancien commissaire de police, montré de l'animosité à leur égard. Je pense qu'on reviendra sur cette opinion quand on aura lu ce qui suit.

Au commencement de l'année dernière, la « Société des étudiants tempérants » a publié la proclamation suivante dans la *Zukunft* :

« Toute personne, soucieuse de respecter la vérité, se voit obligée de reconnaître ce qui suit : Nous autres hommes, ayant reçu une instruction universitaire, nous sommes les premiers responsables des ravages que l'alcoolisme exerce en Allemagne. Un état de choses qui dans les classes élevées de la société est considéré comme un mal ne doit pas continuer dans les classes inférieures. Par suite, les formes les plus graves de l'alcoolisme devraient disparaître de notre pays si les couches sociales les plus élevées avaient la franchise et le courage d'appeler les choses par leur vrai nom et d'extirper, dans leur propre monde, des chancres indignes d'elles.

» Si les classes supérieures n'ont pas encore obtenu ces résultats, la faute en incombe, tout particulièment, aux groupes des hommes qui ont fait de hautes études. Les habitudes d'ivrognerie contractées à l'Université et qui, très souvent, ne se perdent pas par la suite exercent, en raison de la considération sociale dont jouissent leurs victimes, une suggestion déplorable sur d'autres individus placés à un échelon plus bas et empêchent ces derniers d'apprécier, à sa juste valeur, le danger de l'alcoolisme.

» Les excès de boisson en honneur dans le milieu universitaire empoisonnent une grande partie de notre élite intellectuelle et, par le mauvais exemple, exercent une influence désastreuse et sur les gens appartenant à la même couche sociale et sur le reste de la population. Ces habitudes d'intempérance qui caractérisent le monde des étudiants portent à l'existence de notre nation un préjudice tel que n'en subit plus à l'heure actuelle aucun autre peuple d'origine germanique.

» C'est une hypocrisie blâmable à tous égards que de s'indigner de l'ivrognerie de l'ouvrier, alors que nous tolérons les excès de boisson auxquels se livre le monde de l'Université, excès auxquels, nous autres juristes, nous nous adonnons tout spécialement. C'est une vérité reconnue depuis longtemps par tous ceux qui sont au courant de nos usages universitaires. Il est donc grandement temps que, nous autres, nous fassions un commencement et que nous cherchions dans la mesure du possible à réparer cette faute. »

Dans le numéro du mois de mars des *Monatschefte*, le docteur en droit Bloom dit :

« Les statistiques criminelles contemporaines et la psychiatrie ont fait ressortir un ensemble de constatations sur les effets de l'alcool qui nous obligent à demander une réforme radicale du système d'éducation adopté par les corporations d'étudiants. Cette éducation repose (il ne faut pas craindre de l'avouer), en majeure partie, sur l'obligation de boire... Nous n'avons pas envie de boire et nous y sommes obligés.

» Il y a, au fond des choses de ce monde, une logique impitoyable, l'existence des corporations d'étudiants aussi bien que tout le reste des humains est soumis aux lois générales de la vie. Si nous nous montrons sourds aux enseignements de la science moderne, si nous sommes trop lâches, trop présomptueux, ou trop indifférents pour transformer, conformément à ces enseignements, les institutions au milieu desquelles nous avons été élevés et que nous aimons, fatalement, ces institutions seront vouées à la déchéance et à la destruction.

» L'existence de nos étudiants offre, comme l'a fait remarquer en particulier le professeur Dʳ Aschaffenburg, le type d'une criminalité artificielle, dont un grand nombre de faits démontrent la connexité intime avec l'usage de l'alcool. Il est reconnu que l'alcoolisme est la cause principale de toutes les dégénérescences sexuelles, le champion de la prostitution et la source d'une quantité de dangers pour l'avenir. »

Au sujet de ce qui précède, la *Freie Presse* de Strasbourg fait les réflexions sarcastiques, mais très justes, que voici :

« Si les étudiants appartenant à des corporations

arrivent à supprimer l'obligation du duel et des assauts d'armes; s'ils se déshabituent d'une foule de singeries; si, comme au cours de leurs études, ils renoncent à se transformer en intrigants et en fantoches grotesques; si, enfin, ils veulent bien travailler, il est possible qu'ils deviennent, un jour, des hommes utilisables. En ce cas, ils ne tarderont pas à reconnaître que toutes les pratiques en usage dans les corporations sont vaines et stupides.

» Il est clair que l'existence des étudiants allemands se traduit par ces deux verbes : s'enivrer et se disputer. »

Dans une brochure intitulée *Germania docet*, le professeur italien Pisani décrit, jusque dans leurs moindres détails, les impressions qu'il a ressenties dans une visite qu'il a faite à l'association des étudiants catholiques de Strasbourg. Il a été très étonné de les voir observer un « code de ribote ».

Je me demande ce que ce professeur Pisani aurait dit s'il avait eu, comme moi, l'occasion de visiter la maison de la corporation « Palaio Alsatia » et d'y découvrir que, directement à côté de la grande salle de consommation, se trouve une pièce dans laquelle est placée une énorme auge en pierre et si l'économe de la maison lui avait expliqué l'usage de cet accessoire, destiné à recevoir les « Bierleichen », ainsi que le contenu de leurs estomacs? Qu'aurait-il dit, si on lui avait appris que les étudiants, après avoir bu au point d'en perdre la raison, et avoir rempli leurs estomacs jusque bien au-dessus du niveau réglementaire, se traînent ou plutôt sont traînés dans le local, exclusivement réservé à cet usage et, soit naturellement, soit avec l'aide de leur

8

index, s'expliquent, puis recommencent à boire de plus belle?

Je me demande si, après avoir assisté à une scène de ce genre, M. Pisani donnerait encore à sa brochure le titre *Germania docet*.

Plus d'un étudiant qui, en arrivant à l'Université, débordait de santé, de jeunesse et de vigueur, la quitte réduit à une demi-vieillesse, l'estomac démoli pour toujours et la santé ruinée par d'autres plaisirs. Les étudiants allemands s'imaginent que pour être des hommes, dans toute l'acception du terme, il faut boire au delà de toute mesure et fréquenter assidûment les filles de joie. Pour avoir l'air particulièrement chic, il faut, en outre, qu'ils se montrent grossiers et obscènes dans leur langage et dans leurs manières. Ma foi, l'expérience nous apprend qu'à ce point de vue presque tous les étudiants allemands sont des gens très chics. Les souvenirs qu'ils emportent de leurs aventures galantes les amènent, en dernière analyse, à devenir les clients assidus de nombreux médecins spécialistes et leur valent des comptes sérieux chez les pharmaciens.

L'étudiant qui tient à atteindre le sommet de la distinction et de l'irréprochabilité, qui tient à prouver publiquement qu'il est un chevalier sans peur et sans reproche et un homme qui veut provoquer l'étonnement de tous ses contemporains, doit forcément avoir un visage transformé en bifteck. Dans ce but, il se fait préparer le visage au cours d'assauts d'armes absolument ridicules. Peu lui importe que, dorénavant, ses traits offrent une ressemblance avec ceux des êtres provenant des forêts vierges de l'Afrique et que l'on exhibe dans les jardins zoologiques, avec ceux des piétons que Darwin considère comme nos arrière-grands-parents. Ceci n'a pas la moindre importance étant donné que ces messieurs sont affublés par la foule qui les admire, du titre, enviable entre tous, de « balafrés ».

Ce serait commettre un euphémisme impardonnable que de prétendre que les duels entre étudiants sont de nature à développer leur courage. Je ne conseille à personne de pénétrer dans une de ces salles d'armes, car on risquerait fort d'y apercevoir des agneaux que l'on mène au sacrifice, des froussards qui tremblent à la vue d'une rapière nue et dont le cœur dégringole dans leur pantalon.

Enfin, concernant l'attitude des étudiants vis-à-vis du public et leur manière insolente et provocante, je pense que les faits divers suivants sont assez éloquents ;

« Dimanche soir, un certain nombre d'étudiants ont jugé bon de mener une conduite des plus scandaleuses au théâtre des Variétés. Ils avaient pris possession des dernières rangées de fauteuils d'orchestre et, une fois installés, ils s'y sont conduits comme de véritables goujats. Transformant leur haut de forme à dix-huit reflets en chapeau claque, ils hurlaient, s'interpellaient entre eux et, en un mot, faisaient un tel scandale que, finalement, on dut interrompre la représentation.

» Le public était furieux de l'attitude qu'affectaient ces représentants de l'instruction, de l'éducation et de la fortune. Comme il s'agissait de fils de gens riches, la police leur a témoigné les plus grands égards et a tout mis en œuvre pour décider ces messieurs à se conduire plus convenablement. Un autre qu'eux aurait été empoigné sur-le-champ au collet et mis à la porte. Finalement, comme ces enfants des muses ne voulaient pas se tenir tranquilles, les agents se virent obligés de requérir l'aide de quelques soldats pour expulser les meneurs les plus enragés. Ceci provoqua un énorme rassemblement dans la rue. Pour mettre fin à ces polissonneries, les agents durent dresser procès-verbal à ces messieurs. C'est alors seulement que la représentation put être reprise. »

Un autre journal décrit ce qui suit :

« Une porteuse de pain, employée par un boulanger d'ici, commence son travail à partir de six heures, chaque matin, et pour cela, fait usage d'une voiture d'enfant. Samedi matin, peu après six heures, plusieurs jeunes étudiants fortement éméchés, débouchèrent de la rue de l'Ecrevisse et traversèrent la rue du Tribunal. La voiture chargée de pain était arrêtée devant la maison n° 2. Les noctambules sautèrent aussitôt dessus et l'emmenèrent jusqu'à une certaine distance, de sorte qu'en revenant dans la rue, la porteuse dut se mettre à sa recherche. Cette femme ayant protesté énergiquement, contre la mauvaise plaisanterie dont s'étaient rendus coupables des jeunes gens soi-disant bien élevés, elle n'obtint pour toute réponse que des injures et des ricanements. Mieux que cela, ces messieurs, s'efforcèrent de renverser sa voiture et deux d'entre eux eurent l'impudence de faire à la pauvre femme toutes sortes de propositions malhonnêtes. »

Autre chose :

« Dans la nuit de samedi à dimanche, vers deux heures et demie du matin, éclata dans une auberge

de la rue des Serruriers, une dispute que l'auber-
giste s'efforça d'apaiser. Il fut entouré par cinq ou
six étudiants et tellement maltraité par eux qu'il a
dû se soumettre à un traitement médical. Au cours
de cette bagarre, un des étudiants a reçu de tels
coups sur une jambe qu'il a dû être transporté à la
clinique chirurgicale. Il a des fractures multiples
de la jambe. Une patrouille d'agents de police, à
laquelle les étudiants essayèrent d'abord de tenir
tête, mit fin au combat en emmenant au poste trois
de ces messieurs bien élevés. »

Autre chose :

« La représentation de dimanche soir au théâtre
de l'Union a été interrompue de la façon la plus
désagréable par la conduite scandaleuse de quelques
étudiants reconnaissables de loin à leurs immenses
balafres. A en juger d'après leurs bonnets jaunes,
ces messieurs appartenaient à la corporation « Pa-
laio-Alsatia ». Déjà bien avant le commencement de
la représentation, ils étaient l'objet de l'attention
publique, ils s'interpellaient sans cesse, en dépit
des protestations toujours croissantes du public.
Ceci dura jusque vers le milieu du premier acte.
Enfin, les assistants perdirent patience et une tempête de protestations éclata. On leur cria : « A la
porte, blancs becs ! » on leur décerna une quantité
d'épithètes encore bien moins élogieuses et, finale-
lement, la représentation dut être interrompue
pendant un instant. Quelqu'un du théâtre se rendit
dans la loge des perturbateurs et leur fit des observations. A la suite de quoi, ils se décidèrent enfin à
se tenir tranquilles. Si le fait s'était passé aux gale-
ries supérieures, les agents seraient intervenus et
auraient rétabli l'ordre en moins de temps qu'il ne
me faudrait pour le dire. En l'occurrence, on ne les

vit pas. Nous ne saurions protester avec assez d'énergie contre la conduite scandaleuse que les étudiants mènent au théâtre. »

Autre chose :

« Les étudiants se sont encore livrés à des polissonneries qui rappellent celles en usage au théâtre de Heidelberg et ont ainsi provoqué le mécontentement de tous les assistants qui se trouvaient dimanche soir au théâtre de l'Union. Quelques-uns de ces soi-disant « gens de la haute », membres de corporations où sont en honneur les visages hachés de coups, ont cherché à empêcher la représentation d'avoir lieu. Dès avant le lever du rideau, ils saluaient de leurs hourras un de leurs camarades qui arrivait en retard; celui-ci, un monsieur très connu dans le monde où l'on s'amuse, engagea une longue conversation avec d'autres qui se trouvaient au premier rang et continua ce manège en dépit des « chut » de la foule. Toutefois, quand le rideau eut été levé, le scandale atteignit son comble. Ces messieurs, qui prétendent donner le ton, continuèrent leurs interpellations entre eux; ils crièrent toutes sortes de choses aux acteurs en scène et excitèrent à un si haut degré le mécontentement des paisibles spectateurs que ceux-ci, finalement, réclamèrent l'expulsion des perturbateurs. Quand les choses en furent arrivées à un point tel que l'intervention de la police s'imposait, celle-ci finit par noter les noms de ces petits messieurs. »

Tout ceci a eu lieu très peu de temps après que M. de Kœller avait déclaré à la Délégation que l'attitude de la police strasbourgeoise a toujours été correcte en matière de plaintes et qu'elle a toujours poursuivi les grands aussi bien que les petits.

Le fait suivant prouve la créance qu'il faut attacher aux paroles de M. de Kœller (*Strassburger Bürger-
Zeitung*, n° 43, du 20 février 1907).

Le lieutenant en retraite et l'honneur de l'agent de police.

« Il y a quelque temps, un lieutenant en retraite
habitant Neudorf et dont l'épouse tient un commerce très honorable s'est laissé entraîner à insulter
un agent de police. Celui-ci demanda que cette
offense fût punie. Pour arriver à ce résultat, il
fallait que sa plainte fût sanctionnée par le président de police. La chose fut portée devant le tribunal
des échevins, mais M. le lieutenant en retraite ne
déféra point à la citation. L'affaire dut être ajournée.

» Le tribunal lança donc, à l'adresse de M. le
lieutenant en retraite, une nouvelle citation à comparaître. D'après quoi, suivant l'opinion que s'en
fait le vulgaire, tant soit peu initié aux choses de la
justice, ledit lieutenant en retraite aurait dû être
amené, mort ou vif. Mais celui-ci montra, en la
circonstance, qu'un lieutenant en retraite peut se
soustraire à la citation d'un juge. L'affaire devait
être évoquée hier.

» Le juge avait fait l'appel de l'accusé et des
témoins, mais le témoin seul se présenta, sous les
traits de l'agent de police offensé. A la place du
lieutenant, on ne vit que le bulletin rouge de citation dont le tribunal avait attendu des effets aussi
puissants au moment où il l'avait fait remplir.

» La victime de l'affaire, c'est-à-dire l'agent de
police en personne, donna la solution de l'énigme.
Il déclara que M. le lieutenant en retraite était allé
trouver le président de police et lui avait remis la
somme de quinze mark pour la caisse de secours
des agents de police et que, à la suite de ceci, il se

considérait comme dégagé de toute obligation envers sa victime.

» Cette déclaration provoqua, chez M. le juge et chez ses deux assesseurs, une série de hochements de tête. Le ministère public déclara qu'il n'avait pas entendu parler du retrait de la plainte et l'agent de police insulté ajouta que, lui-même, n'en savait pas plus long sur ce chapitre. Par conséquent, il faudra attendre un temps indéterminé pour savoir quand aura lieu la nouvelle séance. »

Je suis persuadé que, malgré les assurances données par M. de Kœller, le président de police de Strasbourg continuera à étouffer, comme par le passé, les plaintes qui lui paraîtront devoir mériter ce traitement. Jamais la représentation du peuple, ni celui-ci ne sauront la vérité aussi longtemps que le pouvoir sera aux mains de gens tels que M. de Kœller et consorts; après, comme avant, les gros personnages n'auront pas à subir les conséquences des actes illégaux dont ils se seront rendus coupables. En revanche, les pauvres diables seront traités comme ils l'ont été jusqu'à présent.

Depuis une dizaine d'années, la police de Strasbourg a un recrutement défectueux. Autrefois, les agents étaient des hommes irréprochables qui, tous, avaient accompli dix années de service militaire. Leurs collègues actuels proviennent, tous, d'une catégorie de sous-officiers que l'on n'a pas voulu conserver dans leur régiment. De nos jours, quand un sous-officier, à force de punitions et de réprimandes, n'est plus possible dans une compagnie ou dans un escadron et que son capitaine le menace de ne plus le rengager, on peut être assuré que, dans le cas où il a les six années de service exigé, il présente immédiatement une demande d'admission dans le corps des agents de police. Désireux de se débarrasser de lui à tout prix, ses supérieurs lui donnent des notes parfaites et lui facilitent, par conséquent, son admission. D'autre part, comme un sous-officier bien noté, ayant une bonne conduite et remplissant les conditions des douze années de service, a droit à un emploi un peu plus relevé que celui d'agent de police, l'administration civile est, en quelque sorte, obligée de prendre ceux qui s'offrent à elle. Grâce à quoi, le corps des agents de police de Strasbourg est devenu, en quelque sorte, le refuge de tous les candidats militaires qui n'ont pas été acceptés dans les autres administrations. Cet assemblage de personnes d'une qualité inférieure se compose d'ivrognes, de gens brutaux, de menteurs, d'hypocrites, d'individus malhonnêtes et capables de tout pour masquer leur incapacité et les fautes qu'ils commettent dans leur service.

Voici quelques exemples à l'appui de mon argumentation :

Très peu de temps avant ma révocation, un candidat agent de police fut accepté au cinquième district. Cet individu, qui avait autrefois servi dans un bataillon du train et qui avait le physique d'un trompette adonné à la boisson, fut placé, dans les premiers jours de son service, au tribunal, pour surveiller la salle des assises.

A cette occasion, il se présenta en état complet d'ivresse, et pour cette raison, et parce qu'il était un objet de scandale, son chef de district, le commissaire de police Wehmann, l'envoya se coucher. Il ne déféra à cet ordre qu'après avoir refusé à plusieurs reprises d'obéir et après avoir lancé à la tête de son supérieur toutes sortes d'invectives.

Très peu de temps après, cet individu quitta volontairement la police, parce qu'il refusait de se soumettre à la discipline.

L'ivrognerie est un des principaux vices dont souffre la police de Strasbourg. Ceci tient, en grande partie, à ce que la plupart des aubergistes, et même d'autres personnes, qui ont un intérêt quelconque à être dans les bonnes grâces des agents, les invitent à boire, les y provoquent même, dirai-je volontiers.

L'alcool a fait, à bien des reprises, nombre de victimes parmi les agents de police de Strasbourg et certainement les peines disciplinaires, en grand nombre, qu'il leur a valu, sont encore le moindre des maux. J'en connais, je ne sais combien, qui se sont tués à force de boire et d'autres qui, consacrant tout leur argent à la boisson, se sont vus entraînés à faire des dettes et à commettre des escroqueries à la suite desquelles ils ont dû être révoqués et même punis de prison.

Certains d'entre eux ont, par bonheur, des épouses à poigne qui cherchent à les corriger. L'un d'entre eux est littéralement sous la pantoufle de madame son épouse et il la craint comme la peste. Mon ancien collègue, le commissaire Wehmann, qui avait appris cette particularité, en tirait parti, chaque fois que l'occasion s'en présentait.

Un jour que l'ivrogne se trouvait dans un état complet d'ébriété, mon collègue, qui n'aimait pas beaucoup punir ses subordonnés, fit appeler séance tenante la femme du délinquant. Au beau milieu du bureau du commissaire, cette respectable matrone, voyant l'état lamentable dans lequel se trouvait son mari, lui appliqua une paire de gifles formidables en moins de temps que je n'en mets à l'écrire.

Cette correction, infligée en présence de ses supérieurs, fut cause que maintenant, quand cet agent fait mine de vouloir se livrer à des écarts de conduite, mon collègue se borne à lui dire : « Voulez-vous que je fasse appeler votre femme? » A cette seule évocation, cet individu pâlit de terreur.

Les agents de la police de sûreté eux-mêmes, qui, pourtant, se considèrent comme un corps d'élite, s'adonnent à la passion de l'alcool; je me borne à citer, à ce sujet, deux épisodes caractéristiques.

Certain après-midi de dimanche, étant occupé à contrôler le poste de police de la gare, où se trouvaient les deux agents de la sûreté Schidt et Stein, je constatai que tous deux étaient en état complet d'ivresse. Ils n'avaient plus conscience de leurs actes; incapables de se tenir sur leurs jambes, ils avaient uriné dans tous les coins de la salle. Pour ce motif, Stein fut déplacé et affecté au quatrième district; quant à l'autre, qui avait une écriture admirable, il fut maintenu, en qualité de scribe, à la section de la sûreté et s'en tira avec une aménde.

Un autre agent de la sûreté, nommé Harmel, un alcoolique invétéré, ne passait pas une journée sans s'enivrer. Ceci donnait régulièrement lieu à des histoires extrêmement fâcheuses, et comme il n'était pas bête, il se rendit compte qu'un jour ou l'autre ceci ferait son malheur; aussi demanda-t-il au président de police de vouloir bien l'affecter à un autre district parce que, faisant le service dans la rue, il aurait moins fréquemment la tentation et l'occasion de boire. Cette demande lui fut accordée et on l'affecta au sixième district. Ce changement ne produisit pas l'effet qu'il en attendait. Au fond, cet individu voulait échapper au contrôle, très sévère, auxquels sont soumis les agents de la sûreté.

Je n'en finirais pas, si je voulais énumérer tous les alcooliques dont se compose la police de Strasbourg ; toutefois, je tiens à signaler à mes lecteurs la façon dont certains de ces agents comprennent leurs devoirs professionnels ; l'un deux — malheureusement je ne sais plus son nom — a caché, pendant plusieurs semaines consécutives, une femme très riche contre laquelle le juge d'instruction avait lancé un mandat d'arrêt. Après quoi il a aidé cette personne à se sauver et à passer la frontière.

D'une façon générale, la plupart des agents sont capables, contre bonne monnaie, de toutes les ignominies.

Et il en sera de même aussi longtemps que la police de Strasbourg se recrutera parmi le rebut des régiments qui tiennent garnison en Alsace-Lorraine.

A l'époque où parut ma brochure *les Scandales allemands*, etc., la police de sûreté strasbourgeoise, à laquelle j'avais dit de dures vérités, déploya une activité fiévreuse en vue de découvrir quelque fait à ma charge. Ils enquêtèrent dans toutes les auberges, dans toutes les maisons de tolérance, pour voir si je n'y étais pas resté débiteur d'un verre de bière, ou si je n'avais pas eu de relations avec quelque fille soumise.

Ensuite, on fouilla dans toutes les maisons où

j'avais habité autrefois et on demanda si l'on ne pourrait pas fournir quelque témoignage susceptible d'être exploité contre moi.

Finalement, ces agents provocateurs qui, évidemment, agissaient par ordre de leurs supérieurs, mirent la main sur une certaine femme Basso, veuve d'un secrétaire de l'exploitation des chemins de fer. Nous l'avions connue à l'époque où j'étais agent d'affaires et elle m'avait prié de prendre soin de ses nombreux intérêts.

En échange de ces services, elle avait mis à ma disposition, gratuitement, et pour la durée d'un trimestre, l'une des chambres de son appartement. Nous avions accepté son offre et nous étions entrés chez elle le 1ᵉʳ janvier 1905. Voici en quoi consistaient les « nombreux intérêts » de cette personne :

Quelques mois après son mariage, cette dame était devenue la maîtresse d'un industriel strasbourgeois et de cette liaison était né un enfant qui n'avait pas vécu. Comme elle ne se contentait pas de ce seul amant et qu'elle avait des relations avec différents autres hommes, elle fut remerciée brutalement par celui-là. Dans la lettre par laquelle il lui signifiait son congé, il lui disait qu'elle « était la femme la plus dépravée de la terre ».

Après cela, la femme Basso, accompagnée d'un sous-officier, s'enfuit dans le Luxembourg. Un beau jour, n'ayant plus rien à se mettre sous la dent, elle revint auprès de son mari, qui lui avait promis le pardon complet de ses fautes. Dans les années qui suivirent, elle continua son genre de vie habituel, c'est-à-dire qu'elle eut de nombreux amants.

Devenue veuve et libre, elle continua à mener

l'existence la plus désordonnée que l'on puisse imaginer. Pour satisfaire ses instincts sexuels, qui ne connaissaient pas de bornes, elle se donnait au premier venu qui se trouvait à son contact. Ainsi que l'enquête l'a révélé plus tard, elle avait su attirer à elle des hommes mariés aussi bien que des célibataires, et elle s'était donnée même à des terrassiers et à des employés de tramways. A l'un de ces derniers, elle communiqua une maladie qui faillit lui occasionner la perte de la vue.

Suivant une constatation qui a été faite par le Dr Huter, de Strasbourg, cette femme avait une « amativité » anormale, en quelque sorte maladive. Elle ne reculait devant aucune honte et elle avait l'impudeur de se prostituer en présence de ses deux enfants, deux petites filles de dix et treize ans. Ceci lui est arrivé en particulier avec le secrétaire de la poste Myer, de Cologne.

Elle m'a donné le nom de toutes les personnes qui ont été ses amants et, un beau jour, elle m'a informé que le bureau des mœurs enquêtait contre elle. Supposant qu'en ma qualité d'ancien commissaire de la police criminelle je pourrais lui donner un bon conseil, car elle s'attendait à être arrêtée d'une minute à l'autre, elle m'avait prié de venir loger chez elle, dans l'espoir que je la tirerais d'embarras et qu'après son arrestation je règlerais ses affaires d'intérêt, qui étaient très négligées ; elle se flattait que je prendrais soin de son ménage et de ses deux enfants.

Elle fut arrêtée, le 19 janvier 1905, sous l'inculpation de prostitution professionnelle, de proxénétisme et d'avortement. Lors de l'instruction, différents témoins m'ayant désigné au juge comme le chargé d'affaires de cette femme, je fus interrogé sous la foi du serment, le 17 février et le 14 mars. Par suite de quoi, bon gré ou mal gré, puisque j'avais juré de dire toute la vérité, je me vis obligé de raconter tout ce que cette femme m'avait confié.

Le magistrat chargé de l'instruction n'était autre que M. le conseiller de justice Kauff, dont il a été question précédemment. Il entendit un grand nombre de témoins qui démontrèrent, jusqu'à l'évidence, que la femme Basso se livrait à la prostitution et au proxénétisme et que le Dr Schrader avait été son complice dans les trois avortements dont elle était accusée. La chose paraissait d'autant plus croyable que l'amant de la femme Basso, ayant reçu une invitation à comparaître devant le juge d'instruction, s'était pendu dans son bureau.

Ce suicide et la déposition que j'avais faite, sous la foi du serment, étaient suffisants pour établir l'accusation formulée contre le Dr Schrader. Tout autre juge d'instruction aurait fait arrêter le Dr Schrader. M. Kauff se contenta de le convoquer, à titre de témoin, et l'autre déclara que, s'il avait fait avorter la femme Basso, c'était uniquement parce qu'il jugeait que c'était le seul moyen de lui sauver la vie.

Dans les débuts, M. le juge d'instruction, qui avait été très sévère pour la femme Basso, lui disant « qu'elle était plus méprisable que la dernière des filles soumises », changea complètement d'avis, à la suite des démarches répétées que fit auprès de lui un pasteur de Strasbourg.

Finalement, les poursuites contre elle furent

abandonnées et elle fut remise en liberté le 1er avril 1905. L'énorme dossier qui la concerne, le dossier J. 25705, prouve que, si l'on avait procédé contre la femme Basse et ses complices suivant les lois en vigueur, tous auraient dû comparaître devant une cour d'assises qui, certainement, les aurait condamnés aux travaux forcés.

A l'époque où j'avais témoigné devant le juge d'instruction, je l'avais fait sans la moindre animosité contre quiconque. Au contraire même, c'était à contre-cœur et uniquement parce que j'avais prêté serment que j'avais raconté ce que je savais. Par conséquent si, à ce moment-là, j'ai chargé les accusés, mes dires ont été conformes, en tout point, à la vérité.

Le juge d'instruction avait donné communication à la femme Basse de mes dires, qui, eux-mêmes, n'étaient que la reproduction des confidences qu'elle m'avait faites.

Naturellement, elle nia tout avec la dernière énergie, et le fait même que, tout à fait malgré moi, je l'avais chargée, me valut de sa part une haine féroce, une haine qu'elle chercha à satisfaire par tous les moyens en son pouvoir. Elle ne tarda pas à en trouver l'occasion, car, dès l'apparition de ma première brochure, la police de sûreté de Strasbourg fit le tour de tous mes anciens logements, dans le but de trouver des actes susceptibles de m'être reprochés.

La police fut secondée activement dans ses recherches par un autre personnage, un avocat dont j'avais tracé un portrait peu flatteur dans *les Scandales allemands*. Ce personnage, qui était l'amant occasionnel de cette femme, prit chaudement ses intérêts et lui indiqua un moyen de se venger de moi. Quand donc les agents de la sûreté vinrent demander à cette femme si elle ne savait rien qui pût m'être imputé à crime, elle débita une fable qu'elle avait imaginée de concert avec cet avocat : à savoir que j'avais abusé de sa fille Bertha, une enfant de treize ans.

Or, cette enfant, influencée par le mauvais exemple de sa mère et complètement dépravée — ainsi qu'en peuvent témoigner de nombreuses personnes de Strasbourg — n'hésita point à confirmer l'accusation formulée par sa mère.

A ce propos, je me permets de faire observer que, jusqu'à ce jour, la femme Basso a été la seule au monde qui m'ait accusé d'avoir des penchants vicieux. Etant donné le peu de vraisemblance que présentait cette accusation, cette enfant ne put pas soutenir plus longtemps son système. Prise de remords de conscience, elle dut avouer qu'elle avait menti. A la suite de quoi la chambre criminelle du tribunal impérial de Strasbourg donna l'ordre d'abandonner les poursuites.

Dans toute cette affaire, la police des mœurs de Strasbourg a observé une attitude plus que blâmable. Après avoir dit, quelques mois auparavant, que la femme Basso était une personne complètement disqualifiée, au point de vue de la moralité, elle n'a pas hésité, lorsque les poursuites ont été commencées contre moi, à déclarer que « jusqu'à ce jour aucun renseignement défavorable n'est parvenu à sa connaissance, concernant la personne de la veuve Basso ».

Ce compte rendu, si peu véridique, n'était attribuable qu'à un bas esprit de vengeance, à cause des dures vérités que dans ma première brochure j'avais jetées à la face de la police des mœurs.

Passons maintenant à la question des commissaires de police cantonaux.

En 1906, la Délégation d'Alsace-Lorraine, d'abord tout feu et flamme pour la suppression de ceux-ci, changea d'avis l'année suivante. La plupart des députés firent volte-face et déclarèrent que « pour des raisons d'ordre financier » et parce que l'on ne savait pas qui assurerait, à l'avenir, la besogne de ces fonctionnaires, il n'était pas à propos de les supprimer. Ces braves héros avaient changé d'opinion, parce qu'ils avaient peur de perdre les bonnes grâces du gouvernement.

Celui-ci, qui s'était lié les mains en promettant de les supprimer, ne pouvait pas se déjuger. Il avisa donc à découvrir un moyen de maintenir les commissaires de police cantonaux, ces indispensables espions et exécuteurs des basses œuvres. Il y réussit en se bornant à changer l'enseigne de la maison; l'opération offrait des difficultés assez longues à résoudre; il lui fallut une année entière, en sorte que l'on eut l'impression qu'il ne tenait pas du tout à réaliser cette réforme.

Ceci m'avait donné à réfléchir et j'en étais bientôt arrivé à cette conclusion que rien ne serait changé. La suite m'a prouvé que je ne m'étais pas trompé. En effet, le gouvernement du Reichsland a publié, en janvier 1907, la teneur de la fameuse réforme qu'il opérait.

Cette réforme consistait en ce que, à partir du

1ᵉʳ avril de la même année, les commissaires de police cantonaux étaient supprimés. Des cinquante-quatre emplois existants et prévus, il n'en était maintenu que neuf pour les localités suivantes de la frontière: 1° Saint-Louis, 2° Montreux-Vieux, 3° Massevaux, 4° Sainte-Marie-aux-Mines, 5° Saales, 6° Deutsch-Avricourt, 7° Amanvillers, 8° Novéant, 9° Fontoy. Deux des emplois étaient reportés au compte du budget de l'administration de la police de l'Etat (Colmar et police centrale).

Vingt et un emplois furent transformés en postes de secrétaires de sous-préfecture. Vingt-deux emplois furent attribués à l'administration de la justice. A la suite de quoi, la brave *Strassburger-Post* écrivit ceci:

« La grande bataille a été livrée. Les pauvres commissaires de police cantonaux appartiennent au passé et bientôt les seuls historiens de la civilisation et l'auteur de la fameuse brochure, auquel ils doivent leur disparition, sauront encore qu'ils ont existé. »

Or, la vérité est celle-ci: les fameux commissaires de police cantonaux ne sont nullement morts, ou, s'ils sont morts, ils sont ressuscités; mais, à leur second baptême, ils ont reçu un autre nom. La soi-disant réforme est donc purement nominale, car le seul changement qui ait été opéré a eu lieu dans leur dénomination et dans une faible réduction de leur nombre. Ils portent aujourd'hui le nom de « commissaires de sous-préfecture » et ils sont en nombre égal à ces dernières. Voilà tout.

Donc, alors qu'autrefois, dans un arrondissement, sévissaient deux et parfois trois commissaires cantonaux, il n'y en a plus qu'un seul aujourd'hui. Mais, celui-ci même est encore de trop. Ses attributions sont identiques à celles des anciens commissaires de police cantonaux. Comme eux, il est chargé d'espionner la population, de dresser les listes des proscriptions et de faire toutes autres besognes malpropres du même genre.

Il ne faut pas s'imaginer que le gouvernement du Reichsland ait joué cette comédie sans aucune compensation. Ce serait une grave erreur que de s'imaginer qu'il renonce, désormais, à faire contrôler les opinions politiques de la population, car, à l'occasion des fêtes données en 1907, pour célébrer l'anniversaire de l'empereur, et contrairement à toutes les promesses qui avaient été faites à la Délégation d'Alsace-Lorraine, le patriotisme des habitants a été soumis à un contrôle des plus sévères. Les mesures grotesques, prises à l'égard des enseignes dites séditieuses, sont également une preuve à l'appui de ce que j'avance.

Dans ma brochure *les Scandales*, j'ai affirmé ce qui suit :

« Chaque sous-préfecture et chaque direction de police tient :

» 1° Une liste confidentielle des Alsaciens-Lorrains qui doivent être expulsés en cas de mobilisation ;

» 2° Une liste confidentielle des Alsaciens-Lorrains qui, en cas de mobilisation, doivent être enfermés dans les casemates d'une forteresse.

» Ces listes de proscription sont mises à jour, éventuellement complétées deux fois par an ; elles sont adressées, contre quittance, et sous enveloppe pourvue de cinq cachets aux commissaires de police. Je déclare formellement que ces listes ne sont pas dressées à la demande de l'autorité militaire.

» Elles ne sont imposées ni par le ministère ni par le grand état-major de Berlin. L'exécution des mesures en question est ordonnée par le gouvernement d'Alsace-Lorraine, c'est-à-dire par le ministère impérial de Strasbourg. Je déclare, en outre, de la façon la plus formelle, que les susdites listes n'ont pas été annulées par la suppression du paragraphe de dictature et que, jusqu'en ces derniers temps, elles ont été tenues à jour et qu'elles le seront encore par la suite.

. . . .

» Parmi les personnes inscrites sur ces listes de proscription figurent :

» Le député au Reichstag Delsor, de Marlenheim, et l'avocat Vonderscheer, de Strasbourg, en raison de la campagne qu'ils ont faite en faveur de la ligue populaire catholique;

» Les membres masculins de la famille Baumann frères d'Illkirch, qui sont meuniers; le propriétaire Œsinger, de Grafenstaden; le propriétaire baron de Darstein, de Plobsheim, en raison de leur haute situation sociale, de la nombreuse parenté qu'ils possèdent à l'étranger et de l'attitude très réservée dont ils ont toujours fait preuve vis-à-vis du gouvernement;

» L'ancien curé Spitz, de Duppigheim, parce qu'il a fait à différentes reprises des voyages en Franc et qu'il a publié quelques articles dans des journaux d'opposition;

» MM. Luck, Heiler, Schmitthæusler, directeurs de la fabrique de machines d'Illkirch-Grafenstaden, parce qu'ils tiennent leur comptabilité en français et que les règlements affichés dans les divers locaux

9.

de leurs usines sont rédigés en français (ladite
usine est une succursale de celle de Belfort) ;

» MM. Martin, de Mulhouse, et Peirotes, de Strasbourg, rédacteurs de journaux socialistes; M. Bœhle
chef des socialistes de Strasbourg et conseiller municipal de la ville ; M. Emmel, chef des socialistes
de Mulhouse et député à la Délégation d'Alsace-
Lorraine ;

» La plupart des grands industriels de Mulhouse,
parce qu'ils ont de nombreux parents en France et
qu'ils observent une attitude extrêmement froide
vis-à-vis d'un élément allemand et du gouvernement d'Alsace-Lorraine;

» De nombreux gros commerçants, banquiers,
brasseurs, etc., de Thionville, Metz, Strasbourg,
Colmar, qui ne font pas mystère de leur attachement pour leur ancienne patrie.

» Je renonce à les énumérer tous, car cela me con-
duirait trop loin. »

Les précédentes affirmations ont donné lieu, en
séance de la Délégation d'Alsace-Lorraine, à des discussions extrêmement passionnées. M. le sous-secrétaire d'Etat Mandel, sous prétexte de me démentir,
a dit précisément le contraire de ce qu'il pensait.

Je pensais bien que le gouvernement n'avouerait
pas la vérité.

D'ailleurs, je n'étais pas seul de cet avis, car,
dans son *Journal de Colmar*, le député Wetterlé
conseillait déjà de porter la question des listes
de proscription devant le Reichstag et de ne pas
en parler à la Délégation, attendu que le gouvernement prendrait la tangente.

Aux démentis de M. Mandel j'opposerai les
affirmations catégoriques suivantes :

Dans son discours du 3o janvier 1906, il a déclaré
que l'établissement des listes de proscription faisait
partie des préparatifs prévus, non pas tant pour le
cas d'une mobilisation que pour celui d'une déclaration de guerre ou d'une mise en état de siège.
En réponse à quoi, je spécifie, encore une fois, que
le titre inscrit à la première page de ces listes est
celui-ci : « Indication des personnes qui, en cas de
mobilisation, doivent être expulsées, ou arrêtées et
internées ».

En disant ceci, M. Mandel cherchait à faire
d'une pierre deux coups, ainsi que l'on va s'en
rendre compte. Poursuivant sa pensée, il disait :

« Ces   paratifs sont destinés à protéger notre
propre camp et, dans ce cas, nous n'envisageons
que les gens dont nous avons à craindre qu'ils ne
fassent montre d'hostilité envers l'administration
et les troupes allemandes et qu'ils ne se livrent à
des manœuvres susceptibles de leur nuire.

» Si, ajoutait-il, des gens venaient à mésuser de
leur influence, de leur fortune ou de leur considération, pour soulever la population contre les troupes de l'administration allemande et favoriser l'ennemi, nous les ferions interner provisoirement en
dehors du pays. »

En parlant ainsi, M. le sous-secrétaire d'Etat
Mandel tendait à faire croire que :

1° L'action des autorités civiles n'embrasse que
le temps de paix et consiste uniquement à établir
une liste de suspects, c'est-à-dire une liste de personnes que l'on peut suspecter de vouloir, après
l'ouverture des hostilités, se rendre éventuellement

coupables de manœuvres préjudiciables à l'Allemagne;

2° Que ces personnalités ne seraient atteintes, par les mesures prévues, qu'en temps de guerre et après le *fait accompli* de tentative de soulèvement du pays ou de manœuvres hostiles à l'Allemagne.

Par là, il cherchait à démontrer aussi que les agissements hostiles désignés sous le deuxième paragraphe ci-dessus, ne pouvant être établis qu'après la déclaration de la guerre, ou pendant l'état de guerre, ou pendant l'état de siège, l'exécution de ces mesures incombait à l'autorité militaire, entre les mains de laquelle passent tous les pouvoirs, une fois que les hostilités ont commencé et que, par conséquent, l'autorité civile n'avait nullement à s'en occuper.

A propos de l'espionnage, dont la population est victime, ai fait observer que les listes de proscription en question n'ont rien de militaire; que, par conséquent, elles n'ont aucunement été établies par ordre des autorités chargées de la défense militaire du pays (ministre de la guerre, ou grand état-major).

Dès l'instant que M. Mandel a tenu un pareil langage, je me vois obligé d'ajouter les explications suivantes.

Les listes de proscriptions dont il s'agit ne sont nullement des listes préparatoires et elles ne sont nullement destinées à passer, pour exécution, aux mains de l'autorité militaire. Voici l'exacte vérité :

Les autorités civiles, autrement dit le ministère de Strasbourg, ne songent pas le moins du monde à attendre le fait accompli; ils se proposent, au contraire, de faire expulser du pays ou incarcérer sans autre forme de procès, quelques heures après que l'ordre de mobilisation aura été donné, les différentes personnes inscrites sur les listes de proscription. Pour cette raison, les listes de proscription sont munies du titre : « Indication des personnes qui, *en cas de mobilisation*, doivent être expulsées, etc. » Le sort qui attend ces personnes est prévu très longtemps à l'avance.

Par le fait, M. Mandel s'est coupé, à un moment donné, car il a eu l'imprudence de dire :

« Plus d'un homme, en Alsace-Lorraine, conserve encore aujourd'hui les yeux invariablement braqués vers l'Ouest ; et, en cas de danger, le gouvernement ne ferait pas son devoir si, *en temps voulu*, il ne mettait de pareilles gens hors d'état de nuire. »

Conséquemment, les personnes en question ne seraient pas mises hors d'état de nuire, à cause d'actes hostiles à l'Allemagne *accomplis*, mais seulement parce qu'elles ont les yeux braqués vers l'Ouest. Et comme cette constatation a été établie *avant* la guerre, ces personnes sont condamnées à l'avance, à cause de leur sympathie pour la France et seront empoignées au collet *en temps voulu*, c'est-à-dire dès la mobilisation. Or, l'autorité qui est chargée d'assurer l'exécution de cette mesure, c'est la police centrale du ministère et pas du tout les militaires.

Au cas où les listes de proscription auraient été établies uniquement pour guider l'autorité militaire et où elles ne devraient plus être remises pour exécution qu'après le commencement des hostilités, ces documents porteraient une désignation très différente, plus conforme aux explications données par M. Mandel. Elles seraient peut-être intitulées : « Indication des personnes qui sont soupçonnées d'agissements hostiles à l'armée allemande, et dont les noms doivent être signalés à l'autorité militaire, afin qu'elle les expulse ou respectivement qu'elle les interne dans une forteresse, après la déclaration de guerre. »

Au lieu de cela, le titre des listes de proscription dit clairement ceci : « Indication des personnes qui, en cas de mobilisation, doivent être expulsées ou arrêtées. »

Comme on voit, en tout cela, il n'est pas question, un seul instant, de l'autorité militaire.

Après avoir réfuté les affirmations de M. Mandel, par le simple raisonnement, pour montrer que la vraie nature des listes de proscription se démontre même en l'absence de preuves officielles, je vais par ce qui suit réduire à néant tous les doutes qui pourraient subsister. J'ouvre donc mon dernier, mais mon meilleur registre :

J'ai eu sous les yeux les dossiers secrets de deux sous-préfectures, de celles de Metz et de Forbach, et j'y ai trouvé la preuve que les listes de proscription sont établies, en vertu de circulaires ministérielles, pour le compte de l'autorité civile, autrement dit du gouvernement du Reichsland, et que les mesures qui en résultent doivent être exécutées par la police centrale du ministère, immédiatement après l'arrivée de l'ordre télégraphique de mobilisation.

Comme je ne me soucie pas d'être accusé, plus tard, d'avoir inventé les faits, je tiens à proclamer que l'ancien commissaire de police, attaché au bureau central, M. Kerpinski, qui avait la garde des dossiers confidentiels sur l'organisation de l'espionnage, et qui est un bon ami de moi, m'a confié toutes sortes de détails relatifs à ces listes de proscription. Il m'a démontré, de la façon la plus claire, que ces listes sont destinées à être utilisées par le seul et unique gouvernement et qu'elles ne regardent en rien l'autorité militaire. Dans le cas où M. Kerpinski nierait aujourd'hui m'avoir permis de jeter un coup d'œil sur ces dossiers, je n'aurais pas le mauvais goût de lui en vouloir, car, en la circonstance présente, c'est la question de son pain qui est en jeu.

Mais il y a encore au bureau central de la police, au ministère de Strasbourg, une foule d'autres choses très intéressantes, notamment un dossier établissant, de la façon la plus formelle, que : Le fils de M. le sous-secrétaire d'Etat Mandel, qui est sous lieutenant d'infanterie au régiment de Saverne (95ᵉ) pratique couramment l'espionnage en France, tant pour le compte du bureau central de police que pour le compte de l'autorité militaire. Le lieutenant Mandel a su gagner la confiance de plusieurs officiers de la garnison de Nancy. Il les fréquente assidûment et, sans en avoir l'air, leur soutire des renseignements militaires, soit directement, soit par l'intermédiaire d'une demi-mondaine de Nancy, avec laquelle il a des relations et qui, de son côté, en a avec les officiers français.

M. Mandel a déclaré à la Délégation que, dans aucun cas, des Alsaciens ne pourraient être, en cas de guerre, expulsés du Reichsland. Ceci est absolument exact. Mais c'est précisément pour cela qu'il y a deux espèces de listes de proscription : l'une destinée aux indigènes qu'ils ne peuvent pas expulser, et qui, par conséquent, doivent être arrêtés et enfermés dans les casemates d'une forteresse, et une autre pour les étrangers et les individus appartenant à un autre contingent allemand, dont on se débarrasse plus facilement en les expédiant hors du pays.

M. Mandel a déclaré aussi que c'étaient les sous-préfets, et non pas les commissaires de police, qui faisaient les préparatifs, c'est-à-dire qui établissaient les listes de proscription et que tout ce que j'avais dit à ce sujet était inventé depuis A jusqu'à Z. Il a même ajouté que je ne pouvais pas parler par expérience. Celle-là est un peu forte!

Les listes de proscription sont rectifiées, respectivement complétées deux fois par an. On en raye ceux qui ont disparu par suite de décès, déménagement ou tout autre cause, et on y porte les nouveaux suspects. Or, ceci n'est nullement fait par les sous-préfets. Ceux-ci envoient aux commissaires de police les listes de proscription accompagnées d'un bordereau et sous une enveloppe, munie de cinq cachets. La lettre est recommandée et n'est remise au destinataire que contre une quittance.

Le commissaire cantonal inscrit sur le bordereau, envoyé par le sous-préfet, ses propositions relativement à la radiation ou à l'inscription des noms. Ainsi que le prouvent une multitude de faits, les sous-préfets souscrivent aveuglément à toutes les propositions faites par les commissaires. Sans autre forme de procès, les personnes désignées sont inscrites sur les listes de proscription.

Ayant été commissaire cantonal, j'ai eu entre les mains, deux fois par an, les listes de mon canton. Donc, en disant que je n'ai point parlé par expérience, M. le sous-secrétaire d'Etat Mandel a commis sciemment un mensonge.

A l'époque où j'étais au bureau central de police, à Strasbourg, j'ai parcouru les listes de proscription des différents arrondissements.

De plus, j'ai eu entre les mains, en 1900, 1901, 1902, deux fois par an, par conséquent six fois en tout, les listes concernant mon propre canton (Geispolsheim).

En conséquence, j'ai le moyen, le droit et même le devoir d'affirmer de la façon la plus solennelle que *les personnes dont j'ai cité les noms plus haut figurent effectivement sur les listes de proscription.* Le gouvernement aura beau faire et dire, il n'y changera rien ; du reste, pour lever tous les doutes qu'il pourrait y avoir au sujet de mes affirmations, j'ajouterai que ces jours derniers encore, un de mes anciens collègues, après m'avoir fait promettre de respecter son anonymat, m'a affirmé, de la façon la plus solennelle, que **les listes de proscription subsistent toujours, listes de proscription tenues par le bureau central de la police du ministère,** pour le compte de l'administration civile et nullement pour celui de l'autorité militaire. Il me l'a démontré noir sur blanc.

Par conséquent, l'espionnage politique continue à fleurir dans toute sa beauté, avec cette différence que M. le commissaire d'arrondissement fait aujourd'hui la besogne qui était réservée jadis aux commissaires de police cantonaux.

Comme on voit, c'est chou vert et vert chou.

CHAPITRE VII

Le gaspillage des finances d'Alsace-Lorraine.

Les différentes autorités — ministère, présidences de district et directions de police — sont dotées de fonds secrets et de fonds dits « à la disposition », tellement considérables qu'elles ne savent pas comment les employer.

Mes affirmations, à ce sujet, ont donné lieu, lors de l'apparition de ma première brochure, à des dénégations très énergiques de la part du ministère et de ses représentants. Je pense qu'après avoir lu ce qui suit le public saura de quel côté est la vérité.

J'ai raconté que M. de Kœller a consacré une belle somme à la transformation de son habitation. D'autre part, la Délégation d'Alsace-Lorraine avait refusé de voter le crédit qui lui était demandé en vue de faire construire un pavillon de chasse pour l'empereur, dans le Struthwald, près de Mutzig. Ce vote avait été approuvé par les gens du peuple et par toutes les personnes indépendantes, attendu que l'on ne trouvait pas le pays assez riche pour employer ces fonds à des dépenses considérables, improductives et ne répondant à aucun besoin national.

Si on laissait faire ces MM. du gouvernement, on ne sait vraiment pas où l'on s'arrêterait.

Dans la réponse qu'il a faite à une interpellation, à lui adressée, lors de l'apparition de ma première brochure, M. de Kœller a répondu ceci :

« Il y a deux espèces de fonds dits « à la disposition »; l'un, de 100.000 mark, est réservé à l'empereur pour des secours de toute nature; et l'autre, qui est de deux cent mille mark (200.000), permet au statthalter de parer à des besoins imprévus. Cette dernière somme sert à différents usages, mais elle ne peut pas être consacrée à donner des secours à des employés ou à d'anciens employés, étant donné que des fonds spéciaux existent et sont affectés spécialement à cet usage.

» C'est tout à fait par exception que des employés en activité reçoivent des secours sur les fonds mis à la disposition de l'empereur... »

A peine le représentant du gouvernement avait-il prononcé ces paroles que la délégation d'Alsace-Lorraine apprit, à la séance du 28 février 1906, les manigances extraordinaires auxquelles le gouvernement se livre avec le fonds qui est à la disposition du statthalter.

Du même coup, ces révélations montrèrent aussi, sous son vrai jour, le rôle phénoménalement piteux de MM. les « députés ».

Les feuilles gouvernementales m'ayant accusé, jadis, d'exagérer et de calomnier la Délégation, je citerai quelques appréciations de la presse indépendante, et l'on jugera.

Le 1er mars 1906, la *Strassburger Zeitung* écrivait ce qui suit :

« Les bombes se divisent en deux catégories. Il y a les bombes qui éclatent et celles qui font long feu. Celle qui est tombée hier est de cette dernière espèce. Elle était tombée sur le fonds à la disposition du statthalter. On croyait à une catastrophe et l'on n'a vu qu'une idylle.

» Tout se passa dans un calme profond. Les députés qui savaient quelque chose n'ont rien dit, et ceux qui parlaient ne savaient rien.

» Le « fonds à la disposition », de 100,000 mark, était considéré jusqu'à présent comme une « Balsamine n'y touchez pas! » Chaque année, on le votait sans discussion. C'était une sphère entourée de mystère, auréolée, échappant à toute critique, une sphère olympienne dans laquelle régnait seule Son Excellence le statthalter.

» Pour la première fois, un coin du voile avait été soulevé l'été précédent, lorsque certains journaux avaient mentionné discrètement que 100,000 mark, empruntés à ce fonds, avaient été consacrés à l'érection d'un monument, d'une statue à l'empereur Guillaume à Strasbourg.

» Stéphany avait soulevé un autre coin du voile, puis de vagues rumeurs circulèrent parmi les ga-

zettes. On pensait que le « fonds à la disposition »
allait subir des assauts. La première commission
de la Délégation, qui avait tous les renseignements
nécessaires, n'en souffla mot...

» Il y eut bien un échange de sourires d'augures,
mais le silence régna sur toute la ligne; on ne sut
pas la vérité, parce que la révélation fut empêchée
par une question d'étiquette. Cette scène rappelait
l'histoire du courtisan espagnol qui avait refusé de
toucher le roi qui brûlait parce que, ce faisant, il
aurait empiété sur les attributions d'un autre.

» M. de Kœller, lui-même, ne peut pas contester
que l'on a fait, sur le fonds « à la disposition », des
dépenses qui étaient trop élevées et d'autres qu'on
aurait mieux fait de laisser de côté. En conséquence,
il ne s'oppose pas à ce que le taux de ce fonds soit
abaissé. En revanche, pas un mortel n'a appris de
quelle nature avaient été ces dépenses. On se rappela
le lieu commun de Sabor : « Il se passe quelque
» chose, mais on ne sait pas quoi. »

La scène capitale n'eut lieu qu'à la séance de la
Délégation du 20 mars 1906. Le 21 mars, le journal
précité écrivit ceci :

« Le fonds « à la disposition » du statthalter est
descendu hier de ses régions éthérées. Pendant
trente années, il a flotté dans les nuages, invisible
à tous, même aux yeux de MM. les membres du
Parlement.

» Toute critique était exclue, dès l'instant que
l'on prononçait son nom. Nos députés discutaient
et interpellaient d'année en année, mais jamais ils
ne soufflaient mot du fonds à la disposition qui
semble entouré de quelque mur enchanté.

» Le statthalter trônait bien haut, tenant d'une

main les foudres de la dictature et, de l'autre, dé-
versant une pluie d'or. Pendant ce temps, la critique
dormait du sommeil de la Belle au bois dormant.

» Hier, MM. les parlementaires ont été tirés
de leur léthargie. On se frotta les yeux et on se
demanda pourquoi, depuis si longtemps, aucune
critique n'avait été formulée.

» MM. les députés baissèrent les yeux; ils eurent
peur et ils ne dirent plus mot; ils avaient depuis
si longtemps gardé le silence, parce qu'ils igno-
raient qu'il fût permis de parler du fonds à la disposition. Ils avaient pensé que celui-ci était à
l'abri de tout assaut, que le statthalter pouvait en
faire ce qu'il voulait. Et ce parlement modèle avait
été, pendant trente années, le jouet de cette illusion!!!

» Et maintenant, fini ce bon sommeil! On a péné-
tré dans le manoir du fonds à la disposition; on a
circulé dans le jardin; on a ravagé les plates-bandes
et on a cueilli les roses. On n'y a d'ailleurs vu que
des choses humaines, trop humaines. Tout d'abord,
on a aperçu le monument de l'empereur Guillaume,
à Strasbourg. Depuis des années, il n'en avait plus
été question. Le concours pour l'érection de la statue de Gœthe avait fait oublier les appels lancés
en faveur du monument de Guillaume Ier. On n'ou-
vrait pas de souscriptions et on ne construisait
rien. Puis, tout à coup, on annonça : « Il y a de
» l'argent pour le monument de l'empereur Guil-
» laume. Vous pouvez commencer votre travail. »

« C'est hier qu'a été soulevé le voile cachant ce
mystère et que le public a appris comment on
s'y prend pour élever un monument, à Guillaume Ier,
dans la bonne ville de Strasbourg. Le total des
souscriptions atteint 240,000 mark. Là-dessus,
80,000 mark proviennent de souscriptions volon-

taires et 160,000 autres du fonds « à la disposition »
du statthalter. Une révélation pénible s'il en fût!

» Ce ne sont pas les citoyens qui, de leur pleine
volonté, en signe de respect et de reconnaissance
envers leur souverain, élèvent ce monument. Celui-
ci sera construit avec l'argent des contribuables.

» Est-ce possible? Est-ce vrai? Pareille chose
n'est conforme ni aux volontés de la Délégation,
ni à celles de la population alsacienne-lorraine.
Ceci résulte clairement des déclarations qui ont été
faites hier en séance de la Délégation; pourquoi le
comité du monument n'a-t-il pas dit la vérité? La
révélation de ce qui a été fait causera une sensation
considérable, non seulement en Alsace-Lorraine,
mais encore dans l'Allemagne entière. Si, en Allemagne, on avait su la vérité sur ce chapitre, assurément les sommes nécessaires auraient été sous-
crites en peu de temps. Des sommes considérables
ont été récoltées de l'autre côté du Rhin pour
élever une statue à Gœthe. Il en aurait été de même
pour le monument de l'empereur Guillaume Ier.

» Evidemment, il aurait mieux valu s'abstenir,
pour l'instant encore, d'ouvrir une souscription
pour élever un pareil monument à Strasbourg. Ce
projet était prématuré. On aurait dû élever cette
statue, si l'initiative avait été prise par la population
alsacienne-lorraine, mais on n'avait pas le droit de
l'octroyer à la façon dont on impose l'obligation du
passeport, ou les maires de carrière.

» Trop de précipitation, trop de nervosité donnent
de mauvais résultats. Il faut laisser le temps faire
son œuvre. Un jour serait venu où le monument
aurait été élevé sans le fonds « à la disposition » et
sans cachotteries. Au lieu de cela, le gouvernement
s'est vu exposé à des paroles telles que celles-ci :
« Si l'on avait su que les 160,000 mark étaient des-

» tinés à une édition de luxe d'un monument, on
» n'aurait pas voté cet argent. »

» Si le gouvernement avait présenté un pareil
projet à la Délégation, il aurait remporté un échec.
M. le secrétaire d'Etat de Kœller a fait de son
mieux pour sauver la situation. Il a déclaré que les
critiques formulées à ce sujet n'étaient ni fondées
ni convenables. Elles n'étaient pas fondées, d'après
lui, parce que les premières sommes consacrées au
monument avaient été puisées dans le fonds « à la
disposition » par un ancien statthalter et par un
secrétaire d'Etat qui n'était plus en fonction, et que
le gouvernement actuel ne pouvait pas supporter la
responsabilité de leurs actes. Il a ajouté que, depuis
qu'il était secrétaire d'Etat, aucune somme n'avait
été consacrée au monument.

» Ceci n'est pas exact, vu que la majeure partie
des dépenses a été faite depuis que M. de Kœller
est au pouvoir.

» Continuant son argumentation, il a dit que la
critique n'était pas convenable, la Délégation n'ayant
jamais élevé la moindre objection contre l'emploi
de cet argent malgré que le gouvernement lui en
eût donné officiellement connaissance dans le
budget. Dans ces conditions, le gouvernement avait
forcément dû supposer que la Délégation ne s'oppo-
sait pas à l'emploi de ce fonds.

» Alors survint le comble :

» En toute tranquillité d'âme et de conscience,
M. Wetterlé déclara que la délégation n'avait jamais
eu la plus pâle notion de l'emploi que l'on faisait de
cet argent, attendu que jamais on ne lisait cette
partie du budget. *les députés n'ayant pas le moyen
de parcourir même* les nombreux projets qui leur
sont soumis par le gouvernement. Pour l'examen
des comptes, on s'en était rapporté jusqu'alors

à ceux que la Délégation chargeait de ce soin.

» Il n'est pas banal, en vérité, ce parlement qui, malgré les budgets que publie chaque année le gouvernement, ignore que, depuis dix-huit ans, 160,000 mark ont été dépensés sur les fonds de l'État pour ériger un monument à l'empereur Guillaume.

» Rien d'étonnant alors que l'argent de ce fonds puisse être dépensé de cette façon. En 1898, sur les 200,000 mark, 60,000 — une bagatelle — ont été consacrés, d'un seul coup, à l'érection du monument. Mais ce n'est pas tout.

» Chaque année, des sommes très considérables ont été puisées dans le même fonds, pour la chasse impériale de Haslach. Une année, 19,000 mark ont servi à payer la clôture du territoire de chasse; une autre année, 15,000 mark ont été consacrés à la chasse elle-même et une troisième année, 24,000 mark, etc., etc.

» Ceci nous a rappelé un épisode dont nous avons été témoin jadis, en plein hiver, dans les hautes Vosges, pas loin du château de Nideck.

» Un peu après midi, nous vîmes déboucher devant nous une harde de cerfs apprivoisés et tout contents de vivre. Sur une question de notre part, on nous dit que ces bêtes appartenaient à la chasse impériale et que, tous les jours, sur le coup de midi, on leur donnait à manger. Ces animaux dînent tranquillement aux frais du pays et, pendant ce temps-là, les pauvres diables frappent vainement à la porte du statthalter et sont réduits à crever de faim, parce qu'on n'a rien à leur donner. On fait des économies sur les sciences et les arts, parce que les finances sont en mauvais état. En revanche, il y a de l'argent pour les chasses impériales; et toutes ces dépenses pour le monument de l'empe-

reur Guillaume et la chasse impériale figurent sous
la mention « fonds pour les dépenses imprévues »!
Laissez-moi rire !

» Comme si ces dépenses étaient imprévues, surtout celles consacrées à la chasse impériale!

» Le gouvernement ne pouvait pas ignorer que la
Délégation était hostile à ces dépenses de luxe,
puisque cette dernière, en 1896, a rejeté le projet de
construction d'un pavillon de chasse pour l'empereur à Mutzig.

» Autre question : l'empereur a-t-il jamais chassé
dans son domaine de Haslach ? Dans l'affirmative,
combien une chasse de ce genre coûterait-elle au
pays? »

La *Mülhauser Bürger-Zeitung* a exprimé, le
22 mars, son opinion dans les termes qui suivent :

« La discussion, relative au fonds « à la disposition » du statthalter qui a servi à différents usages,
notamment à alimenter la souscription pour le monument de l'empereur Guillaume, à Strasbourg, et
à payer les frais de la chasse impériale de Haslach,
a causé une impression très pénible dans le pays
et a montré sous un jour qui n'a rien de favorable,
le rôle joué par la Délégation.

» Pendant dix-huit ans, nos députés se sont tus;
la critique, cette âme du parlement, dormait comme
la Belle au bois dormant. Et pourquoi?

» Chaque année, la Délégation pouvait prendre
connaissance des dépenses; les députés, appartenant
à la commission des finances, auraient dû les contrôler, mais pas un n'a élevé la voix pour protester
contre cet usage abusif de l'argent provenant des
contributions. La plupart des députés, comme l'a
fait observer M. Wetterlé avec plus de franchise que
d'adresse, n'avaient pas la moindre notion de l'em-

ploi auquel servaient les fonds provenant de la source en question. On croit rêver quand on entend dire que : « Le député n'est pas en état d'examiner, attentivement, les nombreux rapports qui lui sont donnés ». C'est M. Blumenthal qui a levé le lièvre.

» Mais alors, que deviennent les autres personnages de la Délégation? Que deviennent les grands financiers, tels que les Kœchlin, Ditsch et consorts? Étaient-ils aussi pareils à M. Wetterlé, n'avaient-ils aucune notion? Eux aussi, n'étaient-ils pas en mesure d'examiner attentivement les rapports?

» Admettons, à la rigueur, que les députés qui n'appartiennent pas à la commission des finances soient incapables de procéder à ce contrôle, en tout cas, les membres de cette commission auraient dû remplir leur devoir, complètement et consciencieusement.

» Comment qualifier un parlement qui n'a pas le courage d'user de son droit de critique, histoire de ne pas être désagréable à certaines autorités ou dont la plupart des membres, à l'exemple de M. Wetterlé « ne se doutent de rien »? Cet aveu ingénu équivaut à la délivrance d'un certificat d'indigence intellectuelle, tel qu'on n'en a vu de pareil dans aucun autre parlement. MM. les députés se font élire à la Délégation; ils touchent 20 mark d'indemnité par jour et la plupart d'entre eux « ne sont pas capables d'examiner les projets qui leur sont soumis »! Et malgré cela ils en parlent! Le sentiment du devoir de nos représentants se montre à nous sous un bien vilain jour.

» En vérité, le peuple alsacien-lorrain a mille raisons de faire très attention aux faits et gestes de la Délégation et d'exiger que ses membres remplissent leurs devoirs envers le pays plus consciencieusement qu'ils n'ont fait jusqu'à présent. »

Le calme était revenu; mais, à la séance du 27 mars 1906, il y eut un nouveau coup de tonnerre. Ce fut, d'abord, un ahurissement général suivi d'un long silence; puis la tempête éclata de nouveau. Je laisse aux journaux le soin de raconter ce qui s'est passé à cette époque.

La *Strassburger Bürger-Zeitung*, du 28 mars 1906, rapporte ce qui suit :

« Hier, à la Délégation, il y a eu un événement sensationnel, un événement extrêmement sensationnel. Une pluie d'or est tombée. En temps ordinaire, la Délégation est une machine à accorder les demandes. On lui demande de l'argent, elle le vote sans discuter. Pour changer, on a versé, hier, de l'or dans son sein. La Délégation a bien de la chance.

» Cette pluie d'or s'est répandue sous la forme d'une lettre, d'une lettre de M. le statthalter d'Alsace-Lorraine, un gros personnage qui, parlementairement, flotte bien au-dessus des eaux. Il ne communique jamais verbalement avec la Délégation, sauf à l'occasion des dîners parlementaires. Dans les autres circonstances, il ne correspond avec elle que par écrit. — On a constaté que le statthalter n'écrit que dans des circonstances extrêmement graves. — Cette lettre a été lue par M. le président von Jaunez, avant qu'on abordât l'ordre du jour.

» Cette lecture a été faite d'un ton froid, bureaucratique, absolument comme s'il s'était agi d'accorder un congé à un député. Et, pourtant, cette lettre constituait une bombe dont les éclats étaient en or. Dans cette lettre était écrit, noir sur blanc :

» *Le comité institué en vue d'élever, à Strasbourg,*

» *un monument en mémoire de l'empereur Guillaume,*
» *refuse les cent soixante mille mark qui lui ont été*
» *offerts sur le fonds à la disposition du stallhalter*
» *et renvoie cet argent à la caisse publique.* »

» Chacun se prit la tête à deux mains. On se demanda : « Est-il possible qu'un comité, surtout le
» comité institué pour ce monument, puisse refuser
» une somme pareille? » En vérité, c'est ce comité
lui-même qui mérite un monument. En temps ordinaire, des groupes similaires sont obligés de
s'échiner et de faire mille démarches ennuyeuses
pour obtenir de l'argent. Ici, au contraire, un comité jette cent soixante mille mark par la fenêtre!... Ces messieurs motivent leur refus de la
façon suivante : « Ils disent que la délégation a
» blâmé l'emprunt de cent soixante mille mark fait
» au *fonds à la disposition.* »

» Pendant dix années consécutives, le gouvernement a rendu compte, chaque année, à la Délégation
de l'emploi de cet argent; celle-ci lui en a régulièrement donné décharge et, à aucun moment, la
moindre objection n'a été soulevée à ce sujet par
MM. les députés. Ces cent-soixante mille mark
sont comme le soleil, ils apparaissent d'un côté
et ils disparaissent de l'autre... Tout d'abord,
MM. les députés, en apprenant cette nouvelle, ont
eu des mines ahuries ; puis, il y eut une salve de
bravos, suivie de toutes sortes de conversations
particulières échangées à voix basse. En vérité,
c'est une histoire peu ordinaire; il y a huit jours,
M. Blumenthal a levé le lièvre en déclarant qu'il
n'était pas admissible qu'une somme aussi considérable, appartenant à l'État, fût consacrée, contre
la volonté du pays et de la Délégation, à un emploi
pareil. A la suite de quoi, le fisc est rentré en possession de son argent.

» Le comité est maintenant dans le pétrin. Il peut dire, avec François Ier : « Tout est perdu, sauf l'honneur. » Il avait réuni, en tout, deux cent quarante mille mark, dont les deux tiers provenaient des caisses de l'Etat. Après avoir opéré cette restitution, il ne dispose plus que de quatre-vingt mille mark. Or, il a ouvert un concours pour les projets d'érection du monument de l'empereur Guillaume et ces projets sont déposés à Strasbourg, où chacun peut les examiner. Le comité peut dire, avec une certaine fierté :

Nous avons fait tout ce que nous devions
Mais nous devons encore tout ce que nous avons fait.

» Malgré tout, il a été prudent et raisonnable de lancer cet argent aux pieds de la Délégation. Le monument de l'empereur Guillaume à Strasbourg devait, d'après les termes de l'appel que le comité avait publié, le 19 mars 1897, être l'expression des sentiments de piété et de respect du pays envers le premier empereur allemand. Quand on est animé d'un pareil respect, on met la main à sa propre poche pour souscrire et on n'a pas recours à l'argent de l'Etat pour élever une statue.

» En recourant, pour cela, aux fonds de l'Etat, on va exactement à l'encontre du but que l'on se propose, car, le respect et l'amour n'y étant pour rien, on se trouve en présence d'un monument froid et officiel dont le byzantinisme a été le parrain. C'est sous la pression de l'indignation publique que le comité a restitué cet argent au fisc d'Alsace-Lorraine. Evidemment, il aurait été bien préférable que cette somme n'en fût jamais sortie.

» Cet incident prouve, une fois de plus, la sagesse des gens qui nous gouvernent. On a commis une lourde faute, un impair étonnant, le jour où l'on a puisé dans les caisses de l'État pour alimenter la souscription. Le comité a eu une inspiration de génie, le jour où il a eu le courage de réparer cette faute. Il a été moins adroit, dans les explications qu'il a cru devoir donner en renvoyant l'argent. Il aurait dû se contenter de déclarer : « Nous ne voulons pas » de cet argent. Un point c'est tout. »

» On aima mieux procéder différemment et imputer la majeure partie de cette gaffe aux malheureux représentants de la Délégation ; c'étaient eux qui devaient servir de « boucs émissaires ». On lui a reproché d'être restée plus de dix ans, absolument inerte, d'avoir donné décharge et par conséquent d'avoir accepté la responsabilité de cette dépense, alors que, maintenant, elle décline toute responsabilité.

» Il est certain que la Délégation a joué, en cette circonstance, un triste rôle. En particulier, M. Wetterlé n'a pas été fort heureux lorsqu'il a prétendu, que, d'une façon générale, on ignorait complètement cette dépense et que, d'ailleurs, le simple député n'a pas le moyen d'examiner, même hâtivement, les projets qui lui sont soumis par le gouvernement.

» Il est hors de doute que les gros bonnets de la délégation savaient très bien ce qui se passait. Au risque de déplaire à certains personnages, ils auraient dû élever, en temps voulu, des objections contre cet emploi illégal de fonds appartenant à l'État. Dès l'instant qu'ils ne l'avaient pas fait, ils auraient au moins dû chercher à expliquer l'attitude qu'ils avaient eue autrefois. Ils ne l'ont pas fait et ceci nous en apprend plus long qu'une masse de livres.

» En restituant les cent soixante mille mark, on

a montré que l'on tenait compte de l'opinion publique. Souhaitons qu'il en soit de même, lorsque sera mise sur le tapis la question du suffrage universel.

» D'ailleurs, cette affaire ne manque pas d'un arrière-goût tragi-comique. Le président d'honneur actuel du comité du monument à élever en l'honneur de Guillaume Iᵉʳ, n'est autre que le statthalter d'Alsace-Lorraine. En sa qualité de président, il a retourné les cent soixante mille mark aux caisses de l'Etat, caisses dans lesquelles, en sa qualité de statthalter, il les avait précédemment puisés, en majeure partie.

» Ceci contribue aussi à donner à cette affaire une tournure politique beaucoup plus accentuée qu'elle n'aurait jamais dû avoir. Il est évident que le comité n'a pas adressé cette lettre à la Délégation sans avoir obtenu le consentement formel du statthalter. Par conséquent, celui-ci paraît approuver la critique sévère adressée dans cette lettre à la Délégation ou du moins à un nombre considérable de ses membres. Il est pourtant une chose que l'on ne devrait point perdre de vue. Si la Délégation n'a pas défendu très vigoureusement l'attitude qu'elle a observée, jadis, à propos de cette question, il faut bien avouer aussi que le gouvernement ne l'a pas attaquée avec une énergie farouche.

» M. le secrétaire d'Etat de Kœller a réfuté les attaques dont il était l'objet à cause de l'emploi de ces soixante mille mark, disant que le gouvernement actuel n'était pas responsable de la situation. C'est entendu, mais il n'en est pas moins vrai que la plupart de ses emprunts au fonds en question ont été faits sous le statthalter actuel. Au surplus, M. de Kœller s'est borné à assurer que le gouvernement avait, forcément, dû se croire d'accord avec la

Délégation dès l'instant que celle-ci n'avait jamais élevé d'objection contre ses dépenses.

» A cette occasion, on a pu constater, une fois de plus, combien il serait indiqué que le statthalter qui, en somme, est responsable des pouvoirs ministériels, défendît personnellement sa politique devant la Délégation. Incontestablement, il en a le droit; mais, jusqu'à présent, aucun statthalter n'a voulu s'engager dans cette voie. Tous ont préféré se considérer comme les représentants directs de l'empereur et planer à des hauteurs inaccessibles au-dessus du parlement.

» Eh quoi, maintenant? Le comité du monument ne peut plus faire machine en arrière. Il s'est engagé tellement à fond qu'il ne lui reste plus rien à faire en quelque sorte. Il a ouvert un concours pour l'érection du monument. Les projets sont déposés à Strasbourg. Par conséquent, il faut qu'il aille jusqu'au bout et qu'il lance un nouvel appel aux souscripteurs volontaires. C'est l'unique moyen d'atteindre le but proposé. Les tristes événements, qui se sont passés ces jours derniers, contribueront, pensons-nous, à aiguillonner le zèle des souscripteurs. Le comité du monument doit prendre exemple sur Guillaume II, qui, lorsqu'il s'agit des projets de construction du canal de la mer du Nord à la Baltique, déclara : « Malgré tout, il sera construit. »

La *Volkszeitung* de Cologne, la *Zeitung am Mittag*, le *Schwäbische Merkur*, l'*Elsässer*, la *Strassburger Zeitung*, la *Freie Presse* (Strasbourg), l'*Elsässiches Tageblatt* (libéral), l'*Elsässer* (clérical), le *Volskbote* (clérical), la *Lothringer Volksstimme* (clérical) se sont prononcés dans des termes à peu près analogues.

Si le fonds à la disposition n'avait été saigné qu'au bénéfice d'un monument de l'empereur Guillaume, il n'y aurait encore pas trop à réclamer ; seulement, on y a eu recours pour des objets infiniment moins intéressants. La *Strassburger Bürger-Zeitung* du 29 mars 1906 nous renseigne à cet égard ; en effet, dans un article intitulé : *A propos du fonds à la disposition* (qui est employé à tous les usages possibles et imaginables) :

« La vérité est en marche, rien ne pourra l'arrêter. Les révélations concernant le fonds à la disposition du statthalter suivent leur cours et font découvrir des choses de plus en plus désagréables. A peine l'émotion soulevée par l'affaire du monument de l'empereur Guillaume s'est-elle un peu calmée que la plaie se rouvre à nouveau.

» Pour le coup, c'est l'*Elsässer* qui mange le morceau. Les révélations de ce journal sont de nature à compléter remarquablement le chapitre : « A quoi l'on emploie le fonds à la disposition ». Il établit d'abord, d'une façon très nette, que ce fonds a fourni des subsides non seulement pour le monument de l'empereur Guillaume à Strasbourg, mais encore pour celui de Metz. De 1889 à 1893, il n'a pas été versé au comité du monument de Metz moins de 22.000 mark puisés à la même source.

» La triste constatation qui s'était faite sur les bords de la Moselle, se renouvelle maintenant sur les bords de l'Ill. Dans les deux cas, on projetait l'érection d'un monument qui, soi-disant, devait avoir lieu, uniquement, grâce à des souscriptions volontaires destinées à marquer l'amour et le respect des populations envers la personne du vieil empereur.

» Dans les deux cas, on a commis la grande faute d'employer à cet usage des fonds appartenant au

pays. En agissant ainsi on a été à l'encontre du but.
Il n'y a pas lieu de chercher à démontrer cette vérité
qui saute aux yeux. La *Strassburger Zeitung* a, tout
récemment, caractérisé, en termes aussi nets que
précis, la valeur que peut avoir une manifestation
de ce genre, et elle a inscrit dans l'album du comité
de Strasbourg cette phrase cinglante : « Le voilà
» bien le patriotisme d'aujourd'hui ! Extérieurement,
» il cherche à éblouir, intérieurement, il est creux. »

» Aux yeux de l'autorité supérieure, il veut se donner les apparences de la plus grande générosité, en
réalité il ne veut pas faire le moindre sacrifice...
Cette lamentable histoire prouve à nouveau que le
patriotisme officiel est rongé par le byzantinisme.
Le comité de Strasbourg a restitué au pays les cent
soixante mille mark qui lui avaient été donnés sur
le fonds à la disposition. Le comité de Metz, en
admettant que ses membres soient encore de ce
monde, devrait bien en faire autant.

» Il est un autre chapitre tout aussi désagréable
que le précédent c'est le chapitre des dépenses qui
sont faites à l'occasion des séjours du couple impérial en Alsace-Lorraine. En 1889, elles se sont montées à trente-cinq mille mark d'un seul coup ; dans
les cinq années suivantes, elles ont atteint le chiffre
de vingt-neuf mille mark. Tout cet argent a été pris
sur le fonds à la disposition. On avouera que ce
sont des dépenses de représentation extrêmement
considérables.

» Les vaines apparences n'ont guère de valeur
quand l'empereur est présent en Alsace-Lorraine.
Toute manifestation patriotique manque son but si
elle n'est pas faite par la masse du peuple, agissant
en toute liberté et exprimant, sans aucune contrainte, son loyalisme envers le souverain. Moins on
élève, en ces circonstances, de villages à la Potem-

kin, moins on cherche à farder et à retoucher les véritables sentiments de la population, mieux cela vaut pour le souverain et pour le pays.

» Ces nombreuses *mouches* officielles, que l'on se pose à l'occasion de l'arrivée de l'empereur, ne sont bonnes qu'à défigurer le tableau. Toute cette pompe artificielle, tout ce clinquant est superflu et nuisible. Ce qui est important, ce qui est décisif, dans la bienvenue que l'on souhaite à l'empereur, c'est la cordialité et non pas les apparences. Les dépenses dans le goût de celles qui ont été faites ne sont bonnes qu'à soulever un profond mécontentement dans toutes les classes de la société.

» Il semble que le statthalter actuel ne veuille pas continuer les errements de son prédécesseur. Dès son arrivée au pouvoir, il a interdit les dépenses de ce genre.

» Les dépenses qui ont été faites pour la chasse impériale d'Oberhaslach n'ont pas causé une moins désastreuse impression. De 1890 à 1903, deux cent mille mark, pris sur le fonds à la disposition, ont été engloutis par les frais d'entretien de ces chasses.

» Ce n'est encore pas tout.

» En 1896, le gouvernement d'Alsace-Lorraine a demandé à la Délégation une autre somme très importante — il ne s'agissait pas de moins de cent quatre-vingt mille mark — pour faire construire un pavillon de chasse impérial à Mutzig; fort heureusement, la Délégation a rejeté cette dépense et le plan de construction est tombé à l'eau. Les deux cent mille mark, que le pays a payés et qui ont servi à payer l'établissement d'une clôture autour de la chasse impériale d'Oberhaslach, constituent une dépense de luxe qui n'est approuvée en rien ni par la Délégation, ni par la population.

11

» Certaines dépenses importantes, en faveur de missions civilisatrices, ne peuvent pas être engagées faute d'argent. De pauvres diables d'employés subalternes demandent en vain le relèvement de leur maigre traitement. Tant qu'on ne pourra pas subvenir complètement aux besoins les plus pressants du peuple, on devra se garder de consacrer un seul pfennig à des dépenses de luxe.

» Celles qui ont été engagées pour la chasse impériale d'Oberhaslach constituaient un impair de première taille; elles pouvaient être évitées d'autant plus facilement que l'empereur, à notre connaissance, n'a jamais chassé à Oberhaslach.

» Dans ces conditions, il est bien difficile, nous semble-t-il, d'excuser un pareil gaspillage. La Délégation, pendant une longue suite d'années, en a donné décharge; par conséquent, elle a sa part de responsabilité dans les fautes grossières qui ont été commises. Elle n'a pas exercé le contrôle nécessaire.

» Ces histoires piteuses, qui remontent à l'époque de la dictature, ont été déballées au grand jour et provoquent, partout, une impression très pénible. La représentation populaire devra, dorénavant, veiller à ce que des faits aussi regrettables ne se reproduisent plus. »

Citons, maintenant, différents articles relatifs à l'emploi qui a été fait du fonds à la disposition.

Pour l'érection de la statue de l'empereur Guillaume à Metz:

Au total : 22,299 mark.

Dépenses faites à l'occasion du séjour du couple impérial en Alsace-Lorraine:

Au total: 64,538 m. 28.

Pour l'enceinte de la chasse impériale à Oberhaslach :

Au total: 184,073 m. 44.

Pour ces 184,073 m. 44 on a construit l'enceinte de la chasse impériale d'Oberhaslach, et, d'ailleurs, on continue de travailler à cette enceinte.

On peut donc estimer à 200,000 mark, en chiffres ronds, les dépenses qui ont été faites pour cette chasse impériale.

Combien insignifiant paraît, au regard de ceci, un rapport de la commission, daté de l'an 1899! Ce rapport, de la quatrième commission, concernant le budget de l'administration forestière, dit ceci:

« Dans la forêt domaniale d'Oberstrutt (il s'agit de la forêt impériale située près d'Oberhaslach), le nombre des cerfs augmente, chaque année, dans des proportions considérables. Par suite de quoi, les cultures environnantes subissent des dommages considérables. En conséquence, le gouvernement se propose de faire entourer les lisières extérieures de cette forêt avec du fil de fer barbelé. Ce travail occasionnera une dépense de cinq mille mark environ, qui seront pris sur le fonds à la disposition. »

Cinq mille et deux cent mille ça fait deux cent cinq mille. Mais la chasse impériale d'Oberhaslach a encore coûté bien plus que cela.

En 1891, sont inscrites les sommes suivantes, puisées dans le fonds en question :

Pour photographies de la propriété de Gensburg acquise par l'administration des forêts: 71 mark.

Pour prise en charge du mobilier du petit pavillon de chasse de Gensburg, pour location et indemnité: en 1892, 4,160 mark.

Location du petit pavillon de Gensburg et indemnité:

En 1893, 953 m. 06.

En 1894, 953 m. 06.

En 1895, 953 m. 06.

Contributions pour les frais de reconstruction des bâtiments d'exploitation appartenant au logement du garde général des forêts à Haslach:

En 1899, 9,000 mark.

En 1900, 6,000 mark.

Frais pour l'installation de la maison forestière à Haslach: en 1899, 3,745 m. 12.

Pour l'établissement d'un jardin d'agrément attenant au logement du garde général des forêts: en 1900, 599 m. 89.

Pour fenêtres grillagées, à la maison forestière d'Haslach: en 1900, 95 m. 92.

Dépenses faites par la présidence de district de Metz:

Le bâtiment de la présidence de Metz coûte gros au fonds en question. Savoir:

Pour remise en état des appartements impériaux à ladite présidence :

En 1891, 1,560 m. 72.

En 1892, 3,389 m. 86.

Réfection des appartements servant de pied-à-terre à la famille impériale: en 1897, 2,536 m. 21.

Pour acquisitions nouvelles d'objets mobiliers destinés à ce pied-à-terre et au palais du statthalter, à Strasbourg: en 1898, 1.143 m. 21.

Pour réfection des appartements désignés ci-dessus : en 1899, 3,383 m. 12.

Pour remise en état et acquisitions nouvelles de meubles destinés aux appartements ci-dessus: en 1901, 2,498 m. 01.

Pour le même objet: en 1902, 2,469 m. 78.

Pour entretien des mêmes appartements: en 1903, 1,477 m. 74.

Secours donnés à des écoles privées :

Le fonds à la disposition a fourni les subsides suivants pour l'introduction de méthodes d'enseignement allemandes, dans des écoles privées :

En 1889,	mk.:	18,41802
1890,	»	8,61194
1891,	»	6,66129
1892,	»	6,700
1893,	»	6,000
1894,	»	5,000
1895,	»	5,800
Au total:............		57,19125

Pour le château de Hohkœnigsburg :

Le fameux château figure aussi parmi les clients du fonds à la disposition.

En 1899, on trouve un paragraphe, disant ceci: « Dépenses en vue du projet de restauration du Hohkœnigsburg » : 1,146 m. 25.

On sait que la Délégation a été saisie, en 1901 seulement, d'une demande de crédit destinée au projet de restauration du Hohkœnisgburg. Malgré cela, dès l'année 1899, on a trouvé moyen d'emprunter, en chiffres ronds, 1,200 mark au fonds à la disposition.

Histoires de drapeaux :

En 1899, on trouve une dépense de 14 m. 50

pour achat d'un drapeau destiné à la ruine du Hoh-barr; la même dépense se représente l'année suivante.

En 1901, il est fait mention de l'acquisition d'une nouvelle hampe de drapeau pour la ruine du Hoh-barr. Ci: 34 mark.

Petites dépenses:

Subsides pour l'érection d'une tour sur les champs de bataille de Gravelotte, Saint-Privat : en 1895, 6,000 m.

Frais nécessités par l'acquisition du terrain sur lequel a été élevé le monument de l'empereur Frédéric à Wœrth.

En 1896,   71 m. 50
1897,   278 » 06
Au total............   349 » 56

Dépenses occasionnées pour le centenaire de l'empereur Guillaume 1er: en 1896, 4,997 m. 50.

Frais de construction d'un abri pour le gardien du monument de l'empereur Frédéric à Wœrth : en 1897, 198 m. 16.

Pour érection d'une tribune à Obernai, lors de l'excursion faite par l'empereur et l'impératrice au mont Sainte-Odile : en 1899, 1,237 m. 80.

Pour embellissement de la place située devant le monument de l'armée à Wœrth et contribution aux frais d'inauguration du monument national bavarois à Wœrth : en 1899, 1,313 m. 01.

Contribution aux frais du congrès général des associations d'arpenteurs à Strasbourg: en 1889, 1,132 mark.

Pour le congrès de l'association allemande de l'hygiène publique, congrès réuni en septembre 1889 à Strasbourg : en 1889, 4,020 m. 68.

Pour le congrès des associations allemandes d'histoire et d'archéologie, réunies à Metz, en septembre 1889 : en 1889, 2,000 mark.

Subsides pour l'érection d'un monument aux victimes de la guerre, au cimetière de Soultz-sous-forêts : en 1889, 160 mark.

Subsides pour frais de musique dans une cérémonie religieuse célébrée à l'occasion d'un anniversaire : en 1889, 350 mark.

Contribution aux frais occasionnés par le congrès des professeurs de dessin allemands, réuni à Strasbourg : en 1900, 600 mark.

Ces chiffres sont assez éloquents par eux-mêmes et je pense que tout commentaire à leur égard serait superflu.

Evidemment, il serait superflu de se livrer à tout commentaire en présence du pillage incroyable auquel a été soumis un fonds qui était destiné à un usage tout différent. Toutefois, je ne puis pas quitter ce chapitre sans encore présenter quelques observations.

A la séance de la commission, fin février 1906, le représentant du gouvernement a dit :

« Aucun secours ne peut être donné aux employés ou aux anciens employés sur le fonds à la disposition du statthalter. »

Donc, ce fonds n'existe point pour de pauvres diables d'employés, torturés par toutes sortes de soucis pécuniaires, mais, en revanche, on peut le mettre à toutes les sauces quand il s'agit de byzantinisme et de hourra-patriotisme.

Lorsque ma brochure *Germanisation*, etc., a paru, un journal de Strasbourg et la *Gazette de Francfort*, faisant la critique de la partie politique de cet ouvrage, ont prétendu que les chapitres concernant les manœuvres du gouvernement en vue de la germanisation, la Délégation d'Alsace-Lorraine et le clergé étaient le « talon d'Achille » de mon livre.

Eh bien ! je demande si les révélations concernant le fonds à la disposition, ainsi que les articles de journaux relatifs à ce sujet, ne confirment pas pleinement tout ce que j'ai dit dans ma première brochure. Ce que j'ai montré jadis, sous des couleurs sombres, apparaît, aujourd'hui, sous un jour infiniment plus noir, dans l'ensemble des feuilles politiques.

En séance de la commission, qui a eu lieu fin février 1906, le gouvernement a encore dit ceci :

« En fait de fonds secrets, on ne peut considérer comme tels que celui destiné à couvrir les dépenses secrètes de la police (44.000 m.), car il n'est aucunement destiné à donner des secours aux employés et on ne le consacre, d'ailleurs, aucunement à cet usage. Les fonds de secours et de rémunération inscrits dans le budget du pays, comparés aux similaires des États fédéraux, sont très modestes et suffisent à peine à subvenir aux besoins les plus pressants.

» Avec l'assentiment de la Cour des comptes, il est possible d'accorder, parfois, un secours aux fonctionnaires, grâce aux économies faites sur les appointements d'employés dont les vacances n'ont pas été comblées. Pareille chose arrive assez fréquemment en faveur des agents de police. Comme les emplois ne restent jamais longtemps vacants, il est évident que les secours ne peuvent être considérables. Quant aux indemnités accordées aux inspecteurs de la police de sûreté, employés à la présidence de police de Strasbourg, elles sont payées sur les fonds de la police. »

Dans tout ce qui précède, il n'y a qu'une très infime part de vérité.

En ce qui concerne les fonds secrets, je ne puis que maintenir mes assertions du chapitre précédent. Évidemment, ces fonds secrets sont destinés à payer des dépenses secrètes. Tel était l'avis du président de police Feichter, ainsi que de l'inspecteur de police Emden. Il aurait fallu voir l'usage qu'ils en faisaient. Journellement, ces messieurs consacraient des sommes assez considérables, puisées dans ces fonds, à des dépenses personnelles et, comme pièces à l'appui, ils apportaient des quittances fictives. En particulier, parmi ces pièces à l'appui, figuraient des dépenses de voiture que les susdits n'avaient jamais faites.

Les coryphées qui détiennent actuellement la caisse des fonds secrets sont un peu plus prudents que les précédents, mais ils ne savent pas moins en tirer tout avantage. Ils n'abandonnent pas le terrain légal, mais cela ne les empêche pas d'atteindre leur but.

Tout le long de l'année, ils rognent, de la façon la plus inouïe, sur les dépenses les plus indispensables et même les plus minimes. Puis, à la fin de

11.

l'exercice, ils partagent ce qui reste en caisse entre un petit nombre de personnages et, bien entendu, M. Zinch ne s'oublie pas dans la distribution. C'est pour ce motif que, de nos jours, les agents de la police de sûreté de Strasbourg ne reçoivent, par mois, qu'une indemnité ridicule. Avec la somme de cinq mark, ils sont obligés de payer toutes les dépenses qu'ils font dans l'intérêt du service.

Les sommes désignées par le représentant du gouvernement sous le nom de « Fonds de secours et de rémunération » et que moi-même j'ai désignées simplement par le nom de « fonds de secours », sont affectées, par le budget, au ministère, aux présidences de district, aux directions de police et aux sous-préfectures. Je maintiens, dans leur intégrité, les affirmations que j'ai apportées à leur sujet.

Si ces fonds sont réellement trop exigus, il est doublement inadmissible qu'ils soient exclusivement réservés aux hauts fonctionnaires, c'est-à-dire à des personnes qui touchent des appointements élevés et qui devraient rougir d'accaparer de l'argent réservé aux malheureux employés subalternes.

En Alsace-Lorraine, le haut fonctionnaire se considère comme obligé, de par sa situation même, à représenter et à faire un volume énorme. Le conseiller de gouvernement le plus insignifiant s'imagine être tenu d'avoir un gros train de maison. Si ses moyens personnels ne le lui permettent pas, il emprunte à Dieu et au diable. Et, finalement, quand il est contraint de payer, c'est au fonds de secours qu'il s'adresse. Si, par malheur, un employé subalterne, réellement intéressant, s'avise d'en faire autant, on l'envoie promener, purement et simplement.

De même, les hauts fonctionnaires qui, les trois quarts de l'année, ne font rien, empochent la majeure partie des gratifications, alors que les employés subalternes, qui ont assumé toute la besogne, ne récoltent que quelques maigres morceaux.

Les fonds que j'ai énumérés ci-dessus ne sont considérés comme trop exigus que lorsque c'est un employé subalterne qui demande un secours. On lui objecte le manque d'argent uniquement pour ne pas tarir la source à laquelle puisent MM. les hauts fonctionnaires.

A la fin de l'exercice, étant donné le système d'économie observé à l'égard des employés subalternes, il reste de l'argent en quantité suffisante pour que MM. les fonctionnaires supérieurs reçoivent un cadeau très appréciable.

Les quittances qui existent dans les dossiers prouvent que les hauts fonctionnaires se sont partagé des sommes considérables provenant des économies réalisées sur les fonds de secours et de rémunération. Tous les fonctionnaires subalternes d'Alsace et de Lorraine peuvent attester la vérité de ce que je viens de dire. Sans exception, ils sont indignés, et à bon droit, du pillage éhonté auquel les fonds susdits sont soumis, de la part des hauts et des plus hauts fonctionnaires, et ils ne cachent pas leur opinion à cet égard. D'ailleurs, de temps à autre, ils la manifestent dans des articles de journaux.

Au sujet de certains cas spéciaux que j'avais cités dans mon précédent ouvrage, le gouvernement a été interpellé lors d'une séance de la commission du budget. Il s'est tiré de là en faisant déclarer ce qui suit, par son représentant :

« En 1894, un contrôleur du cadastre est tombé de l'escalier de la sous-préfecture de Strasbourg et est resté estropié à la suite de cet accident. En conséquence, il a intenté une action au fisc du pays et a obtenu gain de cause dans deux instances successives, le tribunal ayant admis que le susdit escalier, très dangereux, n'était pas suffisamment éclairé le jour où avait eu lieu l'accident. La responsabilité en incombait au sous-préfet, lequel, en vertu de l'article 1384 C., était couvert par le fisc incriminé.

» En conséquence, M. le statthalter avait décidé qu'il n'y avait pas lieu de donner suite à l'action reconventionnelle du fisc contre le sous-préfet. La victime de l'accident a été gratifiée d'une rente annuelle de 2,550 mark, rente qui subira une diminution à partir de l'année 1913.

» En disant que l'éditeur du livre d'adresses de Strasbourg verse 1,000 mark par an au président de police, à titre de gratifications pour le concours que la police lui prête dans l'établissement de ce livre, Stéphany a menti. Le président de police ne reçoit pas, personnellement, la moindre indemnité pour la collaboration des agents. Il a autorisé cette dernière parce que la police a le plus grand intérêt à ce que ce livre d'adresses soit établi exactement et soigneusement, celui-ci lui facilitant singulièrement la surveillance des logements. Les agents de police, eux-mêmes, reçoivent directement, de l'éditeur, une petite rémunération.

» Les affirmations contenues dans la brochure de Stéphany concernant les rémunérations données aux collaborateurs de l'*Indicateur de la police alsa-*

cienne-lorraine sont inexactes. Cet indicateur paraît deux fois par semaine. Il est rédigé par l'inspecteur Wizinger, attaché à la présidence de police, lequel reçoit, pour ce travail, en tout et pour tout : cinq cents mark, sur lesquels il prélève cent vingt-cinq mark au bénéfice de l'agent de la sûreté qui est chargé de faire les tables des matières ; les corrections et la comptabilité sont dans les attributions du conseiller de police Zinch qui reçoit, pour cela, une somme de trois cents mark. Ces différentes sommes sont payées par l'éditeur et le ministère a autorisé les employés à les accepter. »

En ce qui concerne le livre d'adresses de Strasbourg, je maintiens, pleinement et entièrement, les affirmations précédentes. Ce n'est pas moi qui ai menti ; ce sont les explications du gouvernement qui sont en absolue contradiction avec la vérité.

S'il n'est pas exact que le président de police de Strasbourg reçoive chaque année, de la part de l'éditeur Heinrich, une somme de mille francs, qu'il met à la disposition des agents, pourquoi donc le principal intéressé, M. Heinrich, n'a-t-il pas jugé nécessaire et convenable d'intervenir et de faire, par la voie de la presse, une déclaration démentant mes paroles ? D'ordinaire, on n'est pas si chiche de démentis de ce genre. Si l'on ne m'en a pas infligé un dans la circonstance, cela tient uniquement à ce que l'on n'avait pas les éléments voulus pour cela. J'engage le gouvernement à bien se pénétrer de l'adage : « Ce n'est pas tout que de crier, encore faut-il prouver. »

Et la preuve que le président de police empoche, chaque année, un cadeau de mille mark provenant de l'éditeur Heinrich, c'est que cette histoire est le secret de Polichinelle pour tout le personnel de la police strasbourgeoise et donne lieu à des commentaires, d'autant plus défavorables que tous les pauvres bougres qui usent les semelles de leurs bottes dans l'intérêt de M. Heinrich en sont réduits à se contenter de quelques malheureux pfennige, tandis que le président, simplement en récompense de son « laisser faire », garde par de-vers lui le gros morceau.

Quoi de plus grotesque que l'observation du représentant du gouvernement tendant à faire croire que la police avait le plus grand intérêt à ce que le livre d'adresses fût établi avec soin !

En disant cela, le représentant du gouvernement se couvre de ridicule, car il tend à faire croire que le bureau de recensement avec les listes des maisons, les relevés des habitants, en un mot avec tout son matériel réglementaire, ne rend pas les services qu'on est en droit d'attendre de lui et que la police n'a d'autre ressource que de s'adresser à un livre d'adresses privé. C'est décerner un certificat remarquable d'indigence aux autorités de police, lesquelles sont en possession d'un appareil énorme, tant pour le service du recensement que pour le contrôle des étrangers.

Mais les choses n'en sont pas au point indiqué par M. le représentant du gouvernement, bien loin de là. En effet, le livre d'adresses est établi en première ligne, à l'aide des listes de la police qui lui sont fournies par la présidence et par les commissariats. C'est ensuite, seulement, que les agents de police sont lâchés dans les rues pour contrôler l'exactitude des indications portées sur les listes officielles. En dernière analyse, l'ensemble des documents récoltés est confié à M. Heinrich. Par conséquent, les agents travaillent pour le compte de l'éditeur du livre d'adresses et nullement dans l'intérêt de la police.

Il a été prétendu que mes affirmations au sujet de l'*Indicateur de la police alsacienne-lorraine* étaient inexactes. Je ne veux pas être trop méchant envers le représentant du gouvernement et j'admettrai donc qu'en me donnant un démenti il a été de bonne foi. Cette indulgence m'est inspirée par la connaissance profonde que j'ai de M. le conseiller de police Zinch. Je sais comment ce monsieur s'arrange pour se tirer d'embarras. Cette connaissance m'autorise à affirmer que, invité par ses chefs à donner des explications, il a représenté les choses sous un jour faux.

Il est absolument inexact que ce personnage soit chargé de tenir la comptabilité et de faire les corrections. En revanche, il est exact qu'il empoche les 3oo mark. Le travail effectif est assuré dans son ensemble par l'inspecteur de police Wisinger et l'agent de la sûreté Schmit. La besogne, une fois mâchée, est soumise à M. le conseiller de police qui se borne à la munir de sa signature. C'est pour ce gros travail accompli à la sueur de son front, que le susdit empoche les 3oo mark. Il possède encore plusieurs autres sinécures du même genre. Il est très compréhensible qu'il défende jusqu'à la mort un tel poste de fainéant lui rapportant gros et ne lui coûtant rien.

Revenons maintenant à l'accident qui s'est passé

à la sous-préfecture de Strasbourg. Sur ce point aussi, je maintiens intégralement tous mes dires.

A l'époque où un de mes camarades employé au ministère m'a raconté cette histoire, j'ai montré un certain scepticisme et lui ai demandé de m'affirmer que tout ce qu'il m'avait dit était rigoureusement vrai. Là-dessus, l'autre me répondit textuellement ceci :

« Eh ! grand Dieu ! que serait-ce donc si vous saviez tous les usages auxquels on emploie les finances alsaciennes-lorraines ! S'il vous était donné de jeter un coup d'œil sur la gestion des comptes et si vous pouviez constater de quelle façon les hauts fonctionnaires s'engraissent aux dépens des fonds de secours, comment on enregistre les dépenses sous des libellés faux ! C'est alors que vous ouvririez de grands yeux. Croyez-moi, il se passe une infinité de choses encore bien plus fortes que celles que je vous ai confiées ! »

Le camarade qui m'a dit cela me paraît infiniment plus digne de confiance que les gens du gouvernement. Evidemment, on ne pourrait pas exiger d'eux qu'ils avouent publiquement l'emploi qu'ils font de l'argent à eux confié.

En tout cas, il subsiste ce fait que le gouvernement s'est vu contraint d'avouer que le statthalter a imputé sur le fonds à la disposition l'indemnité à payer par le sous-préfet comte de Solms-Laubach. Si, dans ce cas particulier, la faute avait été commise par un employé subalterne, le gouvernement n'aurait pas procédé de même, on lui aurait imposé, impitoyablement, le paiement de l'indemnité, on lui aurait fait chaque mois une retenue sur ses appointements, et le malheureux aurait traîné cette chaîne jusqu'à la fin de ses jours.

Comme il s'agissait d'un comte et d'un sous-préfet, dame! on a envisagé les choses à un autre point de vue.

Pour conclure, je signalerai un fait qui caractérise nettement les procédés mesquins du gouvernement vis-à-vis des employés subalternes. Il s'agit d'un fait qui s'est passé à Strasbourg en novembre dernier.

Un agent de police avait retiré de l'eau un individu qui allait se noyer; en récompense de cet acte de sauvetage, il avait reçu de ses chefs une gratification de 3o mark. Mais la joie du pauvre homme ne fut que de courte durée. Pour opérer le sauvetage de cet individu, il avait dû pénétrer dans un lavoir de l'Ill et, à la suite de cela, il y avait causé quelques dégradations. Le propriétaire du lavoir adressa une réclamation à l'autorité et envoya une note de réparations s'élevant à la somme de 3o mark 90. Les différentes autorités auxquelles cet individu s'était adressé ayant refusé, obstinément, de payer ces frais, à la fin des fins, le sauveteur fut invité par le président de police de Stras-bourg à restituer sa gratification et à payer l'indemnité réclamée par le propriétaire du lavoir.

Sans commentaires, n'est-ce pas?

CHAPITRE VIII

La prostitution.

L'Oncle Cohn. — LES MAISONS DE STRASBOURG ET DE
METZ. — LE MÉNAGE SIMON. — RESTAURANTS ET
CAFÉS DE NUIT. — LES TRIPOTS. — LA POLICE ET
LES CHAMBRES GARNIES. — UNE « ÉCOLE DE THÉÂTRE ».
— CONFECTIONS POUR DAMES. — UN MOT A PROPOS
DU CLERGÉ CATHOLIQUE. — L'ACTE DE FOI DU DUC
ERNEST DE WURTEMBERG. — UN MOT SUR LE RES-
TAURANT VALENTIN. — UN HOMME D'HONNEUR ET
UNE PROPOSITION AVANTAGEUSE. — FANTAISIES DE
MONDE CHIC. — LA FEMME ALLEMANDE. — UN INDUS-
TRIEL COSMOPOLITE.

Ces années dernières, jouait, au Casino de Strasbourg, une troupe de Berlin qui obtenait un succès
fou dans la représentation de la pièce intitulée :
l'Oncle Cohn.

Le personnage principal de cette pièce est un
vieux mendiant, « l'Oncle Cohn, » qui, si je puis
m'exprimer ainsi, est la honte de la famille Cohn,
laquelle est très avantageusement connue dans le
monde du commerce.

Bien que son passé ne soit pas exempt de tout

reproche, l'oncle Cohn ne manque pas une occasion d'assurer qu'il est un homme d'honneur. A tout propos, il répète ces mots : « J'ai vécu trente ans à Ostrowo, sans que jamais on ait pu *prouver* quoi que ce soit contre moi. »

Je puis dire que le gouvernement se trouve dans la même situation que l'oncle Cohn, en ce qui concerne les affirmations que j'ai apportées dans mon premier ouvrage, au sujet de la prostitution en Alsace-Lorraine.

En effet, j'ai soutenu que le président de la police de Strasbourg s'était toujours opposé à la suppression des maisons de tolérance, situées dans les quartiers les plus animés de la ville, et qu'il n'a cédé qu'en rechignant, lorsque finalement cette mesure lui a été imposée à la suite d'un jugement.

Je puis me vanter de n'avoir rien exagéré dans mon précédent ouvrage sur le chapitre des mœurs dans la rue.

Dans sa séance du . juillet 1906, le conseil municipal de Strasbourg s'est prononcé, à l'unanimité, pour la suppression des maisons de tolérance dans la rue des Pêcheurs et a transmis la délibération, rédigée dans ce sens, le 31 août 1906, à M. le président de police qui devait en assurer l'exécution.

Trois mois et demi plus tard, celui-ci n'avait encore pas jugé utile d'intervenir. Voyant cela, la mairie lui a adressé une demande à l'effet de savoir où en était la question. En réponse, elle reçut une lettre très brève et d'une forme très raide, disant, en substance, que la police n'était pas d'avis d'interdire aux filles publiques d'habiter la rue des Pêcheurs.

Cette réponse brutale du président de police donna lieu, à la séance du Conseil municipal du 28 novembre 1906, à une explosion d'indignation, et un conseiller libéral n'hésita point à citer, à l'appui de son argumentation, un cas ignoble qui a été stigmatisé à la même époque, en Autriche. Il s'agit de l'affaire Riehl.

Pour ma part, je trouve que ce conseiller municipal a eu tort de citer cet exemple qui, à mon avis, était déplacé.

Une fois, par hasard, je suis en situation — une fois n'est pas coutume — de venir en aide à la police de Strasbourg et à ses chefs.

Je puis dire que les maisons publiques du Reichsland n'ont jamais été témoin de scènes d'esclavage et de sauvagerie pareilles à celles qui nous ont été révélées par l'affaire Riehl à Vienne.

A Strasbourg, les filles publiques sont complètement maîtresses de leurs personnes et de leurs revenus. Etant données les visites fréquentes qui sont faites dans les maisons par la police, il est impossible de les insulter, de les asservir, de les torturer dans les conditions qui ont caractérisé l'affaire Riehl.

Evidemment, ces filles sont exploitées dans d'autres villes, à Metz, par exemple; mais c'est à la suite d'un accord entre le propriétaire de la maison et la fille. Ce système d'exploitation est basé sur l'emploi de ce qu'on appelle : les jetons.

Voici comment les choses se passent :

A Strasbourg, les filles sont absolument maîtresses des cadeaux en argent qui leur sont faits par leurs clients, et elles ne doivent à leur logeur qu'une redevance fixe pour la nourriture et le logement.

A Metz, au contraire, chacune des filles est obligée de remettre l'ensemble de sa recette au propriétaire et, en échange, elle reçoit de celui-ci, pour chaque visite qui lui est faite, un jeton.

Quand elle est arrivée au terme de son contrat, elle échange ses jetons contre une somme tout à fait minime. Par ce procédé, le propriétaire de la maison de tolérance encaisse environ les neuf dixièmes des bénéfices, tandis que sa malheureuse pensionnaire est réduite à se contenter d'une paire de mark.

Généralement, les filles ne peuvent pas s'insurger contre cette façon de faire, car, quatre-vingt-dix-neuf fois sur cent, elles sont extrêmement endettées vis-à-vis de leur patron.

En effet, la première condition pour entrer dans une maison de tolérance, à Metz, c'est que la fille achète, à la maison même, les vêtements dits « de salon » et, bien entendu, celle-ci ne les lui vend pas au prix coûtant ; elle les lui compte cinq ou six fois leur valeur. D'autre part, le propriétaire s'empresse de déférer à tous les souhaits de ses pensionnaires, de leur avancer de l'argent, de leur acheter des chapeaux, des souliers, du linge de corps, etc. C'est une façon pour lui de les avoir toujours sous la main, c'est-à-dire dans sa pleine et entière dépendance.

Grâce au système des jetons, presque tous les propriétaires de maisons de tolérance sont devenus riches. L'un d'eux, nommé Simon, mort il y a quatre ans, était millionnaire.

Cet individu, qui, avant la guerre, exerçait, à Cologne, sa ville natale, la profession de maçon, était venu à Metz après la conclusion de la paix, s'était marié avec une Alsacienne, une sorte de rouleuse, et avait ouvert, de compagnie avec elle, dans la rue de la Moselle (un des quartiers les plus infects de la ville) une maison de tolérance uniquement fréquentée par les soldats et la lie de la population.

Quelques années plus tard, il était en mesure de construire, sur le quai de l'Arsenal, une maison de tolérance qui, à l'heure actuelle, jouit d'une réputation considérable dans l'Allemagne entière et même au delà de ses frontières. Cette *Maison rouge* est une construction superbe dont les salons, luxueusement meublés, les *salles des glaces*, les salles de musique, avec leurs admirables lustres, leurs fresques, etc., et surtout leurs salles de bains souterraines tout en marbre excitent l'admiration de tous les visiteurs.

Il y a quelques années, Simon se retira des affaires, se fixa à Strasbourg, y construisit, dans l'un des quartiers les plus élégants de la ville, une sorte de palais et envoya son fils étudier à l'Université. Tout cela, grâce au système des jetons!

Simon et sa femme, tous deux petits, trapus, boursouflés, aux traits des plus ordinaires, trahissaient leurs origines, malgré leur élégance affectée et les diamants dont ils étaient surchargés.

En dépit de cela, les braves gens qui sont toujours prêts à tomber à genoux devant le veau d'or ne se gênaient aucunement pour saluer cet honorable couple. De nos jours, avec de l'argent, on arrive à tout, on jette un voile sur son passé et on s'achète un avenir.

Dans son numéro du 28 mars 1906, la *Post* de

Strasbourg stigmatisait les mœurs qui s'acclimatent, de plus en plus, dans les établissements de nuit de Berlin. Mon Dieu ! cette excellente feuille aurait pourtant dû se rappeler le proverbe disant « qu'un âne ne doit pas reprocher ses longues oreilles à son semblable », car Strasbourg n'a aucunement le droit de dire, comme le pharisien : « Je te remercie, ô mon Dieu ! de ne pas être semblable à celui-ci ».

Dans les restaurants ou cafés de nuit, tels que : Collichan, place du Corbeau ; le Saumon, le salon de thé de M{{ll}}e Walter (plus connu sous le nom de *Thee-Tante*) ; l'American bar, rue des Frères ; le café Hohenzollern ; Falstaff (Vieux Marché aux poissons) ; le café Müller ; le café Oriental, etc., etc., existent, sous la dénomination insignifiante de « Débits de vins » des cabinets particuliers ou des cabinets du fond, qui, au su et au vu du patron, sont le refuge de la prostitution.

En ce qui concerne le café Oriental, le café Hohenzollern, le restaurant Zum Krönel, l'American bar, le Falstaff, je puis affirmer de la façon la plus précise que le patron n'est pas seulement entièrement au courant de ce qui se passe, mais encore qu'il invite directement les femmes qui sont les clientes habituelles des cafés de nuit de Strasbourg et qui sont connues, qu'il les invite, dis-je, à lui amener des messieurs et que, de plus, dans tous les établissements désignés ci-dessus, un garçon monte la garde devant les cabinets particuliers, aussi longtemps que les couples amoureux sont en train de s'amuser.

Au restaurant Zum Krönel, le propriétaire de

l'établissement a organisé deux chambres meublées qu'il loue exclusivement à des filles de brasserie sans emploi; mais, à la condition expresse que, chaque soir et chaque nuit, elles restent dans les salles du fond, soi-disant comme des clientes, et qu'elles poussent les messieurs à boire, en échange de quoi il leur permet de garder auprès d'elles, la nuit, leurs amants de rencontre.

Je ne sais plus si c'est le cas aujourd'hui, mais autrefois, à l'époque où le restaurant Falstaff était tenu par le sieur Collichan, cet établissement n'était pas seulement le refuge des amours. Cet individu, qui était notoirement un joueur enragé, avait organisé, au troisième étage de son établissement, une salle de jeu où se réunissaient, la nuit, des personnes du meilleur monde aussi bien que des gredins, des grecs et autres individus très peu avantageusement connus de la police et de la justice. Tout ce personnel se livrait aux jeux de hasard et, pendant ce temps, une servante aux gages de Collichan, affublée d'une toilette extravagante, faisait les cent pas devant le restaurant et aguichait tous les messieurs bien habillés qui passaient.

Un tripot du même genre existait aussi au café Müller, dans la rue des Serruriers. La table de jeu était dressée dans le bureau privé du sieur Müller; celui-ci et son camarade Collichan sont causes de la ruine de bien des familles, ainsi que le prouvent les innombrables plaintes adressées contre eux à la présidence de police de Strasbourg.

Finalement Collichan fut condamné à trois cents mark d'amende et ceci eut pour conséquence de lui faire perdre sa concession.

Par la suite, il en obtint une nouvelle, grâce à quoi il put ouvrir l'hôtel Germania à Baden-Baden.

Depuis l'aventure arrivée au ministre de la justice d'Oldenbourg, M. Ruhstrat, on est devenu un peu moins regardant, sur ce chapitre, en Allemagne et, par conséquent, M. Collichan pourra désormais servir, de nouveau, à ses hôtes, des plats convenant à leur gourmandise.

Au sujet de la prostitution clandestine, il y a encore lieu d'ajouter qu'un grand nombre d'agents de police de Strasbourg louent des chambres garnies à des filles qui se livrent à la prostitution professionnelle. Ces femmes, au su de leurs propriétaires et de plein accord avec lui, font donc, en quelque sorte, le trottoir sous la protection de la police et peuvent accomplir dans leur chambre tout ce qu'il leur plaît. Il est vrai qu'en échange elles paient un loyer formidable.

En plus des établissements tolérés par la police, il existe, à Strasbourg, une quantité de maisons de joie clandestines, connues seulement des initiés, et dans lesquelles on ne peut entrer qu'après avoir donné le mot de passe.

C'est ainsi qu'il existe, dans la rue des Juifs, une soi-disant « école de théâtre » : cette enseigne sert uniquement de masque aux yeux de la police ; en réalité, cette *institution artistique* n'est qu'une maison de tolérance déguisée. Il y a, en outre, un établissement à l'usage du monde tout à fait chic, des hauts fonctionnaires, des officiers, des barons de l'industrie et de la finance. C'est la maison tenue, à Strasbourg, par Fritzi Flasch, qui est connue comme le loup blanc. .

Cette personne tient, sur la place de Broglie, un soi-disant atelier de confections pour dames, mais dans cet atelier il n'existe, en réalité, que quelques accessoires à l'usage des tailleurs, accessoires disposés d'une façon très ostensible dans la pièce voisine de l'entrée, et qui sont uniquement destinés à donner le change. Quand il y a péril en la demeure, les nombreuses couturières, ou soi-disant telles, se précipitent, en grande hâte, sur leurs instruments de travail; mais, s'il y a maldonne et si c'est, au contraire, un protecteur de la maison qui arrive, les aiguilles et les dés à coudre sont lancés de côté et leurs détentrices se jettent dans les bras du visiteur; c'est alors qu'on se met avec ardeur à la confection des vêtements tant d'hommes que de femmes.

Comment se sont formés tous ces établissements clandestins? La vérité s'est faite sur ce point, le 3 décembre 1906, lors de la réunion des membres de l'association des ateliers et là, un administrateur du bureau du travail municipal, M. Friedrich, a fait une conférence sur les bureaux de placement; entre autres, il a dit ceci :

« Il y a quelque temps, une jeune fille a été engagée par une dame très élégante. Au bout de quelques jours, le père de celle-là est arrivé au bureau de placement se plaindre de ce que sa fille eût été placée dans une maison publique. Après quoi, on avait aussitôt été aux informations et on avait appris que cette maison n'était nullement ce que disait cet homme, mais qu'on y menait une existence pareille à celle usitée dans les établissements publics. »

Je me suis attiré les foudres de différents journaux, entre autres de la *Strassburger Post*, au sujet de ce que j'avais avancé concernant les prêtres catholiques. Il faut que cette feuille soit douée d'une fameuse dose d'hypocrisie pour avoir l'audace de nier une chose qui est de notoriété publique, en Alsace-Lorraine.

La *Strassburger Post* me reproche d'avoir énoncé toutes sortes d'appréciations calomnieuses à l'endroit du clergé catholique. Je ne puis pas accepter ce reproche, car moi-même je suis catholique et catholique pratiquant. Toutefois, à mes yeux, le serviteur de la religion ne peut être identifié avec la religion elle-même, autrement dit, je ne puis admettre pourquoi, étant catholique, je devrais fermer les yeux sur les fautes commises par les ministres de cette religion.

Eh bien! je prétends que toute personne qui est un peu au courant des habitudes et de l'existence du clergé en Alsace-Lorraine est forcée d'attester l'exactitude de mes paroles.

Ces années dernières, il s'est produit un certain nombre d'attentats à la pudeur et d'ignominies dont les coupables n'étaient autres que des membres du clergé.

On ne peut pas ignorer que tout récemment encore, en janvier 1906, le bibliothécaire municipal de Metz, l'abbé*** a été obligé de se sauver en France, après avoir commis un grand nombre d'attentats aux mœurs.

Tout le monde a présente à la mémoire l'histoire du curé de Spittel, en Lorraine, qui, en mai 1907, a été arrêté pour un crime du même genre.

Pour ma part, je me vante de n'avoir eu les yeux en poche à aucun moment, ni comme jeune homme, ni comme commissaire de la sûreté.

Tout ce que j'avance est basé sur des faits et la réalité m'a appris que le clergé catholique d'Alsace-Lorraine partage l'opinion du duc Ernest-Frédéric de Wurtemberg, qui a inscrit son acte de foi, sous la forme suivante, dans le livre des étrangers du château de Hohentwiel :

Dieu dans mon cœur,
Ma maîtresse dans mes bras,
Ça dissipe mes chagrins
Et ça me tient chaud!

Le premier agent venu de la police des mœurs sait que les ecclésiastiques, même revêtus de leur habit, fréquentent couramment les maisons de tolérance. Toute personne qui, de par sa profession, est obligée de pénétrer dans l'un de ces établissements publics, qui est obligé de causer avec leurs propriétaires, leurs portières et leurs pensionnaires, apprend plus d'une petite histoire qui semble incroyable aux profanes et que l'on se garde bien de porter à la connaissance des rédacteurs de journaux. On peut être assuré que les prêtres catholiques, bien que noirs, ne trouvent, dans leur costume, rien qui les empêche de laisser libre cours à leur besoin d'aimer.

J'en reviens maintenant à l'affaire du restaurant Valentin, un établissement qu'on peut bien appeler la honte publique de Strasbourg. Je remarquerai, avant tout, qu'un des clients les plus assidus de cette maison, le sous-préfet de Thann, M. Sweersen, a eu l'oreille fendue à la suite de ma brochure : *les Scandales allemands*, etc., etc.

Le 14 mai 1906, la *Strassburger Zeitung* a annoncé que ce sous-préfet avait été mis en disponibilité le 8 du même mois, *en raison d'événements extraordinaires*. La chose a été démentie par l'officieuse *Correspondance de l'Allemagne du Sud*, mais ceci n'a pas la moindre signification. Le personnage en question est un des rares qui aient obtenu la récompense méritée. Le gouvernement ne l'aurait certainement pas frappé, s'il n'avait pas été ce qu'on appelle : un fruit trop mûr.

Pendant mon séjour à Bâle, alors que je rédigeais ma première brochure, en décembre 1905, j'appris que le maître d'hôtel du restaurant Valentin avait été arrêté sous l'inculpation de courtage galant, et qu'on avait trouvé sur lui des listes extrêmement désagréables pour beaucoup de personnes, car elles compromettaient un grand nombre de femmes mariées.

Ce fut très amusant pour moi, car immédiatement la *Strassburger Post* se crut obligée d'entrer dans la lice et de rompre une lance pour la bonne société. Elle protesta que les personnes haut placées et les dames du grand monde n'étaient en rien mêlées à ces affaires malpropres.

Je donne le démenti le plus formel à ce journal et je lui pose la question suivante : les personnes que je vais énumérer ci-après, qui fréquentaient couramment les cabinets particuliers du restaurant Valentin, en compagnie de filles publiques, qui s'y livraient, avec elles, à tous les actes contre nature que ma plume se refuse à décrire, ces personnes-là,

12.

oui ou non, appartenaient-elles à la haute société?
Savoir :

1° Le président de district, prince H... à Colmar;

2° Le conseiller supérieur de gouvernement, Summer, de Colmar;

3° L'ancien conseiller rapporteur auprès du statthalter de l'Alsace-Lorraine, qui est actuellement président de l'administration des prisons, le baron de Lobenstein, de Strasbourg;

4° Le président de police, D' d'Eckhoff, à Mulhouse ;

5° Le conseiller de gouvernement Schlussingk, deuxième président de police à Strasbourg;

6° Le docteur de Westerby, conseiller de gouvernement au ministère d'Alsace-Lorraine;

7° Le conseiller de gouvernement Waber, ancien maire de Saverne;

8° Le conseiller de gouvernement Cranau ;

9° Les sous-préfets : Lutz, Sweesen, de Loper, de Rowinsky;

10° Les assesseurs de gouvernement, docteur Ollersberger, docteur Boyer, baron de Frischhart.

Ces personnalités ne représentent qu'une faible partie des gros bonnets de l'administration qui sont des clients assidus des établissements en question. Je pourrais en citer des quantités d'autres, également connus des deux chefs de la police de Strasbourg, ainsi que de la police de la sûreté et des mœurs.

Ces derniers fonctionnaires possèdent aussi les noms d'une quantité innombrable d'officiers du régiment de hussards en garnison à Strasbourg. des deux régiments de uhlans de Sarrebourg qui ont commis, chez Valentin, toutes les extravagances et tous les esclandres possibles et imaginables.

Je ne veux pas me démunir d'un seul coup de tous mes atouts.

J'ai cité, dans mon premier ouvrage, les noms des professionnels qui avaient, en quelque sorte, droit de cité, chez Valentin ; je n'en reparlerai donc plus. Quant aux dames du grand monde, je ne les désignerai pas nominativement pour la raison que je viens d'indiquer à l'instant.

Il est, en effet, très possible, que tel ou tel personnage désigné par moi entame des poursuites contre moi, poursuites que j'attends d'ailleurs avec le calme le plus imperturbable. Par conséquent, je laisserai aux dames, auxquelles je viens de faire allusion, le soin d'indiquer, dans leurs dépositions éventuelles, les noms des femmes d'officiers et de conseillers de gouvernement compromises. Leurs témoignages seront d'ailleurs entièrement d'accord avec les remarques qui ont été faites par moi et par la police des mœurs.

Si je suis arrêté et traduit devant les tribunaux, je ferai faire la preuve par ces dames, par la police des mœurs de Strasbourg et par différents messieurs que je conserve soigneusement en réserve. J'obligerai ces messieurs à prêter serment, parce que l'expérience nous apprend que les tribunaux allemands, dans toutes les circonstances où il s'agit de personnes appartenant aux classes les plus élevées de la société, refusent d'accepter les preuves offertes par l'accusé.

Je possède aussi les noms et les adresses des femmes qui, à l'époque où j'étais en fonctions

comme commissaire de la police de sûreté, fréquentaient couramment le restaurant Valentin et
que j'ai rencontrées, plus tard, à Bâle, à Zurich, à
Genève, où elles étaient *anges de la gare*, c'est-à-
dire faisaient la retape en ces endroits.

Comme ces différentes personnes acquéraient, à
mes yeux, une très grande importance après l'arrestation du maître d'hôtel du restaurant Valentin,
je renouvelai connaissance avec elles et appris, à
ma grande stupéfaction, que toutes, sans exception, avaient reçu de l'argent de ce dernier et du
propriétaire du restaurant, afin de quitter Strasbourg et d'échapper ainsi à l'enquête ouverte par
la police de sûreté de cette ville, relativement aux
faits qui se passaient dans ce restaurant.

On aura une idée suffisante de ce qu'est la justice
allemande, quand on saura que le maître d'hôtel
du restaurant Valentin, quoique accablé de preuves, n'a pas été poursuivi pour le fait de proxénétisme.

Je viens de faire remarquer que, peu de temps
après mon arrivée en Suisse, je rencontrai à Bâle,
Zurich et Genève différentes femmes qui étaient
des habituées du restaurant Valentin.

Celles-ci me déclarèrent que, comme elles auraient pu être des témoins plus que gênants pour
lui, le propriétaire de ce restaurant les avait
munies d'un viatique très sérieux et les avait expédiées à l'étranger.

Si ce fait seul me causait une grande surprise, je
ne devais pas tarder à en éprouver une bien plus
considérable.

Les habitants de Strasbourg se rappellent cer

tainement, encore, une affaire extrêmement scandaleuse qui a eu lieu, il y a de cela deux ans environ, et qui a soulevé une tempête d'indignation. Je veux parler de l'affaire Ebsheim. Cet individu, un homme de soixante ans et même plus, mais très vigoureux encore, le vrai type du vieux marcheur, avait été coffré sous l'inculpation de détournement et d'enlèvement de mineures. Plus tard, le tribunal de Strasbourg, se conformant à l'axiome de droit : « Le doute profite à l'accusé », l'avait acquitté.

Les débats n'avaient pas fait ressortir d'une façon assez claire, si c'était Ebsheim qui avait écrémé le lait, ou si c'étaient les nombreux officiers, convoqués en qualité de témoins.

Or, un beau jour, le même Ebsheim me fut dépêché à Bâle par le propriétaire du restaurant Valentin. Un soir, j'étais en train de prendre le café avec plusieurs autres messieurs, à la vieille brasserie bavaroise, quand un vieux monsieur, très élégant, prit place à une table voisine de la nôtre. Il ne me quitta pas des yeux, puis, finalement, en patois de Strasbourg, il me posa cette question : « Ne seriez-vous pas l'ancien commissaire de police Stéphany? »

Sur ma réponse affirmative, ce monsieur, qui n'était autre qu'Ebsheim, m'invita à venir le voir, le lendemain, à l'hôtel de l'Univers, disant qu'il avait à me faire une communication de la plus haute importance. Je promis d'aller le voir et me rendis le lendemain à l'hôtel précité.

Alors, M. Ebsheim me fit la communication que voici :

Très peu de temps après que le parquet de

Strasbourg avait ouvert une instruction pour proxénétisme contre le propriétaire du restaurant Valentin et son maître d'hôtel, le premier avait appris avec fureur, par un article, en date du 16 décembre 1905, de la *Strassburger Zeitung*, que j'avais l'intention de publier, dans un délai de quinze jours, une brochure destinée à faire la lumière sur les scandales dont le restaurant en question était le théâtre.

A cette nouvelle, le pauvre M. Köhler avait failli tomber en syncope. Se doutant bien que ma publication aurait des conséquences désastreuses pour lui, il supplia M. Ebsheim de se rendre à Bâle, de me demander une entrevue et d'entamer des négociations avec moi. Celles-ci consistaient tout bonnement en ceci : Le propriétaire du restaurant Valentin me faisait offrir, par M. Ebsheim, une somme de 10,000 mark pour le cas où je m'engagerais, vis-à-vis de lui, à ne souffler mot de lui ni de son établissement dans ma brochure. En dépit des instances de M. Ebsheim, qui prétendait que cette affaire serait *très avantageuse* pour moi, je repoussai ses offres.

Seul, *un homme d'honneur* de l'espèce de M. Ebsheim, pouvait accepter de jouer un pareil rôle de parlementaire. Du reste, ce n'est pas la seule fois que ce monsieur a rempli des missions de ce genre. Mon entrevue avec Ebsheim avait eu lieu vers la fin de novembre 1905, par conséquent, à un moment où ma brochure était à la veille de paraître et où je ne pouvais plus compléter mon texte en y insérant le compte rendu des propositions qui m'avaient été faites par cet individu.

J'ai cité, dans ma première brochure, différents épisodes dont j'ai été le témoin oculaire. J'en ai également cité qui m'ont été rapportés par des personnes qui fréquentaient habituellement les cabinets particuliers du restaurant Valentin. Je vais compléter ces renseignements à l'aide des confidences qui m'ont été faites par les « anges des gares », dont j'ai parlé plus haut, confidences dont la vérité a d'ailleurs été attestée par les dépositions qui ont été apportées devant le tribunal, lors du procès intenté aux deux personnages malpropres dont j'ai parlé plus haut.

Le propriétaire du restaurant avait prétendu, devant les juges, qu'il n'avait pas la moindre connaissance des faits qui s'étaient passés dans ses cabinets particuliers. Il mentait, car personnellement j'ai été témoin, Dieu sait combien de fois, de ce qui suit :

A maintes reprises, entre chien et loup, j'ai pu constater, de mes propres yeux, que cet individu était assis au fond du vestibule, à droite de l'entrée de son restaurant et que, faisant face à la rue, il était à même de reconnaître toutes les personnes qui passaient. Le local dans lequel il se trouvait n'était pas éclairé autrement que par un réverbère placé exactement en face. En revanche, les cabinets particuliers, situés au premier étage, étaient éclairés en plein.

Dès que l'une ou l'autre des femmes entrant dans l'établissement ou en sortant passait dans le corridor, elle ralentissait le pas, lançait un coup d'œil au propriétaire et celui-ci lui répondait d'un signe de tête, après quoi, elle contournait l'angle et disparaissait dans l'un des cabinets particuliers, en passant par l'entrée de derrière, située dans la rue du Jeu-des-Enfants.

Ces cabinets particuliers étaient parfaitement éclairés, mais, dès que quelqu'un y pénétrait, on en abaissait aussitôt les stores et les épais rideaux, de manière à soustraire les occupants aux regards des voisins.

Toutes ces mesures de précaution ont d'ailleurs été confirmées par les constatations qui ont été faites au cours des débats. D'après cela, le propriétaire du restaurant recommandait à chaque femme de se montrer très prudente au moment où elle entrait dans un cabinet particulier ou lorsqu'elle en sortait, afin de ne pas se faire remarquer de la police.

D'après ce que m'ont raconté les femmes que j'avais rencontrées en Suisse et auxquelles le propriétaire du restaurant Valentin avait fourni des subsides pour gagner l'étranger, les cabinets particuliers de cet établissement ont été le théâtre de véritables scènes de sabbat.

Convoquées par le maître d'hôtel, soit verbalement, soit par écrit, elles y étaient mises en face de messieurs qu'elles ne connaissaient aucunement et qui leur demandaient les choses les plus extravagantes. Si, par hasard, l'une ou l'autre refusait de se soumettre à leurs fantaisies, ces individus qui, la plupart du temps, étaient abominablement ivres, l'y contraignaient avec une brutalité révoltante.

C'est au cours d'une de ces orgies qu'une société composée du notaire Schasselé, de référendaires et d'un certain nombre d'étudiants, en compagnie de deux femmes, se livra aux actes suivants :

Les deux filles, complètement nues, subirent d'abord les assauts des divers assistants. Après quoi ceux-ci, de force, les mirent debout sur la tête et leur versèrent du champagne dans...

Les personnes que j'ai citées plus haut m'ont aussi raconté que très souvent, lorsqu'elles avaient fini leur travail dans l'un des cabinets particuliers, on venait les chercher pour exercer ailleurs leur minis tère.

Parfois, m'ont-elles affirmé, le maître d'hôtel leur disait, en passant devant l'un ou l'autre des cabinets : « Là, c'est du monde très chic ». Ce *monde chic*, c'étaient des femmes d'officiers ou de hauts fonctionnaires qui se trouvaient en partie galante avec leurs amants.

Quand j'ai stigmatisé tous ces agissements, la *Strassburger Post* a déclaré qu'il était tout à fait inadmissible que des femmes appartenant aux meilleures classes de la société eussent fréquenté les cabinets particuliers du restaurant Valentin et trompé leur mari.

Ah ! mon doux Jésus ! la femme allemande, celle des hautes et des plus hautes classes de la société, est généralement une Phryné ou une Messaline qui cache son jeu et sait envelopper, dans un voile de mystère, les désordres de sa conduite.

En public, elle affecte les airs d'une femme irréprochable, mais dans son for intérieur elle montre une pourriture morale qui dépasse toute imagination.

Dans la rue, elle fait un grand détour pour ne

pas même frôler de son vêtement une fille publique qui la croise, mais elle fait clandestinement ce que l'autre fait ouvertement.

Elle adore les plaisanteries obscènes et les plus grossières polissonneries débitées dans l'intimité; elle s'enferme pour lire les romans de mœurs, les œuvres pornographiques les plus immondes et elle les dévore avec une véritable fureur.

Au point de vue moral, elle ne vaut réellement pas un clou de plus que la Parisienne la plus dévergondée, bien que, dans son hypocrisie et son pharisaïsme, elle ne parle de cette dernière qu'en affectant l'horreur et le mépris.

Dans les dossiers de la présidence de police, à Strasbourg, — section des mœurs — figure une masse de papiers concernant les dames appartenant aux classes les plus élevées de la société. Au nombre de ces documents, certains contiennent les preuves palpables, irréfutables, que des dames qui, aux yeux de tout le monde, sont respectables au plus haut point, se sont données pour de l'argent, histoire de pouvoir satisfaire leurs besoins effrénés de luxe, besoins auxquels leurs maris, trop mal payés, n'auraient pas pu subvenir.

Ce que je dis là est connu du dernier agent venu de la police des mœurs de Strasbourg. Je me demande ce que dirait le public si ces agents et surtout si le chef de la brigade des mœurs pouvaient parler?

Le maître d'hôtel du restaurant Valentin n'a fait de réponse compromettante pour personne et il n'a rien dit des scènes infâmes auxquelles il a assisté pendant une longue suite d'années. S'il avait ouvert la bouche, il aurait compromis un nombre incroyable d'officiers, de hauts, et même de très hauts fonctionnaires. De quoi il serait résulté un esclandre tel qu'on n'en aurait jamais vu dans aucune chronique scandaleuse du monde.

Un monsieur que je connais beaucoup, une des notabilités du monde des viveurs strasbourgeois, qui m'a prié, pour l'instant, de ne pas révéler son nom, m'a raconté les faits suivants. En même temps qu'il m'en garantissait formellement l'authenticité, il m'a promis que, dans le cas où je serais l'objet de poursuites judiciaires, il viendrait témoigner, sous serment, devant le tribunal.

Habituellement, le propriétaire du restaurant Valentin, une fois que ses clients du rez-de-chaussée avaient fini de dîner, se tenait en haut de l'escalier conduisant aux cabinets particuliers et saluait personnellement les couples qui s'y rendaient.

Un jour, suivant la personne dont j'ai parlé plus haut, un monsieur, accompagné de *deux dames*, s'étant engagé dans l'escalier conduisant aux cabinets particuliers, le propriétaire dit aux deux personnes qui suivaient leur cavalier : « Dites donc, quelle est la première d'entre vous qui va se faire..... »

Du reste, ce fait m'a été confirmé par les femmes que j'ai rencontrées en Suisse. Elles aussi m'ont dit que cet individu se tenait toujours en haut de l'escalier. Or, il a eu le toupet de prétendre, en justice, qu'il ignorait ce qui se passait dans ses cabinets particuliers ! Mieux que cela, après que les débats ont prouvé, jusqu'à la dernière évidence, que ce que j'avais avancé concernant cet individu et son maître d'hôtel était exact depuis A jusqu'à Z, malgré les phrases ronflantes que M. le secrétaire d'État de Kœller a prononcées à la Délégation en séance du 3o janvier 1906, le restaurant Valentin n'a pas été fermé. Mieux que cela encore, on a laissé au propriétaire le temps de se chercher, en toute tranquillité, un successeur et, après cela, on a raconté que cet individu avait interjeté appel du jugement qui l'avait condamné.

Je n'en crois pas un mot. En tout cas, il est un fait incontestable c'est que, *jusqu'à ce jour, par conséquent depuis deux ans passés, le tribunal d'empire à Leipzig ne s'est pas occupé de l'affaire Köhler et que celui-ci n'a pas subi l'emprisonnement auquel il avait été condamné.*

Il est tout aussi certain que Köhler ne portera jamais l'habit du condamné et qu'il n'entrera jamais dans la cellule qui s'ouvre si facilement devant les criminels de sa catégorie.

Or, si Köhler échappe ainsi aux conséquences de ses nombreuses infamies, il le doit, uniquement, à la protection que lui assurent les hauts fonctionnaires du gouvernement et certains magistrats.

Ceci m'amène, tout naturellement, à parler de M. le juge d'instruction Kauff et du rôle que ce monsieur joue lorsqu'il est obligé de poursuivre des personnes auxquelles il s'intéresse...

Je reviens sur l'affaire Lessmann. Le juge Kauff, chargé d'instruire contre cet individu, accusé de proxénétisme et d'exploitation d'une maison de jeu clandestine, a cherché à influencer et à intimider toutes les personnes qui venaient témoigner contre lui. Et pourquoi cela ?

Cherchez la femme!

A peine M. Lessmann avait-il pris la direction de l'hôtel Continental qu'un beau jour M. le juge d'instruction Kauff se montra au café Viennois, situé au premier étage et se fit présenter cette dame, une personne extrêmement jolie et ayant énormément de chic. A partir de ce jour, M. le juge d'instruction Kauff devint un client très assidu de la maison, particulièrement à certaines heures de l'après-midi où le café était pour ainsi dire vide, et se mit à faire une cour très serrée à Mme Malvine.

De ce fait résulta, petit à petit, une très grande intimité entre la famille Lessmann et le juge d'instruction Kauff, une intimité qui pouvait et devait se traduire, en temps voulu, par des services appréciables.

Au moment où une instruction fut ouverte contre Lessmann qui était accusé de proxénétisme, — j'étais alors agent d'affaires, — j'eus un jour à traiter une question avec M. le juge d'instruction Kauff. A mon entrée dans son cabinet, je le trouvai en conversation très intime, très cordiale, avec M. et Mme Lessmann. Celle-ci, en grande toilette, était assise à côté du juge d'instruction, près de sa table de travail, et pendant ce temps, Jacob Lessmann se carrait dans un fauteuil, placé sur le côté et assez loin de cette table. Les jambes étendues de toute leur longueur, les mains enfouies dans les poches de son pantalon, plutôt couché qu'assis, il se dandinait dans une attitude absolument inconvenante.

Ces personnages représentaient un trio dont les membres n'avaient point à se gêner entre eux. Tout individu, même s'il n'avait été initié à rien, aurait

eu, immanquablement, l'impression que la plus
grande intimité existait entre ce monde-là. Mais, ce
qui caractérisait le mieux cette bonne entente,
c'était le fait suivant :

M. le juge d'instruction Kauff avait devant lui
le dossier de l'enquête dont Lessmann était l'objet
et il en donnait lecture au digne couple. Lessmann,
un carnet à la main, prenait de temps à autre des
notes. J'ai été témoin de ceci, car M. Kauff resta un
bon moment sans s'occuper de moi, me considérant comme une quantité négligeable.

Cette séance privée ne constituait nullement un
interrogatoire de justice, attendu qu'aucun greffier
n'était présent. La porte communiquant avec le
bureau de ce dernier, porte habituellement ouverte,
se trouvait fermée. Ceci prouvait bien que l'entretien qui avait lieu entre ces trois personnages était
essentiellement confidentiel.

D'après cela, M. le juge d'instruction Kauff a
donc donné connaissance du dossier de l'instruction le concernant à un individu qui, déjà, en 1903,
avait été condamné par le tribunal des échevins de
Strasbourg à la peine très forte de 300 mark pour
jeux de hasard.

En lui donnant ainsi pleine connaissance du dossier le concernant et en lui indiquant les moyens
de défense qu'il pouvait invoquer, il lui prêtait la
main et l'aidait à se tirer du mauvais pas où il se
trouvait engagé. Simultanément, M. le juge d'instruction Kauff influençait et intimidait les témoins
à charge. J'ai, en ma possession, les noms et les
adresses de ces témoins et je les tiens à la disposition de quiconque voudra en prendre connaissance.

La protection accordée à ce Lessmann par le juge d'instruction Kauff se comprendrait encore, à la rigueur, si le personnage était recommandable à quelque égard; mais ce n'était pas le cas.

A Zurich, à Munich, à Augsbourg, en un mot, partout où il a passé, il a joui de la réputation la plus désastreuse, car dans toute sa vie il a eu des démêlés avec les juges d'instruction et il a fait de mauvaises affaires. Aussi bien, dans le monde des initiés, à Strasbourg, est-il universellement méprisé.

Comme j'avais parlé de lui dans ma première brochure, ce Lessmann chercha à me poursuivre pour diffamation, devant le tribunal de Zurich. Mais ayant eu le malheur de demander aux autorités de Zurich un certificat de bonne vie et mœurs destiné à prouver l'inanité de mes accusations, ces autorités le lui refusèrent. Il est vrai que, par la suite, en Allemagne, il obtint un jugement contre deux personnes — sauf erreur — qui avaient répété ce que j'avais affirmé dans ma brochure ; il n'était parvenu à ce résultat que grâce au fait que les personnes poursuivies par lui n'étaient pas en mesure de lui fourrer sous le nez des preuves dont j'étais détenteur. Comme j'ai des documents en masse, le concernant, je vais encore dévoiler quelques faits à son actif.

Ce Jacob Lessmann est originaire de la Galicie russe, d'après ce qu'on m'a dit à Zurich — naturellement, je ne puis pas garantir l'authenticité de la chose et j'en décline toute responsabilité — son père aurait été condamné, en Russie, par coutumace, à sept ans de travaux forcés, pour avoir commis une grave escroquerie.

Lessmann a fait pour ainsi dire le tour du monde; il a éprouvé les faveurs et les contre-coups du sort. Il se vante, avec une certaine fierté, d'avoir, en compagnie de sa femme, traversé l'Amérique de part en part, en qualité de simple colporteur. Ils avaient effectué le trajet dans le fourgon d'un jongleur de foire, qui les avait emmenés par pitié.

Lessmann avait aussi séjourné à Constantinople et à Vienne, où il avait exercé le métier de cafetier. Dans tous ces endroits, il s'était montré le vrai représentant de la juiverie internationale, dont le principe est : « *Ubi bene, ibi patria* ». Il avait changé de nationalité à la façon dont un autre change de chemise.

Pour l'instant, je crois qu'il est Suisse, mais le fait n'est pas très sûr, car, en 1903, à Strasbourg, le président du tribunal des échevins, après l'avoir interrogé sur ses nom, prénoms, qualités, profession, etc., et après avoir pris connaissance d'une quantité de papiers que celui-ci lui avait soumis, lui déclara :

« Ma foi, vous avez déjà appartenu à tant de nationalités qu'on ne peut pas sortir de vos papiers, ni savoir de quel pays vous êtes citoyen. »

Après avoir erré dans toutes les directions, Lessmann finit par débarquer à Strasbourg, où la présidence de police et les différentes instances administratives lui refusèrent la concession demandée par lui. L'autorisation d'exploiter l'hôtel Continental fut accordée à sa femme.

Quelques années plus tard, il créa la *Mannheimer Apollo-Gesellschaft* et la *Strassburger Variétés und Eden Theater Gesellschaft*.

La première ne tarda pas à subir le sort qu'on lui avait prophétisé. Elle fit banqueroute. Quant à l'autre, les autorités lui ayant de nouveau refusé l'autorisation d'exploiter ce théâtre, il en confia la gestion à un homme de paille.

La société de l'Apollo de Mannheim avait fait si vite une aussi triste fin, parce que toute la bonne société de cette ville, appartenant à peu près exclusivement au monde du commerce, c'est-à-dire à un monde où l'on est très sérieux, n'avait pas tardé à reconnaître que Lessmann cherchait à allécher le public par des manœuvres louches. Je suis très au courant de la situation, car je me suis trouvé à Mannheim pendant les trois semaines qui ont suivi l'ouverture de l'Apollo.

Le directeur artistique de cet établissement, sous les ordres de Lessmann, était également un juif de Galicie, qui s'appelait Heinrich Ollenberg. Ce monsieur, qui n'avait pas encore atteint la quarantaine, était tellement ruiné par des excès de toute nature qu'il offrait les apparences d'un cadavre ambulant et qu'il avait mille peines à se traîner. Le caissier, M. Mirens, qui, jadis, avait travaillé avec Ollenberg à Francfort, me racontait que ce dernier avait mené, dans cette ville, une telle vie de patachon que, pour aller aux répétitions, il fallait l'y traîner en voiture.

J'ai su que cet individu était toujours accompagné de plusieurs femmes et que, d'ailleurs, Lessmann lui-même, s'était organisé à l'hôtel de Bade à Francfort) un buen retiro des plus luxueux, un coin éminemment discret, où il se retirait en compagnie de chanteuses. La femme de l'ancien propriétaire de l'Apollo m'a dit: « Notre ancien éta-

blissement finira par devenir une véritable maison
de tolérance. »

, Après le krach de la maison de Mannheim, ,
Lessmann appela à Strasbourg son compagnon de
sport, le sieur Ollenberg, mais celui-ci trouva un
emploi à l'Apollo qui avait été repris par un nouveau propriétaire.

Un beau jour, la *Strassburger Post*, du 3o mars
1906, publia cette annonce emphatique :

Télégramme.

« *Mannheim, le 28 mars.*

» Direction Théâtre Variétés, Strasbourg.

» Tournée artistique du théâtre Apollo, dans
» votre ville. A partir du 1ᵉʳ avril. Parfait.

« Grand programme sensationnel, distingué,
» décent, à l'usage des familles.

» Occasionne immédiatement de grandes trans-
» formations pour agrandissement de l'orchestre,
» renforcement du personnel des exécutants et
» éclairage de la scène. Le personnel technique, le
» régisseur, le secrétaire et tout ce qu'il faut pour
» organiser la réclame partent aujourd'hui.

» Comme nous comptons avoir surtout un public
» recruté parmi les familles distinguées, nous
» prions de prendre dispositions en vue de tenir à
» l'écart tous les éléments douteux.

» Arriverons demain »!!!

» Ollenberg, directeur de l'Apollo
Théâtre de Mannheim. »

Ce fut une explosion de rires quand, parmi les
gens connaissant Ollenberg, on apprit que ce monsieur se posait en apôtre de la moralité.

Revenons à Lessmann. Il avait organisé au

deuxième étage de l'hôtel Continental, à côté du salon de lecture et de correspondance, dans une pièce, portant, sauf erreur, le numéro 9, un cabinet particulier. Là, de plein accord avec Lessmann, une société, recrutée un peu partout, se livra aux jeux de hasard et à la prostitution.

Dans ce cabinet, le fondé de pouvoirs de la maison de confiserie en gros Wildberger et Cⁱᵉ fut soulagé de 40,000 mark. Pour se procurer le moyen de jouer, cet individu puisait incessamment dans la caisse ; finalement, il se vit obligé de passer la frontière et ce fut un grand bonheur pour Lessmann, car l'autre aurait été l'un des témoins à charge le plus dangereux pour lui.

Je dois dire que l'affaire de ce fondé de pouvoirs avait donné lieu à une instruction contre Lessmann, sous l'inculpation d'avoir toléré dans sa maison les jeux de hasard. Au cours de cette instruction, menée par le juge Kauff, plusieurs garçons de cet établissement déclarèrent encore ceci :

Pendant que, chaque soir, un concert avait lieu, au moment du souper, le maître d'hôtel, Eppler, se promenait innocemment dans les salles, en se donnant les airs d'un client, et inspectait, à tour de rôle, les nombreuses demi-mondaines qui s'y trouvaient. Puis, il engageait la conversation avec elles et, finalement, les invitait à se rendre dans le cabinet particulier situé au deuxième étage, où il leur promettait de leur envoyer, sur-le-champ, quelques bons vivants.

Une fois que la partie était liée, les choses allaient bon train. Le seul liquide permis était du champagne Moët et Chandon, à 20 mark la bouteille.

Quand ces messieurs étaient arrivés au degré d'ivresse voulu, le nommé Eppler insinuait parmi les bouteilles qui avaient réellement été vidées, quelques autres vierges de liquide, de sorte que ces messieurs se trouvaient avoir à payer des consommations qu'ils n'avaient pas prises.

Un beau jour, cependant, cet individu fit absolument fiasco.

Un monsieur, auquel il comptait seize bouteilles au lieu de neuf, prit la chose du mauvais côté et fit à M⁰ᵉ Lessmann une scène si violente accompagnée d'un vacarme tel, que la bonne dame l'obligea à accepter un billet de cent mark, à condition qu'il ne parlerait pas de la chose.

En 1904, ou 1905, je ne sais plus au juste, Lessmann, qui avait engagé, pour quinze jours, trois danseuses espagnoles, essaya de les mettre à la porte avant l'expiration de leur contrat, sous prétexte qu'elles déplaisaient au public. Les trois Espagnoles ne se laissèrent pas faire et portèrent plainte contre lui.

L'affaire fut portée devant la chambre civile du tribunal de Strasbourg et il fut établi, par des témoins et par des experts, que ces trois Espagnoles étaient de première force et qu'elles récoltaient chaque soir de véritables ovations.

Les trois plaignantes déposèrent que Lessmann avait voulu les obliger, après avoir joué leur numéro, à se mettre au milieu des spectateurs du théâtre, à lier partie avec certains viveurs bien connus et à entraîner ces derniers dans les fameux cabinets particuliers de l'hôtel Continental. Comme elles s'étaient énergiquement refusées à se soumettre à cette condition, Lessmann avait essayé de les mettre à la porte sans leur payer l'indemnité convenue.

A la suite de ceci, Lessmann fut condamné à une amende et à des dommages-intérêts très élevés.

Les individus tels que Lessmann et le propriétaire du restaurant Valentin existent à de nombreux exemplaires à Strasbourg. Tous, sans exception, jouissent de la protection de la police et de la justice. Autant fourrer sa main dans un nid de guêpes que de chercher à attaquer ces individus.

Aussi longtemps que des personnages, tels que M. de Kœller et consorts, seront au pouvoir, Strasbourg restera la ville où fleurissent tous les vices.

CHAPITRE IX

Les Officiers.

Ici, c'est bien le cas de dire : Qui ne dit rien consent.

J'ai énoncé, dans ma première brochure, toute une série de faits qui n'étaient pas précisément à leur avantage. Eh bien ! *pas un seul journal allemand* n'a osé rompre une lance en faveur du corps d'officiers.

Au fait, les gazettes ont eu raison de s'abstenir, car elles se seraient lancées dans une aventure d'où elles n'auraient pas pu se sortir et dans laquelle

elles auraient perdu leur latin. Aussi bien que
l'Allemagne entière, et même l'ensemble de l'étranger, savent-elles quel trésor nous possédons en la
personne de la « Fleur de la nation ».

En citant cette épithète, il me revient à l'esprit
une petite pièce de vers, que j'ai lue je ne sais plus
où, et dont je ne voudrais pas priver mes lecteurs.
La voici dans toute sa beauté :

LES PLUS NOBLES
(d'après Uhland)

Des mœurs très austères, des princesses de Dresde,
Kwiltsch-Wroblewo, Oldenbourg, Gumbinnen,
De Forbach, l'énamouré bataillon !
Quand je chante de pareils noms
Je n'ai pas grand'chose à dire
Pour vous chanter, ô les plus nobles de la nation !

La nation allemande a-t-elle réalisé les désirs que
lui exprimait, à l'époque des guerres de l'indépen-
dance, l'auteur des *Discours à la nation allemande*,
le grand philosophe Fichte? Non, cent mille fois
non.

Ce vrai patriote, qui avait reconnu, avec une tristesse profonde, la pourriture dans laquelle se débattait son pays et qui avait suivi, jour par jour, les
progrès de cette décomposition, exprimait, sous la
forme que voici, son opinion sur la noblesse et
l'armée :

« Il est vrai, chevalier de la Toison d'or, ô toi
qui n'es que cela d'ailleurs, il est vrai, et personne
ne le conteste, qu'il serait très désagréable pour
toi si le monde perdait subitement le respect de ta
haute naissance, de tes titres et de tes décorations

et si tu étais, en effet, réduit un jour à n'être estimé
que d'après ta valeur personnelle, si l'on devait
t'enlever les biens, dont la propriété est basée sur
des droits contraires au Droit; il est vrai que tu
deviendrais le plus méprisé et le plus pauvre de tous
les Allemands, que tu disparaîtrais dans la misère
la plus profonde. Mais, pardonne-moi, il ne s'agissait point du tout de ta misère ou de ta longue misère, il s'agissait de notre droit... Il est vrai,
ô branche d'un tronc noble, que les principes im-
muables d'honneur, de l'ancienne brave chevalerie
se sont répandus sur toi; mais il est tout aussi
bien possible que les principes des artifices de la
cour t'aient été transmis. Nous ne pouvons savoir
ni l'un ni l'autre.

» Vois, nous ne ferons pas cette deuxième supposition; mais, en échange, ne crois pas que nous ac-
ceptions la première. Va et agis. Après cela nous te
jugerons d'après toi-même. Qui ne travaille pas ne
doit pas manger; ne jugeons pas plus sévèrement
le simple bourgeois que nous ne jugerions les heureux de la vie, s'ils pouvaient travailler.

» A côté de ceux-ci, un état presque aussi redou-
table s'insinue dans les monarchies militaires :
l'armée. Par la chose même qui rend leur métier si
dur, par la discipline rigide et les lois inscrites
en lettres de sang, qui en sont les conséquences, ils
trouvent leur honneur dans leur abaissement et
une compensation dans l'impunité dont ils jouissent
pour les fautes qu'ils commettent contre les bourgeois et les paysans.

» Le demi-barbare, le plus brutal croit revêtir,
avec son uniforme, l'insigne assuré de sa supériorité sur le paysan timide et molesté de tous les
côtés qui s'estime trop heureux s'il peut s'en tirer
au prix de plaisanteries, d'injures et d'offenses,

alors qu'il s'attendait à être frappé par son digne
chef.

» Le jeune homme qui a beaucoup d'aïeux, mais
d'autant moins d'éducation, considère sa dragonne
comme un insigne lui donnant le droit de contempler avec mépris le commerçant, l'homme d'Etat
éprouvé, le digne savant qui, peut-être, peut faire
mieux que lui, la preuve de ses aïeux. Il croit avoir
le droit de le tourner en ridicule et de le fouler aux
pieds. J'ajoute que c'est, précisément, cette classe
qui cultive de préférence et entretient certaines
nobles vertus, que la promptitude et le courage
dans la décision, que la franchise virile, l'ornement
de notre vie sociale ne se rencontrent plus, pour
ainsi dire, en ce temps-ci que chez les officiers
ayant une haute culture.

» Je m'empresse donc d'exprimer mon respect le
plus profond à toutes les dignes personnes appartenant à cette catégorie, que je connais ou que je ne
connais pas. Mon appréciation générale est basée,
en ce cas, non pas sur un plus ou moins grand
nombre de faits, mais sur des principes.

» Quand une classe de la société est soustraite
aux lois générales et est soumise à une législation
particulière, quand les lois de ce tribunal diffèrent
considérablement des lois générales dictées par la
morale et qu'elles punissent avec une extrême sévérité des délits insignifiants aux yeux de l'autre,
qu'en revanche elles ignorent des fautes que cette
dernière punit avec la dernière rigueur, cette classe
offre un intérêt spécial ainsi qu'une morale spéciale;
elle devient un Etat dans l'Etat et un danger pour
celui-ci. Quiconque échappe aux tentations d'une
telle constitution est un homme d'autant plus misérable, mais il ne contredit pas la règle, il y fait seulement exception. »

Et sous quel aspect se présentent les choses aujourd'hui, exactement un siècle après les deux batailles d'Iéna et d'Auerstädt, dans lesquelles (suivant l'expression d'un écrivain fort connu de l'époque) Napoléon Ier a remporté une victoire facile sur la gentilhommaille prussienne, aussi bête que vantarde, et a jeté par terre, d'un coup de pied, la vermoulure de droit divin de Frédéric-Guillaume III; dans lesquelles ces pitoyables hobereaux ont lâchement pris la fuite, livré les forteresses et provoqué l'humiliation de Tilsit!

L'état de choses s'est-il amélioré après 1806? A cette question, on peut répondre à la fois par oui et par non; car, après une période passagère d'amélioration, à laquelle elle a dû ses victoires de 1864-1866 et 1870, l'Allemagne va au-devant d'un deuxième Iéna; les faits suivants montrent que je suis autorisé à faire cette prophétie.

En ce qui concerne la qualité des officiers actuels, l'opinion générale en Allemagne, opinion confirmée par les événements des trente dernières années, est que l'auréole acquise à la suite des guerres de 1864-1866 et 1870 est en train de pâlir fâcheusement.

Cette opinion est des plus fondées; elle ressort d'une façon éclatante d'un article intitulé *A propos de l'amélioration de la solde des officiers*, publié par la *Strassburger Post* du 7 juillet 1906 et dû à la plume d'un officier.

Dans cet article, il est dit entre autres :

« Le recrutement de notre corps d'officiers, aussi bien au point de vue du nombre qu'à celui de la valeur, n'est plus partout à la hauteur de ce qu'il était autrefois. C'est un fait universellement connu et sur lequel il est inutile d'insister. »

Voici les raisons pour lesquelles le corps d'officiers allemand n'a plus la même valeur, ni sous le rapport personnel, ni sous le rapport professionnel :

Tout d'abord, envisageons l'état de l'instruction de ces messieurs ; il suffit d'entendre ce qui se dit couramment dans le public : « Qui est trop bête pour devenir autre chose devient officier ».

Cette appréciation est loin de manquer de fondement, ainsi que le prouvent les faits suivants.

De nos jours, l'officier sort, soit d'un gymnase, soit d'une école de cadets. Dans le premier cas, il a eu toutes les peines du monde à arriver jusqu'en « première inférieure » (exclusivement); par conséquent, il a, tout au plus, l'instruction que doit posséder la moyenne des employés subalternes de cette catégorie d'employés que M. le lieutenant croit devoir à peine honorer d'un regard de pitié. Il entre au service, en qualité d'aspirant officier, devient au bout de trois mois appointé et au bout de trois autres mois sous-officier.

Dès ce moment, en raison de son ignorance professionnelle et de ses manières prétentieuses, il devient la risée de la troupe; ensuite, quand il a passé un temps fort court à l'école de guerre, il subit l'examen d'officier; un examen d'où se tire brillamment tout individu qui n'est pas bouché à l'émeri. Le voici donc sous-lieutenant royal prussien, hautement et bien né. Il n'est pas difficile de s'imaginer ce qu'un jeune homme de cette espèce a pu apprendre dans une période d'instruction qui n'a guère duré plus d'un an.

Mais la situation est encore beaucoup moins brillante si l'on envisage les jeunes gens qui ont reçu leur éducation dans le corps des cadets.

A peine en rupture des bancs de l'école, ils obtiennent, directement, le grade d'enseigne porte-épée; quelques-uns même sont promus officiers sur-le-champ.

En raison de son instruction première, aussi médiocre au point de vue scientifique qu'au point de vue militaire, l'officier subalterne allemand est un incapable. Ses inférieurs passent leur temps à se moquer de lui et ses supérieurs ne se gênent pas pour lui lancer au visage, en présence de la troupe, les grossièretés et les insultes les plus grandes.

Chaque jour, sur les champs de manœuvre, s'offre au public l'occasion de constater la façon dont les officiers sont morigénés et maltraités par leurs supérieurs. De quelles mercuriales la troupe, qui s'en réjouit follement, n'est-elle pas le témoin auriculaire!

Quelques exemples, à l'appui de ce que j'avance :

En août 1892, le 98e régiment d'infanterie (Metz), dans les rangs duquel je servais à la 9e compagnie, en qualité de volontaire d'un an, exécutait un exercice en campagne. A cette occasion, le lieutenant Rudeler avait à protéger le passage d'un cours d'eau Il s'acquitta de sa mission avec tant d'adresse que le colonel de Kamla, qui ne se connaissait plus de fureur, lui lança ces mots à la figure :

« Monsieur, f.....-moi le camp, je n'ai pas besoin

de vous; l'homme de recrue le plus idiot aurait fait son affaire mieux que vous. »

Autre chose :

Il y avait à ma compagnie un sous-lieutenant tout frais émoulu, répondant au nom de Bauk, un monsieur qui n'avait pas l'étoffe d'un futur maréchal, et qui aurait mieux fait dans n'importe quelle situation autre que celle d'officier. Dès le jour de son arrivée au régiment, et par suite de ses innombrables « traits de génie » militaire, il faisait la joie de la troupe devant laquelle il avait une attitude si lamentable qu'un beau jour le capitaine de Letow-Worbeck l'injuria dans les termes suivants :

« Je vais donner le commandement de votre peloton à un appointé; il le conduira certainement plus intelligemment que vous. »

Certains de ces héros, à force de faire le gros dos et d'accepter les humiliations les plus graves, parviennent à obtenir le grade de chef de bataillon. Incapables d'aller plus loin, ils deviennent alors une charge pour la caisse des retraites.

J'ai connu bon nombre de personnages de ce genre, à l'époque où j'ai fait mon service militaire, notamment les capitaines de Letow-Worbeck, 9ᵉ compagnie, du régiment d'infanterie n° 98, Brennhausen de la 11ᵉ et Pfeffer de la 5ᵉ compagnie du régiment d'infanterie du Roi n° 145, des messieurs qui étaient la risée de leurs compagnies.

Une fois rendus à la vie civile, ces majors caractérisés jouent dans la société un véritable rôle de parasites. Ne voulant et ne pouvant pas travailler, ils s'efforcent, par tous les moyens, de maintenir leur situation au milieu de cette dernière. Pour atteindre ce but, ils sont obligés de ployer constamment l'échine et de s'offrir à rendre tous les services possibles et toutes les complaisances imaginables.

Un représentant accompli de cette catégorie de personnes, c'était le lieutenant en retraite de Lungershausen, récemment décédé à Metz.

Il s'imposait, en quelque sorte, en qualité de trésorier, de secrétaire, etc., etc., à toutes les associations religieuses, patriotiques, de bienfaisance et autres, formées par la haute société. En agissant ainsi, il n'avait qu'une chose en vue : ne pas perdre le contact avec le milieu auquel il avait appartenu, alors qu'il était officier en activité de service.

Celui qui est mis à la retraite, avant le moment où l'on échoue d'habitude sur l'écueil qui s'appelle « l'angle du major », se trouve en fâcheuse posture; car, lancé dans la vie pratique, le savoir de l'officier ne lui permet même pas de gagner l'eau pour faire sa soupe. S'il ne réussit pas à se faire entretenir par une fille de brasserie ou par « quelque chose de mieux », il n'a plus d'autre ressource, s'il ne veut pas mourir de faim, que d'aller en Amérique et de s'y mettre garçon de café, décrotteur, etc. Encore faut-il qu'il soit propre à exercer l'une de ces professions.

Je connais un nombre considérable de lieutenants, mis à la porte de l'armée, qui se font entretenir par des femmes; pour ne pas me laisser entraîner trop loin, je me borne à citer deux cas particulièrement ignominieux.

Le lieutenant Wiss, qui a été expulsé il y a environ trois ans, mène actuellement, à Strasbourg, une existence joyeuse, grâce à l'argent que gagne, par les moyens que l'on suppose, son « amie », une fille de brasserie mise au rebut, laquelle fait la retape dans tous les cafés de nuit.

Un ancien officier d'artillerie, nommé de Vogts, après avoir été chassé de l'armée, s'est insinué dans la famille d'un cordonnier qui avait mis quelques sous de côté. Finalement, il a obtenu la main de la fille de la maison, qui se sentait extrêmement honorée d'entrer dans la noblesse. C'était, d'ailleurs, une très jolie fille; une fois marié, les occupations de ce monsieur ne consistèrent plus qu'à mener promener Mme son épouse et à la conduire d'un lieu de réjouissances à un autre.

A un moment donné, ce couple estimable fut admis à la table des habitués de l'Aschaffenburger-Braustubl, quai des Bateliers, à Strasbourg, et, à partir de là, il devint la risée de cette société composée d'officiers, de juristes et d'étudiants. Mme de Vogts, pour tout dire, n'avait pas tardé à échanger des œillades avec l'étudiant en droit Haber. A ce jeu ne tarda pas à succéder une liaison très sérieuse.

Lorsque celle-ci fut établie dans les règles, les deux époux ne vinrent plus que très rarement ensemble à la réunion du soir. Quand une fois, par hasard, ils y venaient, ils étaient régulièrement accompagnés de M. Haber, le plus heureux des trois. Le jour, aussi bien que le soir, la « Petite Dorée » (c'était le nom d'amitié dont M. de Vogts avait gratifié son épouse) fréquentait les promenades publiques, les concerts, les théâtres et les brasseries, en société de son éternel Haber.

Et, pendant ce temps, M. de Vogts, parfaitement informé de ce qui se passait, mais fermant les yeux pour ne pas perdre son pain quotidien, était mis de côté, purement et simplement. Chaque jour, sa femme lui donnait son argent de poche, se montant à 5o pfennige, je dis cinquante pfennige, qu'il gaspillait, chaque soir, à la table des habitués. Ceux-ci s'amusaient prodigieusement de cet époux qu'ils supposaient aveugle et ignorant tout, et lui montaient toutes les scies possibles et imaginables.

M. de Vogts acceptait tout, pourvu que chaque jour sa rente lui fût servie régulièrement. Les restaurateurs, les aubergistes et les filles de brasserie ne le connaissaient que sous le nom de « Baron croquette salée ». Il devait ce sobriquet à ce fait que chaque soir, en buvant ses deux petits verres de bière, il mangeait cinq gâteaux de cette espèce.

Et, maintenant, M. de Vogts est obligé de renoncer même à cette modeste jouissance, puisque celle qui lui fournissait son argent de poche est morte. Son épouse est décédée à la suite d'une hémorragie provoquée par une opération très dangereuse à laquelle elle avait été obligée de se soumettre.

C'est la fable de la ville que cette dame a succombé à la suite de manœuvres abortives, faites en vue de supprimer le résultat de ses relations avec l'étudiant. Cette liaison avec le jeune homme, un petit monsieur bien frisé, bien peigné, repassé sur toutes les coutures, mais qui avait le cerveau complètement vide, était un scandale public, un sujet de risée pour tout le monde.

Les personnes, qui faisaient partie de cette réunion d'habitués, des avocats, des officiers, etc., vivent encore aujourd'hui à Strasbourg, mais vont chacun de leur côté; M. Haber est employé quelque part dans la magistrature d'Alsace-Lorraine, en qualité d'assesseur de justice.

Revenons maintenant aux officiers de l'armée active.

Bismarck a dit, jadis, au cours d'une séance du Reichstag : « Ils auront beau faire à l'étranger, ils ne parviendront pas à imiter le lieutenant prussien ». Jamais le grand homme d'Etat n'a dit une vérité plus grande. Dieu merci, jusqu'à présent, aucun Etat n'a encore eu l'idée de prendre exemple sur le lieutenant prussien, sur ce bonhomme en cire qui fait la joie de tous les journaux satiriques. Seule et unique au monde, la Suisse qui, dès qu'il s'agit de la Prusse-Allemagne, fait preuve d'un esprit d'imitation étonnant, a singé fidèlement « Monsieur le lieutenant ».

Ainsi que je l'ai dit ailleurs, chez l'officier, tout n'est qu'un vernis extérieur, un vernis qui n'est même pas très solide; mais son intérieur est brutal, frivole, pourri. Il n'a qu'une seule et unique préoccupation, c'est d'avoir un air tranchant et déterminé. Ces messieurs ont conservé la prédilection de leurs ancêtres pour les parfums et ils se conforment strictement aux préceptes de la Bible, deuxième livre de Moïse, chapitre 3o, vers. 23 à 25, qui dit ceci : « Munis-toi des meilleures épices. »

Si l'on considère de près un lieutenant ruisselant de pommade, on songe invinciblement à cet autre passage de la Bible, psaume 133, verset 2 : « Combien il est exquis le baume qui coule de la tête d'Aaron sur sa barbe et sur son vêtement ! »

Quelles ne sont pas toutes les singeries aux-quelles se livre l'officier, quand il est à table ou, d'une façon générale, dans toutes ses manières ! Ceci mérite quelques explications de ma part.

C'est du monde des officiers que provient cette coutume qui, malheureusement, a été adoptée par les civils, même par les meilleures classes de la société, cette coutume idiote, qui consiste, en sor-tant de table à saluer ses voisins, en leur disant : « Béni soit le dîner que nous venons de prendre! » A ce propos, l'un des collaborateurs de la *Strass-burger Post* qui, pour une fois, a montré de l'es-prit, a fait cette observation très judicieuse :

« C'est abominable. Est-ce que tout ce monde bien élevé a donc perdu le sens de l'esthétique? Est-ce que leur sentiment du beau ne se regimbe pas contre cet odieux et absurde salut d'adieux? Il est odieux parce qu'il est prononcé d'un ton ron-flant qui pue la caserne; il est absurde parce que telle ou telle personne pourrait aussi bien dire : « Bonne digestion » ou » coliques ». Pour être lo-gique, un de ces personnages qui disent : « Béni soit, etc., etc., » devrait, pour engager sa belle voi-sine de table à prendre d'un plat de viande l'inter-peller en ces termes : « Langue de porc » ou « tête de veau » !

» Je me demande comment fera un étranger pour comprendre un terme de politesse haché de cette façon? Donc, débarrassons-nous de cet idiot « Béni soit, etc., » et débarrassons-nous aussi de notre façon ridicule de dire bonjour. »

Le brave homme qui a écrit cela s'est donné une

peine inutile, car ces locutions phénoménalement
bêtes resteront en vogue aussi longtemps que les
militaires, les officiers, qui sont l'objet d'un culte
si grotesque, en feront usage.

Le moindre petit sous-lieutenant, frais émoulu,
même s'il jouit d'une vue qui lui permet de distinguer à l'œil nu une mouche à cent mètres, se
croit obligé de porter monocle. Il s'imagine que cet
accessoire lui donnera un air plus énergique. La
plupart du temps l'intéressé n'obtient qu'un résultat, c'est que sa physionomie, déjà peu intelligente
par elle-même, prend une expression grotesque.
Les différentes grimaces occasionnées par l'usage de
ce morceau de verre qui ne veut jamais tenir en
place, passent pour *gentleman-like*. Je ne m'éton-
nerai pas outre mesure le jour où l'on me dira
que les officiers ont pris l'habitude de porter des
dentelles à leur pantalon, aux manches et aux
jupes de leur tunique.

En nombre d'occasions, la conduite des officiers,
en public et en face de la population, n'est vraiment pas en harmonie avec leurs simagrées habituelles. Tout particulièrement, quand il est en
civil, l'officier s'imagine être muni d'un manteau
qui le rend invisible. C'est alors qu'il se montre
sous son vrai jour et qu'il fait preuve des sentiments qui l'animent réellement, car il se laisse
aller dans ses attitudes et son langage et se permet
toutes les polissonneries.

Quand il vit dans son milieu habituel, c'est un
homme de salon sautillant dans ses bottes vernies;
par contre, lorsqu'il se trouve au milieu de simples
bourgeois, il se conduit à la façon d'un vulgaire

lansquene . Le caractère général de l'officier actuel, du moins de celui que l'on rencontre en Alsace-Lorraine, c'est la brutalité, la dépravation et la négation de toutes les lois les plus élémentaires de la morale. Il ne s'entend pas à se concilier l'estime de la population, grâce à ses bonnes manières, à sa moralité, à une application constante à former son esprit et son cœur. Les faits que je signalerai tout à l'heure viennent à l'appui de ma thèse.

J'ai raconté, ailleurs, les débordements auxquels les officiers, même les plus élevés en grade, se laissent aller au moment du carnaval dans les restaurants strasbourgeois « Germania » et « Luxhof ». Ces extravagances ne se produisent d'ailleurs pas seulement à cette époque-là.

Elles se renouvellent aussi après les absorptions de bière, orgies au cours desquelles ces messieurs se conforment aux enseignements du vieux poète allemand, de l'auteur des *Chansons d'ivrogne*.

> Là où Bacchus préside joyeusement
> Se montre aussi bientôt son frère Jocus.
> Il renverse les tables, il fait du scandale,
> Crie trois fois : Vivat Hocus bocus !
> L'un joue du Dideldom
> Et l'autre du Plomplomplom.

C'est uniquement à l'alcool que sont attribuables les esclandres suivants :

Il y a quelques années, une nuit, à Metz, vers deux heures du matin, j'ai rencontré une bande d'officiers en uniforme, absolument ivres, qui traversaient la rue de Pierres et la rue aux Ours, en poussant des hurlements sauvages et en heurtant avec leurs sabres contre les portes et les fenêtres.

Comme ils arrivaient à ma hauteur, l'un de ces ivrognes tenta de me chercher querelle en me demandant : « Veux-tu quelque chose? » Sa voix avait une expression qui me prouvait que cet individu n'attendait qu'une réponse de moi, afin de pouvoir dégainer et me tomber dessus à coups de sabre. J'eus la prudence de ne pas riposter et ces messieurs, avec la « noblesse de leurs sentiments », continuèrent leur chemin en beuglant et en braillant.

A la même époque, des officiers en uniforme présents au débit de vin Schwers, et au café de nuit Muller, à Metz, se conduisaient comme de véritables voyous. Ils chicanaient, ridiculisaient fréquemment les civils présents et poussaient les choses à un point tel que presque toujours il en résultait une bataille générale, au cours de laquelle les verres, les bouteilles, les lustres et les glaces étaient réduits en miettes, et les vêtements les plus honorables, vigoureusement époussetés.

Les autres établissements de Metz, par exemple « le Pélican », l'hôtel Danhofer, Brauche, Huber, etc., étaient également témoins d'orgies abominables auxquelles se livraient des officiers de toutes armes. Les grands premiers rôles, en pareilles circonstances, étaient tenus par certains messieurs, toujours les mêmes. Par exemple, le capitaine Blul, du 8ᵉ régiment d'infanterie bavarois, qui pouvait absorber des quantités phénoménales le liquide, opérait chaque jour des vides considérables dans les tonneaux de bière de Munich. Une fois qu'il se trouvait dans l'état qualifié de « Fidulitas » il jonglait avec les mots les plus grossiers et les plus orduriers, et tenait un langage absolument indigne de « l'un des plus nobles ».

Le lieutenant Schling, du 98ᵉ régiment d'infanterie, soutenait avantageusement la comparaison avec le précédent. Par suite des quantités prodigieuses d'alcool qu'il a absorbées, il est tombé dans la décrépitude physique la plus absolue.

C'est avec une joie intense que je me rappellerai toute ma vie certains exercices de service en campagne faits par le corps d'armée. A cette occasion, M. Schling commandait ma compagnie en l'absence du capitaine, qui était détaché. Lorque le général en chef de Haeseler donna l'ordre de prendre le pas de charge, et d'enlever à la baïonnette la position ennemie, les jambes de M Schling, coupées par l'alcool, refusèrent de le porter en avant. Au lieu de précéder sa compagnie, il demeura en arrière, même très en arrière de la chaîne de tirailleurs, pataugeant et soufflant comme un hippopotame et criant à ses hommes : « Que le diable emporte ce vieux gredin (M. Haeseler), ne courez donc pas si vite, espèce de chiens ! »

Parmi les officiers de Metz qui se distinguaient le plus par leur « pouvoir absorbant », figuraient le commandant de la ville, général de brigade Patrunky, plus communément connu chez les civils et les militaires sous le surnom de M. « Betrunky » (Monsieur l'Ivrogne).

Un soir, vers onze heures et demie, sur la Kammerplatz, à Metz, le lieutenant Bertels, du régiment d'infanterie de Dieuze, complètement ivre, larda de coups de sabre sa maîtresse, parce qu'elle avait été à une représentation du café chantant nommé Colosscum sans lui on avoir demandé la permission.

Le lieutenant Westorow, du 130° régiment d'infanterie, à Metz, ayant eu l'impudence de se livrer à des attouchements sur la personne d'une demoiselle de magasin juive, employée dans la rue des Romains, le bon ami de cette dernière lui appliqua, sur le champ, une formidable paire de gifles.

En 1902, faisant une ronde de nuit, à Strasbourg, je rencontrai, à trois heures du matin, sur la place de Broglie, deux officiers de hussards en état complet d'ivresse et faisant un tel scandale que je fus obligé de les menacer de faire intervenir une patrouille militaire. Ceci me valut, naturellement, de leur part, les injures et les offenses les plus grossières.

Un de ces « gentilshommes » était si abominablement soûl qu'il tomba tout de son long sur le pavé et que je fus obligé de le faire charger en compagnie de son camarade, dans une voiture de place que j'avais fait chercher. Lorsque la voiture partit avec eux, ces « distingués cavaliers », au dolman couvert de brandebourgs en or, m'injurièrent encore et continuèrent à beugler des chansons obscènes.

Certain soir, une bande de sept officiers, pris de boisson, installés dans une loge de premier rang du théâtre des Variétés, de Strasbourg, se comportèrent d'une façon tellement inconvenante que, étant de service en cet endroit, je dus leur adresser, en toute bienveillance, des observations répétées. Finalement, devant l'inutilité de mes efforts conciliants, je fus obligé de donner l'ordre à mes agents de faire évacuer la loge et de faire mettre à la porte du théâtre ces « plus nobles représentants de la nation ».

A cette occasion, le lieutenant Scheider, du 143ᵉ d'infanterie, m'insulta de la façon la plus grossière. Toutefois, au bout de quelques heures, il me fit demander une entrevue et, quand je la lui eus accordée, il me présenta ses excuses dans les termes les plus plats. Il avait agi ainsi, parce qu'il s'était rendu compte que, s'il ne retirait pas les insultes proférées à mon adresse, il serait dépouillé du « plus noble des uniformes ».

Le 17 novembre 1906, les journaux rapportaient sous le titre *A la façon d'une petite garnison*, une scène absolument scandaleuse qui s'était passée au théâtre de l'Union, à Strasbourg. Plusieurs officiers de cavalerie en civil s'étaient conduits d'une façon si inconvenante que les spectateurs en avaient été émus. Ces messieurs, accompagnés de femmes de mauvaise vie, hurlaient, sifflaient et faisaient un tel vacarme que le public en avait été exaspéré et que la chose aurait pu très mal finir pour eux. A ce propos, un journal faisait observer ceci :

« Il était heureux que la représentation tirât à sa fin, car la patience du public était à bout et l'on aurait pu s'attendre aux scènes les plus violentes. Noblesse n'oblige pas, à ce qu'il paraît. »

Le lieutenant Bodega, du régiment d'infanterie n° 143, est un personnage connu de toute la ville de Strasbourg en raison de ses folies et de ses ridicules. Ce monsieur a la rage de monter sur la scène, lorsque les concerts du soir à l'hôtel Continental ont pris fin, et, à la grande joie de tous les consommateurs, de taper à tour de bras un solo sur la grosse caisse.

Je pourrais prolonger jusqu'à l'infini la liste des officiers ivrognes. Mais je suis limité par l'espace.

En ce qui concerne la conduite des officiers en public, spécialement leur attitude vis-à-vis de la population, elle se caractérise par une fierté, une vanité, une enflure et un manque de vergogne indescriptibles.

En voici quelques exemples seulement :

En 1893, étant sous-officier volontaire d'un an, j'avais l'honneur plus que douteux, de me trouver aux fauteuils de balcon de premier rang, au théâtre municipal de Metz, entre un major et sa femme.

Me conformant fidèlement aux principes de politesse recommandés aux militaires vis-à-vis de leurs supérieurs, et faisant preuve de la subordination la plus humble et de la prudence la plus élémentaire, j'avais offert à M. le major de prendre ma place. Cet officier supérieur, désireux probablement de ne pas être l'obligé d'un de ses inférieurs, me répondit par un bref merci.

J'acceptai donc mon sort avec résignation, et, très mal à mon aise, je me fis aussi petit et aussi mince que possible. Tout à coup (je crus que mon appareil olfactif m'avait joué un mauvais tour) s'éleva, sur ma gauche, c'est-à-dire du côté où se trouvait M. le major, une odeur tout à fait particulière, rappelant le fromage de Limbourg trop fait. C'est horrible à dire, M. le major s'était permis la privauté qui a valu, plus tard, à Li Hung Tchang les sarcasmes de la presse parisienne, disant qu'il avait pleinement mérité son titre de vice-roi du Petchili.

Cet incident prouve clairement que, dans le monde des officiers, on n'a pas la moindre vergogne et que l'on se met au-dessus de tous les scrupules admis.

En mai 1906, une voiture du tramway électrique Germania-Gare-centrale, à Strasbourg, dut s'arrêter au pont de l'Abattoir, afin de permettre à un major et à son adjudant de descendre. A cette occasion, le major déclara au mécanicien 283 qu'il le signalerait, parce qu'il n'avait pas arrêté la voiture à sa première injonction. Ce menu fait dénote une arrogance incroyable, car ces deux bonshommes auraient voulu que, pour faire plaisir à leur « haute personnalité », la circulation fût interrompue momentanément. Soit dit en passant : le mécanicien se trouvait dans son droit strict, aussi put-il répondre par un sourire ironique aux menaces de M. le major.

Personnellement, j'ai été le témoin d'un fait analogue, près du passage à niveau du chemin de fer, à Neudorf. Plusieurs officiers supérieurs à cheval insultèrent le garde-barrière, qui ne voulait pas les laisser passer, étant donné que le train d'Appenweier était signalé. Malgré cela, ils exigeaient que la barrière leur fût ouverte au dernier moment. Ils allèrent même jusqu'à menacer cet employé de le dénoncer à ses chefs, de lui passer sur le corps, etc., etc.

Dans le courant de l'année 1906, à Strasbourg, une voiture de maître, conduite par un officier, renversa un piéton qui resta sur le carreau avec des blessures très graves. Au lieu de s'occuper le moins du monde du blessé, l'auteur de l'accident lui lança une injure à la tête et partit à bride abattue. Ce fait a été signalé par un M. P. Milprecht, demeurant dans la rue du Chevreuil, qui, dans une lettre indignée, en a fait part à la *Strassburger Zeitung* et qui, à ce sujet, a fait observer ceci :

« Il importe de se graver dans l'esprit la façon de penser d'un officier qui se conduit aussi brutalement envers un homme qui a été victime d'un accident. On ne croirait pas qu'un officier, et encore un officier supérieur, pût se conduire d'une manière aussi « scandaleuse. »

En 1905 (si mes souvenirs sont exacts), c'était à l'occasión d'un séjour de l'empereur à Strasbourg, la police avait organisé des barrages autour de la place de Broglie et l'ordre avait été donné de ne laisser passer que les personnes munies de coupe-files. Cette consigne s'appliquait aussi bien aux civils qu'aux militaires.

Malgré cela, un officier supérieur du bureau de recrutement de Strasbourg, qui était en uniforme, il est vrai, accompagné de plusieurs dames, voulut forcer à tout prix cette consigne. Le commissaire de police de service à cet endroit, M. Wehman, lui ayant fait observer, très poliment, qu'il n'était pas possible de le laisser passer, l'autre se moqua d'abord de lui, puis lui lança des insultes à la figure. Cette fois, notre homme s'était trompé d'adresse, car M. Webman, qui est officier de réserve, ayant porté la chose à la connaissance du conseil d'honneur militaire, l'homme du recrutement fut obligé de lui faire des excuses.

Ceci a dû être extrèmement désagréable à l'autorité militaire ; cependant, il n'y avait pas moyen de faire autrement, puisque M. Wehman était officier de réserve et que, de plus, en sa qualité de fonctionnaire, il avait le moyen d'obtenir satisfaction par une autre voie. En l'occurrence, entre deux maux, on avait donc choisi le moindre. Je citerai encore les faits suivants se rapportant au chapitre : « Conduite éhontée envers la racaille civile ».

Lors des opérations du recensement des chevaux, qui ont lieu tous les deux ans dans les villages, les officiers de la commission, qui n'en ont aucunement le droit, prennent des attitudes de supérieurs vis-à-vis des maires et, si tout ne marche pas comme sur des roulettes, les injurient comme de vulgaires recrues.

En 1901, à l'occasion du conseil de revision, à Enzheim, canton d'Erstein, opération à laquelle j'assistais pour maintenir l'ordre, de concert avec la gendarmerie, j'ai fait la constatation suivante :

Dans la salle de séances du conseil municipal, salle où se passait la revision, le maire, M. Freiss, un brave homme très jovial, mais peu au courant des usages du monde et des questions d'étiquette, espérant être honoré d'un regard favorable de la part de l'un des lieutenants présents, d'un lieutenant qui remplissait les fonctions de secrétaire, offrit une cigarette à ce dernier. Mais, d'un geste brutal, l'officier repoussa son offre constituant à ses yeux « un acte d'audace et d'effronterie inouïe », en même temps qu'il lui disait d'un ton insolent : « Allons donc ! » Le pauvre maire, qui avait agi dans la meilleure intention du monde, en fut tout bouleversé et se retira avec une mine piteuse.

Le 26 mars 1907, le régiment d'infanterie n° 135, à Thionville, a effectué une marche forcée jusqu'au delà de Metz et est rentré, le même soir, dans sa garnison. Par suite de la chaleur anormale qu'il faisait ce jour-là, cinquante hommes tombèrent au retour et l'on fut obligé de les ramener en voiture. La *Lothringer* et la *Strassburger Zeitung* ont raconté, à propos de cet incident, le fait suivant, qui paraît à peine croyable. Ces malheureux, gisant à terre et gémissant de douleur, une dame lorraine, la dame R..., propriétaire d'une villa située à proximité de la route et saisie de pitié, fit offrir des rafraîchissements à ces hommes épuisés. Si impossible que paraisse la chose, un tout jeune lieutenant se permit de rabrouer cette dame, sur un ton de caserne, et de lui reprocher son humanité.

L'enflure et l'orgueil des officiers dépassent toutes les bornes et ne respectent rien, ainsi que le prouvent, trop éloquemment, les faits suivants :

Le capitaine Kannenberg, condamné à trois ans de prison et à la destitution, en raison des horreurs dont il s'était rendu coupable aux colonies (plus tard, il a eu sa retraite et sa peine a été commuée), accomplissait ses huit derniers mois de forteresse à la citadelle d'Ehrenbreitstein, lorsqu'on y amena, en mars 1905, un rédacteur condamné à quelques mois de forteresse pour délits de presse : « Lèse majesté, critique d'un discours impérial ». Il est d'usage que les prisonniers de ce genre, qui sont peu nombreux, prennent leurs repas en commun ; en conséquence, le rédacteur en question voulut se faire admettre à cette table. Il en fut empêché par le capitaine Kannenberg, l'homme qui avait sur la conscience plusieurs assassinats, sous prétexte que, « en sa qualité d'ancien capitaine, il lui était impossible de prendre son repas en compagnie d'un homme qui avait offensé le chef suprême de l'armée ».

Le 26 février 1906, la *Strassburger Zeitung* a signalé l'amusante histoire que voici :

« *Le déplacement d'un sous-préfet.*

» Ces jours derniers, le sous-préfet Kleemann a eu son changement et a été envoyé à Boulay. Voici les origines de l'affaire qui a motivé ce déplacement.

» Un comité avait choisi comme orateur le sous-préfet Kleemann à l'occasion du banquet qui devait être donné le jour de l'anniversaire de l'empereur. L'officier de district, major Dietlein, avait approuvé ce choix. Quelques jours plus tard, il envoya au sous-préfet qui, soit dit en passant, est capitaine de Landwehr, une lettre dans laquelle il lui disait que c'était lui, major, qui était le supérieur et que, par conséquent, c'était lui qui devait prononcer le discours.

» Naturellement, le comité ne voulut rien savoir de ceci. Il faut dire qu'à Guebviller il est d'usage que l'orateur occupe la place d'honneur au-dessous du buste de l'empereur. L'assistance ne fut pas médiocrement étonnée, lorsque l'on remarqua que les cartes, marquant les places, avaient été déplacées et que l'on vit le major s'asseoir au-dessous du buste. Le sous-préfet Kleemann, qui était venu en uniforme militaire, fit observer à l'officier de district que cette place revenait d'usage à l'orateur; mais l'autre persista à soutenir qu'elle lui revenait parce qu'il était le supérieur en grade. Ceci donna lieu à une discussion très vive, qui eut pour conséquence l'envoi du sous-préfet à Boulay, sans préjudice de sa comparution devant un tribunal d'honneur.

» Ceci donne un tableau enchanteur de notre civilisation au début du xx° siècle : Un sous-préfet, c'est-à-dire le fonctionnaire civil le plus haut placé dans l'arrondissement, se déguise en militaire pour assister à une fête purement civile, et, d'autre part, un officier de district, dans une fête non militaire, prétend être plus que le fonctionnaire civil le plus élevé de l'arrondissement. Et puis encore ces mesquines contestations de rang auxquels se livrent ces deux dignitaires! Quelqu'un s'imagine-t-il sincèrement que de pareils faits soient de nature à favoriser la germanisation? »

De ce qui précède, nous pouvons tirer deux enseignements : l'officier se montre d'une suffisance et d'une arrogance qui n'ont pas de nom, et (chose déplorable) il est encouragé dans ses sentiments par les plus hautes autorités civiles. Le plus réussi de l'affaire, c'est que cette suffisance grotesque ne se retourne pas seulement contre le monde civil, mais encore qu'elle se manifeste contre des membres de la caste elle-même. De pareils faits sont dus, en partie, à la différence de nationalités et en partie à la supériorité que certaines catégories d'armes croient avoir sur les autres.

Après la fin de la guerre de 1870, il y avait, chaque jour, des batailles sanglantes entre les contingents prussiens et bavarois de la garnison. Cette haine de races ne se manifeste plus aussi ouvertement, mais elle s'est maintenue jusqu'à ce jour. Elle se traduit par ce fait qu'à Metz, à Strasbourg, à Dieuze et, d'une façon générale, partout où il y a des garnisons mixtes, c'est-à-dire composées de troupes appartenant à des contingents différents, les corps d'officiers des régiments prussiens, bavarois, saxons et wurtembergeois vont chacun de leur côté. Ils échangent le salut, se rencontrent dans les circonstances où ils ne peuvent pas faire autrement, et, à part cela, ne se fréquentent pas entre eux. Rien que ce fait suffit pour caractériser l'unité qui règne dans l'empire allemand !

Il n'existe pas les moindres relations de camaraderie entre les officiers de cavalerie et d'infanterie qui se trouvent dans une seule et même garnison; la cavalerie dédaigne les pousse-cailloux, au salut desquels elle répond à peine; en revanche, elle recherche la société des officiers de l'artillerie de campagne, parce qu'ils appartiennent à une arme montée et qu'ils sont, en quelque sorte, leurs pairs.

D'autre part, ceux-ci, conscients d'avoir une instruction scientifique supérieure, et nullement d'humeur à se laisser traiter comme des gens que l'on supporte, d'ailleurs incapables de subir la fréquentation de cerveaux aussi creux, vivent également de leur côté.

Le fait suivant montre jusqu'à quel point peut aller l'arrogance des officiers :

Il y a seize ans, le régiment d'infanterie n°.145, à Metz, était considéré comme le plus mauvais de tout le corps d'armée. Son colonel, le baron de Gilsa, avait été éducateur militaire de l'empereur actuel. En raison de ceci, le régiment fut autorisé à porter sur ses pattes d'épaules une couronne avec l'initiale impériale W. A partir de ce jour, ce régiment, qui jusqu'alors avait été la risée de toute la garnison, devint d'une « distinction » telle qu'en très peu de temps il fut débarrassé de tous les officiers sans particule.

Les roturiers furent successivement expédiés dans des régiments moins « féodaux », et ce manège se continua jusqu'à ce qu'on se trouvât « entre nous ».

Dans ce qui suit, nous allons examiner si cette fabuleuse suffisance des officiers est justifiée, si elle est en harmonie avec leur conduite privée et publique. Nous ne tarderons pas à arriver à une conclusion plus que défavorable, grâce aux faits très précis, très probants que voici. Nous basant sur eux, nous pouvons jeter un coup d'œil derrière les coulisses.

Nous verrons avec étonnement, indignation et horreur, « les plus nobles de la nation », les hommes revêtus de « l'uniforme le plus honorable », apparaître sous leur vraie forme. Nous les apprécierons à leur juste valeur, ces hommes qui ont toujours à la bouche le mot « honneur » et qui cherchent à faire croire aux autres qu'ils sont des êtres absolument irréprochables.

A ce propos, je m'empresse de signaler ce que le colonel en retraite Gaedke a dit, en septembre 1906, dans le *Berliner Tageblatt*, concernant les opinions en cours, au sujet de l'honneur, dans le corps des officiers allemands. Cet officier supérieur, dont la compétence en matière militaire est évidemment incontestée, assure que les raisons de la décadence qui se manifeste parmi le corps d'officiers tient uniquement à leur servilité, à leur orgueil et à l'arbitraire dont ils sont victimes de la part de leurs chefs. A l'appui de sa thèse, M. Gaedke a cité, entre autres, la falsification des listes de tir, ainsi que le cas de M. de Podbielski.

Les comptes rendus des tribunaux, et mille faits qui se produisent, démontrent que le corps d'officiers de l'armée allemande renferme bon nombre d'individus malhonnêtes, dont beaucoup occupent même les situations les plus élevées.

Il aurait fallu voir la joie hypocrite qui s'est manifestée dans les milieux d'officiers allemands et leurs éclats de rire triomphants, lorsque, dans ces dernières années, on a eu connaissance de détournements opérés dans les armées anglaise et française.

Ces pharisiens, tout particulièrement odieux à force de voir la paille chez le voisin, n'ont pas aperçu la poutre qui leur crève l'œil. Quand je dis la poutre, je me trompe, il vaudrait mieux dire que l'on découvrirait tout un chantier de bois, si l'autorité militaire allemande ne mettait pas la lumière sous le boisseau et si, dans l'intérêt d'une caste pourrie, l'on ne favorisait pas ces malfaiteurs.

Malheureusement, en Allemagne, on est incapable du courage très louable dont font preuve les ministres de la guerre anglais et français, qui poursuivent impitoyablement, et sans se laisser arrêter par aucune considération, les officiers coupables, si élevés en grade soient-ils. Une canaille est une canaille, ici comme là-bas; sa place n'est pas au milieu d'une corporation qui prétend ne comprendre que les plus nobles de la nation. Tout individu malpropre doit être chassé sans rémission.

En juillet 1906, le major en retraite et commandant de recrutement de Zander et son épouse ont comparu devant la cour d'assises de Breslau, sous l'inculpation de nombreuses escroqueries, de faux serment, de banqueroute simple et de banqueroute frauduleuse, de malversations de tous genres. Ce couple intéressant est demeuré en prévention depuis le mois de mai 1905. Après ces débats, qui ont duré une semaine, un seul chef d'accusation a été retenu contre le major et il a été simplement condamné à une amende de trois cents mark.

Le lieutenant et adjudant du 17e régiment d'infanterie bavarois, à Germersheim, s'en est tiré à meilleur compte. Il a été condamné, le 7 novembre 1906, par le conseil de guerre de Landau, à neuf mois de prison et à la révocation pour de nombreux faux et pour faux serment.

A la fin de l'année 80 du siècle précédent, j'ai vu de mes propres yeux, un officier du régiment d'infanterie n° 130, à Metz, dont j'avais fait la connaissance grâce à un de mes amis d'enfance, Schiller, également lieutenant à ce régiment, je l'ai vu, dis-je, frustrer de dix coups, à un tir, pendant la foire du mois de mai, la tenancière de cet établissement. Donc, volontairement, il la volait d'une somme de quarante pfennige.

A l'hôtel Continental de Strasbourg, une dizaine d'officiers, d'armes et de corps différents, ont formés, ce que l'on appelle un Stammtisch (table d'habitués) qu'ils fréquentent en habits bourgeois, attendu que cet établissement ne jouit pas d'une renommée telle qu'ils puissent s'y montrer en uniforme. La femme Batliani, dite Emma, qui fait le service de

cette table-là, m'a raconté, autrefois, que, régulièrement, ces officiers cherchent à lui carotter un ou
plusieurs verres de bière et, par conséquent, à la
frustrer de quelques misérables pfennige. Pour éviter
toute discussion et pour enlever à ces officiers la
possibilité de la tromper, cette personne a recours
au moyen que voici : chaque fois qu'elle sert un
verre de bière à l'un d'entre eux, sans avoir l'air de
rien, avec un bout de crayon qu'elle conserve dans
le creux de la main, elle fait une marque sur l'espèce de soucoupe en carton blanc. Cette sorte
d'écriture runique, lui sert, en cas de besoin, de
pièce à conviction. Quelle ne fut pas la stupeur de
la brave servante quand, un beau jour, elle constata
que les officiers avaient découvert son truc et régulièrement grattaient l'une ou l'autre des inscriptions
faites par elle ! Ces « plus nobles de la nation »,
animés des « sentiments les plus élevés », n'étaient
donc que de vulgaires filous.

Quelque temps après la publication de ma brochure *Germanisation*, etc., me trouvant à Zurich,
j'ai reçu la lettre suivante qui m'était adressée par
le médecin militaire en retraite, docteur Schienen-
berg, habitant à Strasbourg, rue de la Forêt-Noire,
n° 6.

« *Strasbourg, 29 janvier 1906.*

» Rue de la Forêt-Noire, 6,

» Monsieur le commissaire,

» Permettez-moi, dans l'embarras où je me
trouve, de m'adresser à vous, tant en mon nom,
qu'au nom de ma mère, une femme de soixante-

dix ans, de vous demander un conseil que vous pourrez certainement me donner.

» J'ai pour frère, le lieutenant Schenenberg, qui a pris la fuite. Aidé d'un autre officier, appartenant au bataillon du train n° 15, il m'a soustrait frauduleusement la somme de 10,000 mark. Depuis l'hiver dernier, je suis en procès avec lui et, finalement, j'ai été obligé de le faire saisir.

» Sa femme est une créature abominable. Pendant six semaines, elle est restée chez nous et, de concert avec une infirmière, j'ai dû soigner ses deux enfants atteints d'une grave rougeole. Malgré cela, elle nous a fait des scènes abominables et, il y a huit jours à peine, elle a tenté de m'assommer à coups de marteau.

» Les enfants nous font pitié. Nous voudrions les soustraire à cet épouvantable enfer matériel et moral et nous vous prions instamment, au cas où vous sauriez quelque chose sur le compte de cette mégère, de nous le confier. Ce serait, pour nous, le seul moyen d'obtenir la garde des enfants. Je vous en supplie, au nom de l'humanité, veuillez nous prêter votre concours, etc., etc. »

Ainsi, voilà encore une fois deux « des plus nobles de la nation » qui se conduisent comme de vulgaires escrocs.

J'ai connu un autre filou porteur de « l'uniforme le plus honorable ». C'était le lieutenant Heinrichs du régiment d'infanterie n° 132, à Strasbourg. Celui-ci, le type achevé du lieutenant prussien, qui, quoique pauvre comme un rat d'église, éprouve cependant le besoin d'avoir une maîtresse. Il avait choisi pour l'objet de ses amours une fille, jadis expulsée par un de ses camarades du régiment,

Mlle Méta, précédemment en fonctions dans la maison de tolérance n° 5 b, de la rue des Pêcheurs (ce sont des choses qui se font entre camarades). Il l'avait logée et mise en pension chez Mme Baumann, rue des Orphelins, n° 9. Un mois plus tard, quand il s'agit de payer, M. le lieutenant, incapable de donner même le plus léger acompte demanda un délai. A la fin du deuxième mois, le porte-monnaie de M. Heinrichs n'était pas plus garni que précédemment.

Serré de près par les époux Baumann, M. Heinrichs, ce lieutenant royal prussien, leur signa un billet à ordre, rédigé en des termes tels qu'au point de vue de la loi il n'avait aucune valeur. Ce fut moi qui fis cette constatation, parce que, exerçant alors le métier d'homme d'affaires, à Strasbourg, j'avais reçu de la femme Baumann mission de faire rentrer cet argent.

Pour commencer, je m'adressai au lieutenant Heinrichs, mais il m'envoya promener en me racontant des histoires et en usant de faux-fuyants. Mieux que cela, il s'adressa même à un officier de réserve de son régiment, l'avocat Peters, de Strasbourg, qui eut l'audace de me dire qu'il me dénoncerait au procureur du roi et qui me menaça même d'intervenir, éventuellement, auprès du président du district afin qu'il me retirât l'autorisation d'exercer ma profession.

Par cette tentative de pression illégale, l'avocat Peters poursuivait uniquement le but de m'empêcher d'agir contre son camarade de régiment. Il obtint un résultat précisément contraire, car, à partir de là, voulant à tout prix montrer à ce

cuistre d'avocat, à cet individu si servile, que
j'étais dans mon droit et que je n'avais pas peur
de lui, je m'adressai directement au commandant
du régiment.

A la suite d'une entrevue que j'eus avec l'adjudant du régiment, l'argent dû par le lieutenant
Heinrichs fut payé le jour même.

Le lieutenant Heinrichs avait essayé, à l'aide
d'un truc tout à fait ordinaire, de jouer un tour
à ses créanciers. Quant à moi, j'attends encore
aujourd'hui l'exécution des menaces que l'avocat
Peters avait proférées contre moi.

CHAPITRE X

Les officiers *(suite)*.

L'histoire d'un inventeur. — Officiers souteneurs. — La bien-aimée de Modicus. — L'aspirant Heslacher. — Une réflexion des paysans d'Enzheim. — Le capitaine et la femme de l'ingénieur. — Les collages et le maire de Dieuze. — Un singulier directeur de théâtre. — Les bals de sous-officiers. — Masochisme. — Flagellation. — Différents sports amoureux. — L'amour des cartes. — Le respect et la discipline dans l'armée allemande.

L'affaire Rey a révélé, aux yeux du monde étonné et indigné, les manœuvres les plus frauduleuses, les plus criantes, les plus scandaleuses et les plus criminelles auxquels se sont livrés des commandants de régiment, des officiers d'état-major, le ministre de la guerre et même les officiers de la suite de l'empereur, c'est-à-dire rien que des gens portant les noms les plus aristocratiques. En peu de mots voici de quoi il s'agit :

Le commissionnaire de roulage précité, de

Bischheim, près de Strasbourg, avait construit un bateau fait uniquement avec des lances et s'était adressé à toutes les autorités militaires possibles pour faire adopter son invention. A toutes les échelles de la hiérarchie cette invention fut accueillie avec enthousiasme et M. Rey fut invité, dans les termes les plus flatteurs, à expérimenter son bateau en présence des différentes autorités.

M. Rey s'y prêta. Les expériences eurent lieu. De l'avis unanime, le bateau était jugé devoir rendre les services les plus grands au point de vue militaire. Verbalement et par écrit, on lui donna l'assurance que l'Etat lui achèterait le droit d'exploitation de son brevet. Puis, un beau jour, on n'entendit plus parler de rien.

Au bout de quelque temps, M. Rey constata que différents régiments de cavalerie faisaient usage de bateaux absolument pareils au sien. L'autorité militaire avait simplement fabriqué des contrefaçons de son invention. Sur les représentations qu'il fit à ce sujet, en passant par tous les échelons de la hiérarchie, M. Rey ne reçut que des réponses, tantôt évasives, tantôt dénaturant complètement les faits.

M. Rey fit donc reproduire, dans les numéros 108 et 109 de la *Strassburger Bürger-Zeitung* des lettres ouvertes qu'il avait adressées à l'empereur, ainsi que la copie des réponses qui lui avaient été faites par les autorités militaires. Ensuite, son cas fut porté devant le Reichstag et devant la Délégation. Il fut discuté par toute la presse, qui se montra extrêmement sévère pour l'autorité militaire.

Malgré cela, jusqu'à ce jour, M. Rey n'a pas

obtenu la satisfaction à laquelle il avait droit.

Donc, les autorités militaires les plus élevées se sont coalisées, au prix de mensonges pitoyables et de filouterie, pour empêcher M. Rey de recueillir les fruits de son invention. L'empereur lui-même, en ne disant rien, sanctionne ainsi l'acte d'escroquerie signalé plus haut ; et ceci caractérise, on ne peut mieux, l'esprit de justice qui règne en Allemagne.

Concernant l'opinion courante en matière d'honneur parmi le corps d'officiers allemands, les faits suivants sont éminemment instructifs.

Un officier d'un régiment d'infanterie de Strasbourg, — je ne me rappelle plus son nom, toutefois, je sais que ce dernier était précédé de la dénomination « noble de... » — avait une maîtresse qui vivait avec lui. Celle-ci, ayant fait un héritage se montant à une trentaine de mille mark, il le mangea avec elle ; puis, lorsqu'elle n'eut plus le sou, il la jeta dans la rue.

Plongée dans la misère la plus complète, elle supplia son « noble amant » de lui donner quelques centaines de mark. Avec bien de la peine, elle reçut, enfin, non sans avoir été obligée de recourir à l'intermédiaire d'un avocat, une somme à peine suffisante pour lui payer son voyage jusqu'à Berlin, où elle espérait trouver un abri chez une de ses sœurs qui était mariée dans la capitale.

Ce qui précède m'a été raconté par cette personne même. Ma femme et moi nous avons fait sa connaissance, en 1904, à l'hôtel de la Croix-Bleue, à Strasbourg, où elle logeait, en même temps que nous. A l'appui de ce qu'elle nous a rapporté, elle nous a montré une masse de lettres. Noblesse oblige.

Ce n'était pas un sujet plus intéressant que le précédent, ce lieutenant Hertz qui, jadis, servait au bataillon du train, à Metz, et qui ensuite a été envoyé, avec ce dernier, à Forbach. Consultant un jour les dossiers des mœurs, à la direction de police de Metz, j'ai constaté que Hertz avait, soi-disant pour maîtresse une fille, qui, dans la réalité, se livrait, professionnellement, à la prostitution.

Pour masquer sa conduite, cette fille avait loué, dans la Gutstrasse, à Metz, un assez grand logement, dont elle sous-louait quelques pièces en garni. Chaque fois que la police des mœurs s'occupait de cette femme, — et c'était souvent le cas, — le lieutenant Hertz intervenait en sa faveur et s'érigeait son défenseur vis-à-vis de la police. Il poussa même les choses au point de déclarer, verbalement, puis, par écrit, sur sa parole d'honneur, que cette rouleuse, connue de toute la ville, était exclusivement sa maîtresse.

En 1905, étant homme d'affaires, je fus chargé de faire rentrer une somme d'environ cent mark qui était due par une certaine Wilhelmine Eisel. Cette femme, qui avait pour amant le lieutenant Modicus, du 143ᵉ régiment d'infanterie à Strasbourg, vivait uniquement de prostitution clandestine. Recherchée par la police des mœurs, elle disparut, un beau jour, de la surface et reparut aussitôt à Worms, où elle avait trouvé un emploi dans une maison de tolérance de la célèbre Haspelgasse.

Je m'adressai donc à la police de Worms et celle-ci invita la fille Eisel à payer la dette en question. Là-dessus, cette fille me déclara, par écrit, qu'elle en était absolument incapable et elle me pria de m'adresser à son amant, le lieutenant Modicus.

A son tour, celui-ci refusa de payer, prétextant qu'il n'en avait pas le moyen, mais il me promit de faire des instances auprès de cette fille, afin que chaque semaine elle mît de côté une partie de son gain et qu'elle lui envoyât cet argent, dont moi-même je viendrais prendre livraison chez lui. Et il tint sa promesse. En trois termes successifs, le lieutenant Modicus me paya le montant de la dette. Lui ayant demandé s'il savait dans quelle maison se trouvait cette fille et quelle profession elle y exerçait, Modicus me déclara qu'il était au courant de tout; là-dessus je me permis de lui faire observer que ses relations avec une fille publique pouvaient avoir pour lui les conséquences les plus graves; il me répondit qu'il aimait très sincèrement cette jeune fille.

Par la suite, j'ai constaté que la fille Eisel venait de temps à autre à Strasbourg, pour un temps fort court. En compagnie du lieutenant Modicus, lequel naturellement était en civil, elle fréquentait les meilleurs restaurants et s'offrait des dîners fins.

J'ai constaté, de mes propres yeux, que c'était toujours la fille Eisel qui payait. Soit dit en passant, son amant qui était un pauvre diable, aurait été absolument incapable de régler des notes aussi élevées. Le lieutenant Modicus, cet homme porteur du « vêtement le plus noble », a donc l'impudeur de se goberger aux dépens d'une fille publique, de boire et de manger l'argent gagné par elle de la façon que l'on suppose.

Il y a de cela une quinzaine d'années, un lieutenant du régiment d'infanterie n° 67, à Metz, donnait sa démission pour épouser une malheureuse prostituée, une fille connue de toute la ville — elle s'appelait Zinnelauf — qui, au surplus, était mère de trois enfants naturels.

Revêtus du « vêtement le plus noble », les plus « nobles de la nation » paradent avec une certaine prédilection dans les maisons de tolérance ; ils escomptent le prestige de leur uniforme pour obtenir des réductions de prix ou même, quand la chose est possible, pour se faire aimer gratis. La chose se produit très fréquemment à la « Maison Rouge », à Metz ; ces demoiselles désignent par un terme technique qui n'est pas facile à reproduire les clients de ce genre.

A chaque instant, il arrive que des officiers mettent leur montre et leurs bagues en gage dans des maisons de tolérance. J'en connais un, le lieutenant, baron de Ribnitz, adjudant du commandant de recrutement d'Altkirch, qui, en 1887, a mis en gage son épée dans une maison de tolérance de la rue des Champs, à Mulhouse.

Un des plus grands amateurs d'amour libre, le lieutenant Hellwachs, du régiment d'infanterie n°. 130, était connu comme le loup blanc dans toutes les maisons publiques de Metz. Il est vrai qu'il était l'objet d'une terreur et d'un mépris indéfinissables. Une nuit, étant en uniforme et complètement ivre, il pénétra dans la maison n° 2 de l'ancienne rue d'Alger. Il arriva, en titubant, jusqu'au bas de l'escalier ; quand il voulut le gravir, il fut accueilli par une bordée d'injures et l'une de ces

« dames », installée au premier étage, vida un pot de chambre sur le « vêtement le plus noble ».

Les faits suivants prouvent une absence terrifiante de pudeur, de la part de ceux qui en sont les auteurs :

En avril 1892, c'est-à-dire en même temps que moi, était entré au 1er bataillon de régiment d'infanterie n° 98, à Metz, un aspirant officier, répondant au nom de Heslacher. Quand il eut servi pendant le temps voulu, il fut promu officier. Si je m'en réfère à ce que m'a rapporté la propriétaire de l'auberge Friedrich, rue des Allemands, — c'était là qu'il habitait, — M. le lieutenant a accompli le tour de force « plein de goût » que voici :

Une nuit, il avait offert l'hospitalité de son logis virginal à une dame et... dans sa... conversation... il avait fait usage d'accessoires en caoutchouc destinés à un usage hygiénique. Ces accessoires, il les conserva...

Le vétérinaire cantonal Wagner, d'Enzheim, canton d'Ernstein, m'a rapporté, ces années dernières, le haut fait que voici d'un officier supérieur :

Certain jour où il y avait des troupes de passage à Enzheim, les officiers se réunirent dans 'a meilleure auberge de ce village et passèrent leur temps à se raconter des anecdotes graveleuses et des saletés. M. Wagner, étant vétérinaire de réserve, avait été invité à assister à cette petite fête de famille, dont les participants étaient colossalement gais. Le plus enragé de la bande était un major, d'un certain âge, dont les ignominies dépassaient toute imagination.

Tout d'abord, les braves paysans, qui se trouvaient dans la salle, rirent de ces ordures ; finalement, ils s'en allèrent en disant : « Quel vieux cochon, jamais de la vie nous n'aurions cru un officier capable de débiter de pareilles saloperies ! »

Ce n'est pas tout d'être arrogant et suffisant, il faut, du moins, en avoir le droit, c'est-à-dire faire preuve d'une moralité · correspondante. Je crois avoir montré, par ce qui précède, ce qu'il faut penser de la sévérité des mœurs au corps d'officiers allemands.

Ce ne sont pas seulement les officiers garçons, ce sont aussi les officiers mariés qui mènent une existence désordonnée et condamnable. Il est très humain que l'officier célibataire satisfasse de temps en temps ses instincts ; en revanche, il est absolument condamnable que le culte de l'amour constitue l'occupation principale de l'officier allemand. Encore bien plus blâmables sont les officiers mariés qui, pour employer une expression en usage dans le monde militaire, ont « leur champ de tir propre ».

En Alsace et Lorraine, on s'imagine, parfois, être reporté à l'âge de l'Ancien Testament. Comme jadis, on ne se fait aucun scrupule d'entretenir une concubine parallèlement à sa légitime épouse. Dans les milieux d'officiers, aussi bien que dans les régions supérieures de la société du Reichsland, on cultive les enseignements de Mahomet avec autant d'ardeur que ceux du christianisme. A ce propos, je crois devoir reproduire une lettre qui, après l'apparition de ma première brochure, m'a été adressée par un conseiller de justice militaire en retraite.

Cette lettre ne fait que confirmer ce que j'ai dit précédemment.

« Berlin, le 25 mars 1906.

» Honoré Monsieur Stéphany,

» Un Suisse de mes amis, qui est venu passer quelque temps chez moi, m'a apporté votre brochure, laquelle, vous le savez, est interdite en Allemagne. Je crois devoir vous dire qu'ayant vécu pendant vingt ans en Alsace-Lorraine, en qualité d'employé militaire, je suis en mesure de confirmer la plupart des faits que vous y avez avancés. Toutefois, il s'y est insinué une inexactitude, très insigniflante, qui fournira à vos adversaires l'occasion de tout nier.

» Le lieutenant auquel vous avez reproché des actes contre nature n'a pas été mis à la porte à cause de cela : il a été dénoncé par ses camarades de régiment parce qu'il avait triché au jeu. »

Je dois observer, à ce propos, que mon correspondant ne semble pas être très bien informé sur la question. Ce qu'il dit au sujet de la tricherie au jeu est parfaitement exact, mais c'est elle qui a provoqué l'enquête faite concernant la vie privée du lieutenant de Baumbach. C'est au cours de cette enquête que l'on a découvert les actes contre nature dont il s'était rendu coupable, et c'est à la suite de ceci que cet individu a pris la fuite.

Mon correspondant dit ensuite :

« Je crois que vous ignorez les scandales qui ont été occasionnés à Sarrebourg : 1° par le lieutenant-colonel de König, qui considérait les dames de son régiment comme « son peloton » ; 2° par le capitaine Scheder, qui faillit être tué en duel par le capitaine d'infanterie de Planitz, l'amant de sa femme.

» Les généraux eux-mêmes ne valaient pas mieux. M. de Bessing avait, jadis, volé la caisse du casino à Ifanovre ; comme il avait des parents très haut placés, il fut simplement muté.

» Il y a bon nombre d'années, en présence d'un grand nombre d'officiers, le lieutenant de Blumenthal lui a dit, un jour : « Monsieur le major, auriez-vous l'intention de me voler, moi aussi? » A Sarrebourg, le même de Bessing s'efforça de faire réformer un cheval en très bon état, dans le seul but de le racheter. Son commandant de régiment ayant voulu s'y opposer, de Bessing, secondé par le général de division Masso et par le général Blum, qui était haï de tous ses inférieurs, lui cassa les reins. L'autre s'en alla en Amérique. Actuellement, il est général au service de la République argentine et jouit d'une très grande considération.

» Je pourrais vous citer encore une foule de cas du même genre, des choses qui ne sont nullement propres à germaniser les Alsaciens-Lorrains, ni à faire d'eux des Allemands contents de leur sort.

» C'est avec la plus grande sympathie pour vous et pour votre sort futur que je signe. »

» N. N.

» P.-S. — Comme ma lettre serait très probablement confisquée par la poste, je la confie à mon ami qui vous la remettra en mains propres. »

En vérité, ce tableau est enchanteur. La lettre était signée du nom de son auteur, mais j'ai promis à ce monsieur de ne pas le révéler.

Passons à un autre sujet, à la tragédie Fittig-Kohl.

Le capitaine d'infanterie Fittig, en garnison à Sarrebourg (Lorraine) entretenait, depuis longtemps, des relations coupables avec la femme de l'ingénieur Kohl. Ces relations, qui étaient le secret

de Polichinelle, n'étaient pas connues du mari.
Pour éviter un esclandre, qui ne devait pas tarder à
éclater, l'ingénieur Kohl fut déplacé et envoyé à
Cassel. Personne ne lui ayant rendu sa visite d'arrivée, Kohl se renseigna auprès de l'autorité supérieure et alors celle-ci fut bien obligée de lui ouvrir
les yeux sur les motifs pour lesquels la société l'a-
vait mis en quarantaine.

Ayant fait faire, sous main, une enquête à Strasbourg, l'époux acquit, à sa grande stupéfaction, la
certitude que sa femme avait régulièrement des
rendez-vous avec le capitaine Fittig dans un logement de garçon, situé rue de Pierres. A la suite de
ceci, Kohl et Fittig se battirent en duel et le premier fut blessé. L'épouse indigne mit fin à ses
jours par le poison.

Quant au séducteur, pense-t-on qu'il fut mis à
l'écart par le monde qui se respecte et qu'il fut
expulsé de l'armée? Non, chers lecteurs, le capitaine
Fittig est actuellement à la veille d'être promu au
grade de major et, très prochainement, il épousera
la fille d'un juge au tribunal supérieur de Colmar.
En gratifiant d'un coup de revolver l'homme dont
il avait détruit le bonheur familial, il s'est réhabi-
lité aux yeux de la société et s'est montré digne de
rester l'un des plus « nobles de la nation ».

J'ai indiqué, précédemment, les moyens dont les
officiers célibataires font usage pour se procurer la
satisfaction de certains instincts. Je tiens à compléter les renseignements à ce sujet.

Dans les petites garnisons, le système des « collages » a pris, à un moment donné, une telle extension que, non seulement les chefs militaires, mais

encore les autorités civiles furent obligées d'intervenir pour mettre un terme à cette vie crapuleuse qui devenait un scandale pour toute la population. C'est ainsi que ces années dernières le maire de Dieuze, M. Ebel, s'est vu obligé de prendre une série de mesures extrêmement sévères.

En raison de cette intervention, dictée par la morale, d'ailleurs aussi nécessaire que fondée, et accueillie avec la plus vive satisfaction par la population civile, M. Ebel recueillit la haine de tout le corps d'officiers. A dater de là, tous les officiers évitèrent de saluer le maire et ne laissèrent pas échapper une occasion de lui témoigner leur dédain. M. Ebel vit encore, et il appartient à l'administration de l'Alsace-Lorraine en qualité d'inspecteur de police. Par conséquent, il est en mesure de confirmer la véracité de mes dires.

La situation de Dieuze n'était pas unique en son genre; on retrouvait le même état de choses dans d'autres petites garnisons et à un degré plus grave encore à Morhange. A Thionville, l'administration municipale n'osait pas intervenir, car le corps d'officiers et les fonctionnaires faisaient cause commune. Sous ce rapport, le brigadier chef de police de cette ville m'a fait un jour une réflexion caractéristique.

Le général en chef, comte Haeseler, ayant supprimé les « pigeonniers » de Thionville, les officiers ne sachant pas comment les remplacer, logèrent leurs « colombes » chez des tenancières de bureaux de placement de Metz. A dater de là, ces dernières maisons, en particulier celle de la femme Ritten, devinrent de véritables maisons de tolérance et furent surveillées étroitement par la police des mœurs.

De toutes parts, les officiers sont favorisés au point de vue de l'inconduite. Ainsi le directeur du théâtre municipal de Metz, M. Herfeld, leur fournit tous les moyens matériels voulus pour cela. Ce juif berlinois, roué et dépourvu de scrupules, ne payait que des appointements très modestes à son personnel féminin et leur disait que, pour se procurer ce qu'il leur fallait pour vivre, elles n'avaient qu'à s'adresser aux nombreux officiers de la garnison de Metz.

Quand l'une ou l'autre de ces artistes se plaignait de l'exiguïté de ses feux, cet individu l'envoyait promener en lui disant : « Ma chère demoiselle, je ne puis vous donner plus. D'ailleurs, il y a, à Metz, tant et tant de régiments de cavalerie, d'artillerie et d'infanterie. Vous me comprenez bien. » La plupart d'entre elles comprenaient l'allusion de leur directeur et devenaient la proie des officiers.

A ce sujet, je tiens à rapporter une histoire très réussie, une scène tragi-comique, qui a fait la joie des initiés.

Une des artistes du théâtre de Metz, la soubrette, avait une nombreuse clientèle parmi les officiers du régiment de dragons n° 9, régiment dont le propriétaire est le statthalter actuel d'Alsace-Lorraine, prince Hermann de Hohenlohe-Langenburg. Un dimanche après-midi, le lieutenant de Schebeck, de ce régiment, se trouvant en visite chez cette personne, un de ses camarades, le lieutenant baron de Vingem, demanda à être admis également. Suivant le témoignage de personnes bien informées, le lieutenant de

Schebeck, très décolleté, alla ouvrir à son camarade. A cette vue l'autre tomba des nues et après s'être brièvement excusé, fit demi-tour et dégringola, quatre à quatre, l'escalier.

Dans sa précipitation, il n'avait pas remarqué que le maître d'hôtel du restaurant voisin, Bavaria, montait porteur de deux énormes plateaux sur lesquels étaient rangées une série de choses exquises commandées par le lieutenant de Schebeck. Il en résulta un carambolage formidable : le lieutenant de Vingem renversa le malheureux maître d'hôtel et le souper des deux amoureux alla se promener dans toutes les directions. Ce n'était qu'une victoire à la Pyrrhus, car le vainqueur et le vaincu se relevèrent en assez mauvais état. Le lieutenant de Schebeck se vit obligé de payer l'indemnité de guerre, « car son camarade avait battu en retraite avec la plus grande précipitation ».

Ainsi que je l'ai démontré plus haut, les officiers capables de s'offrir une maîtresse, ou d'entretenir une actrice, forment l'exception. Toutefois, les pauvres diables en arrivent également à leurs fins, car ils se contentent de femmes moins relevées. Un jour, un de ces philosophes des « raisins trop verts » m'a dit : « Je préfère une petite bonne, bien propre, à la demi-mondaine la plus chic. » Je vous crois, monsieur le lieutenant.

Les officiers, qui ont un faible pour les bonnes, trouvent, dans les bals de sous-officiers qui sont donnés chaque année, une occasion de faire de pareilles connaissances. Comme le prouvent les faits, MM. les officiers donnent très vigoureusement dans le collier et font briller tout l'éclat de leurs

uniformes pour nouer des relations avec des cuisi-
nières qui, à leur contact, s'imaginent être au septième ciel. Les sous-officiers, au contraire, d'abord
très flattés de l'honneur dont leurs bonnes amies
sont l'objet, constatent par la suite, avec une fureur
contenue, que leurs supérieurs leur ont « levé leur
fiancée ». A la suite de ces bals de sous-officiers, il
y a presque toujours un « changez les dames ».

Au point de vue des liaisons qui n'étaient pas
« selects », trois officiers bavarois de la garnison de
Metz se faisaient remarquer d'une façon toute particulière. C'étaient le capitaine Grober et les deux
frères Mohrmann, dont l'aîné était capitaine et l'autre sous-lieutenant. Ces trois personnages opéraient
chaque jour des razzias parmi les bonnes et, d'une
façon générale, ne fréquentaient que la lie de la
population féminine de Metz.

Les officiers riches, qui peuvent s'offrir des
femmes plus chic, ne sont pas obligés de descendre
dans ces profondeurs. Ils n'ont même pas à se
donner de peine, car les femmes courent après eux,
en quelque sorte. Les courses de chevaux, dans l'île
Saint-Symphorien à Metz et dans les prairies de
l'Ill, à Strasbourg, sont des lieux de rendez-vous où
prennent naissance une foule de liaisons.

Le soir, après la fin des courses, les vainqueurs
gaspillent l'argent gagné; les autres s'en vont dans
des brasseries de femmes ou dans des maisons de
tolérance. Toute personne qui n'a pas été en situation d'observer cela n'a qu'à se renseigner auprès
de la police des mœurs. Celle-ci lui racontera les
choses les plus édifiantes à cet égard.

Ces officiers, blasés au point de vue sexuel, éner

vés par des débordements continuels, ont besoin d'un piment tout particulier pour remettre en activité leurs esprits vitaux émoussés. Ce sont ces volcans éteints qui passent leur existence à la poursuite de ce que, dans le monde des viveurs, on appelle « du veau », c'est-à-dire des filles qui ne sont pas encore adultes. Ils ne se soucient guère du Code pénal de l'empire allemand, avec lequel ils entrent continuellement en conflit.

J'ai cité, dans ma première brochure, un cas tout à fait odieux, dont les témoins vivent encore et peuvent attester la sincérité de mes dires. Un autre cas, du même genre, a eu une issue fatale, en ce sens que le séducteur s'est suicidé pour ne pas aller au bagne. Le fait s'est passé tout récemment dans une ville d'industrie, située contre la frontière d'Alsace-Lorraine et dont la garnison est relativement nombreuse; il s'agit de Saarbruck. Un médecin aide-major avait su affoler deux petites filles de douze et treize ans, appartenant à d'excellentes familles et qui allaient encore à l'école supérieure des filles. Il les attira dans son logement et les déflora. Comme il fallait s'y attendre, la chose s'ébruita et ce débauché mit fin à ses jours en se tirant un coup de revolver.

Le major Stortz emploie d'autres moyens pour recouvrer ses forces viriles perdues. Il est allé chez un médecin de Wiesbaden, un spécialiste renommé, qui lui a fait suivre un traitement régénérateur, basé sur l'emploi de l'électricité. Ce traitement a donné des résultats absolument ébouriffants, tels que, si M. Stortz avait appartenu au règne animal, on aurait pu l'employer pour la reproduction.

Bon nombre de femmes ont eu à pâtir des effets de cette régénération si étonnante.

Pour compléter mes renseignements sur ce major, je dirai aussi qu'étant un jour en état complet d'ivresse il a perdu toutes ses décorations et que, très fréquemment, il lui est arrivé de donner communication, au premier venu, des dossiers de mobilisation dont il était détenteur. De toutes manières, c'était un digne représentant de la catégorie « des plus nobles de la nation ».

J'avais avancé dans ma brochure que les officiers se livrent aux jouissances les plus singulières dans les maisons qu'ils fréquentent.

Je m'étais borné à désigner leur passion sous le nom de sodomie et je n'avais pas jugé utile de donner de détails à cet égard.

Dans l'entretemps, j'ai reçu, de différents côtés, notamment de la part de professeurs, d'hommes de lettres et de journalistes, des lettres m'invitant à être plus explicite dans mon deuxième ouvrage (dans le présent ouvrage), à ne pas me borner à de simples allusions et à montrer, dans toute leur nudité, les vices et la dépravation de ces privilégiés de la société.

Avant de faire droit à ces demandes, je me crois tenu d'affirmer, de la façon la plus solennelle, que les descriptions qui vont suivre ne me sont nullement inspirées par le désir de me livrer à des floritures pornographiques, mais que je me borne simplement à rapporter des faits absolument vrais, des faits que j'ai observés de mes propres yeux lorsque j'étais commissaire criminel, ou qui m'ont été rapportés par la police des mœurs, par les propriétaires ou les portières des maisons de tolérance. Je repousse du pied les accusations d'immoralité que l'on pourrait me lancer. Je suis simplement un chroniqueur qui enregistre les faits dans leur nudité et je laisse la responsabilité de ces ordures à ceux qui s'y vautrent.

Je dirai encore que, si les filles publiques, les propriétaires et le personnel servant des maisons publiques voulaient desserrer les dents et raconter ce qu'ils ont vu, au cours des années, le monde se trouverait en présence d'un abîme, dont la vue seule le remplirait d'horreur et d'effroi. Je vais, dans ce qui suit, lever, avec la plus grande discrétion, un coin du voile, qui recouvre les ignominies de la vie sexuelle des « plus nobles de la nation ».

Les actes contre nature auxquels se livrent les officiers dans les maisons consistent en ce qui suit :

Masochisme.

Certains officiers se complaisent dans le rôle de l'homme maltraité par la femme. Quand ils sont dans les maisons de tolérance, ils se font gifler et donner des coups de poing par les filles, quelques-uns même se couchent par terre et se font fouler aux pieds. Ces coups de pied sont particulièrement aimés s'ils sont donnés par un petit pied coquet, chaussé de hautes bottines à boutons, montant jusqu'au mollet et munies de talons très hauts. Les femmes remplissant ce ministère doivent posséder un regard et un caractère dominateur, ou du moins faire semblant de les avoir, de façon que leur victime se berce de l'illusion d'être asservie par elles.

16.

Ici, comme dans le flagellantisme, la plus haute jouissance pour l'homme consiste non pas dans ses relations naturelles avec la femme, mais dans la sensation des douleurs corporelles qu'elle lui inflige.

Flagellation.

Dans certaines maisons de tolérance de la rue des Pêcheurs, de Strasbourg, se trouvent enfermées dans une armoire secrète de longues et flexibles baguettes qui servent à satisfaire les goûts de certains spécialistes. Le flagellantisme, qui recrute ses principaux adhérents parmi les officiers de la garnison de Strasbourg, consiste en ceci : l'homme et la femme étant complètement nus, cette dernière frappe son compagnon à l'aide de ces baguettes ; elle continue ainsi jusqu'à ce qu'il soit en sang. Arrivé à l'extase des sens, l'homme prend une part active à cet acte de torture.

Les médecins, qui passent chaque semaine la visite dans les maisons publiques, savent que ces pratiques sont en grande faveur. Au cours de leurs visites, ils constatent aussi que beaucoup de ces filles portent, en plus des traces de ces coups, des traces de morsures, qui, souvent, nécessitent leur admission dans un hôpital. D'après les aveux arrachés à certaines de ces femmes, il résulte que des officiers, en grand nombre, se livrent à ce genre de sport qui est une variété du sadisme. Les principales aberrations sexuelles les plus épouvantables et les plus dégoûtantes, auxquelles se livrent les officiers, sont de nature à exciter l'horreur et à vous soulever le cœur. En voici quelques échantillons :

Bon nombre d'entre eux, — notamment les hommes d'un certain âge — plus particulièrement des officiers supérieurs célibataires, ruinés par des excès de toute nature, et absolument insensibles aux charmes de la femme en elle-même, ne peuvent plus se procurer de jouissances qu'en se livrant aux horreurs que voici :

1° . . . . ;

2° . . . . ;

3° . . . . et un qui avalait avec délices le cérumen des filles.

4°. . . . . . .

5°. . . . . . .

Dans les bains, au sous-sol de la Maison Rouge, à Metz, les baignoires sont faites pour deux personnes. La clientèle de cet établissement est, pour ainsi dire, exclusivement composée d'officiers.

Parmi les autres vices d'une pratique courante dans le corps d'officiers, je citerai encore :

1° L'homosexualité, que je n'ai pas besoin de définir autrement, puisque ce n'est pas autre chose que la vulgaire pédérastie.

Les premières victimes des officiers sont généralement leurs ordonnances.

2° La pédérastie proprement dite, s'exerçant sur de petits garçons, est plus rare.

3° La sodomie, c'est-à-dire la satisfaction contre nature des instincts sexuels. Celle-ci est une spécialité des officiers des troupes montées et y est même très en faveur.

Etant donnée l'activité phénoménale que les officiers déploient dans le domaine de l'amour, activité
qui, en certains cas, affecte la forme de l'érotoma-
nie, il est forcé que ces messieurs soient affligés de
toutes les maladies possibles et imaginables. Ceci
arrive d'autant plus fatalement que la plupart des
« plus nobles de la nation » n'ayant pas le moyen
de dépenser de l'argent pour avoir des fruits de
choix, en sont réduits à se contenter de fruits vé-
reux.

Je n'en finirais pas, si je voulais citer ceux de ces
messieurs qui sont affligés de ce qu'on appelle chez
nous « le mal français ».

L'un d'eux, un sous-lieutenant du 192° d'infanterie, en garnison à Metz, et dont je ne me rappelle
pas le nom, avait gagné une syphilis carabinée en
fréquentant une fille du café Muller. Lorsque le
mal se fut déclaré, il annonça qu'il se vengerait de
tout le monde féminin, et il communiqua volontairement ce mal à une infinité de femmes.

Le lieutenant Helder, du régiment d'infanterie
n° 98, à Metz, opéra de la même façon. Il faisait
ménage avec une fille de brasserie ; lorsqu'il la ren-
voya, il lui laissa, en souvenir, une maladie qu'il
avait gagnée on ne sait où. Celle-ci la transmit, à
son tour, à ses nombreux amants de circonstance,
et, finalement, au sous-officier qui l'épousa plus
tard.

Un lieutenant de l'un des régiments de dragons
de Metz rapporta de la même manière, mais sans
s'en douter, une pareille maladie à sa femme, qui
la transmit elle-même à son enfant. J'ai promis —
et je le regrette fort — de ne pas nommer cet offi-

cier. Toutefois, je me réserve de ne pas tenir la parole donnée, au cas où l'on émettrait des doutes à l'égard de ce que j'avance ici.

L'officier en question était célibataire, était connu dans toutes les maisons publiques de Metz, en raison du goût particulier qu'il manifestait pour « l'amour de la bouche ». Quand il eut vidé jusqu'à la lie la coupe des jouissances, il épousa la fille d'un haut fonctionnaire, une jeune et belle fille qui n'est plus aujourd'hui qu'une fleur fanée, et dont l'enfant est condamné à traîner, à travers la vie, les stigmates de la vie immonde de son père.

Parmi les officiers qui portent au front le sceau de leur conduite ignoble, je citerai seulement les suivants, dont les ignominies sont connues *urbi et orbi*; savoir, le lieutenant Hertung, du 13ᵉ dragons, de Metz, un fantoche grotesque, soit, dit en passant; le lieutenant Krohe, du même régiment, le lieutenant de Winterfeld, du régiment nº 98, de Metz; le lieutenant Wondheim, du même régiment, le capitaine Faschner, le lieutenant Siltkmann, du régiment d'infanterie du Roi nº 145, le capitaine Schappers, du régiment d'artillerie badois, à Strasbourg, etc., etc. Je m'arrête, parce que je n'en finirais pas si je voulais citer tous les noms.

L'existence dépravée des officiers n'est pas seulement nuisible à leur santé, elle entraîne encore des conséquences déplorables. Les simples soldats et leurs officiers, voyant leurs supérieurs incapables de se tenir droits à la suite d'une nuit d'orgie, s'amusent royalement à leurs dépens et se permettent les plaisanteries les plus inconvenantes à leur endroit.

En fait, le subordonné, dans l'armée allemande, ne possède pas l'ombre d'estime, ni de respect, pour ses officiers, car il connaît à fond l'existence privée que mènent ces « plus nobles de la nation ».

C'est avec intention que je n'ai pas parlé de l'attachement ou de l'affection des soldats pour leurs chefs. Ça n'existe pas. Ce que l'on appelle respect et discipline, dans l'armée allemande, n'est en réalité, qu'une frousse épouvantable. Tout à l'heure, je m'étendrai plus longuement sur ce chapitre.

La passion du jeu atteint des proportions fabuleuses dans le corps d'officiers allemands. Si la chose n'avait pas été connue de vieille date, les scandales qui se sont passés tout récemment seraient de nature à nous éclairer sur ce point et à nous montrer l'extension que cette folie a prise dans l'armée. En août 1906, la *Post*, de Munich, rapportait ce qui suit :

« Les héros de ce roman sont des officiers appartenant à l'élite de la nation. Le principal d'entre eux, M. de Hirn, étant capitaine, avait en sus de ses revenus, se montant à 5,000 mark, une rente de 10,000 mark que lui payait son beau-père. Bien qu'il n'eût plus aucune fortune, il avait des passions si coûteuses que, pour les satisfaire, en l'espace de treize mois, il a fait pour un demi-million de dettes. Le lieutenant B..., sans aucune fortune personnelle, n'ayant pour vivre que ses appointements et une rente mensuelle de 500 mark, à lui servie par son beau-père, a réussi à faire en quatorze mois 15,000 mark de dettes. Le lieutenant D..., en sus de ses appointements, reçoit, par mois, 100 mark de ses parents. En plus de ses ap-

pointements, le lieutenant de T... a 30,000 mark
de rente; chacun de ces deux messieurs s'entend à
contracter en dix-neuf mois plus d'un demi-million
de mark de dettes. Pour se procurer de l'argent
ils ont recours aux moyens les plus désespérés; le
cinquième de la bande, le capitaine K..., qui n'a
que ses appointements et un très faible revenu,
signe, en quinze mois pour ses camarades, de H...
et B..., des billets de complaisance se montant à
100,000 mark.

» Tous les intermédiaires qui se chargent de procurer de l'argent sont mis sur pied par ces officiers
qui se signent mutuellement des billets. Ceux-ci
acceptent tout : argent comptant, valeurs et hypo-
thèques. Quand la chose n'est plus possible de
cette façon-là, ils acceptent des bijoux, des tableaux,
des chevaux, des voitures, des paniers de champagne ou d'autres vins, des armes, des bicyclettes,
qu'ils revendent aussitôt ou mettent en gage; ils
achètent même à l'étranger des villas, des proprié-
tés, etc., etc.

» La catastrophe ne se fait pas longtemps attendre,
le capitaine de Hirn se sauve à l'étranger. Après
quelques voyages en zigzag le fugitif revient. Pour
faux en écritures et outrages à la pudeur, il est condamné à quelques années de travaux forcés et à la
révocation. Par une faveur spéciale du souverain,
ces travaux forcés sont commués en emprisonnement. Le lieutenant B... est destitué, les lieutenants
D... et baron de T..., grâce à l'intervention de
parents très riches, sont conservés à l'armée. Le capitaine de K..., n'étant pas en situation de payer les
billets qu'il a signés, doit paraître en uniforme et
prête le serment déclaratoire. Lui aussi est encore
en activité; le procureur du roi ne donne pas suite
à la plainte en escroquerie portée contre ces officiers.

» Le dernier chapitre de ce roman est formé par un grand procès d'usure. Sur le banc des accusés, on voit un médecin connu et dix-neuf autres personnes, au nombre desquelles figurent trois anciens officiers, un avocat et deux membres de la famille de M... Au banc des témoins se présentent un grand nombre d'officiers, des avocats et un membre du conseil du royaume. »

A ce propos, le *Bayerische Kurier* écrit ce qui suit :

« L'attaché militaire prussien, à Munich, major Egmont de Websky est impliqué dans l'affaire des joueurs, de concert avec le comte Pocci, le comte Max Emmanuel Preysing et autres, et il a pratiqué le jeu de hasard, non pas au club de la noblesse, non pas davantage au jeune club de la noblesse; dans ces deux maisons les statuts interdisant les jeux du hasard.

» C'était beaucoup plus simple, on jouait dans le logement de l'un de ces messieurs, etc. »

Cette affaire de jeu a eu des conséquences qui se sont répercutées jusque dans la « petite garnison de Dieuze » en Lorraine, où le lieutenant de chevau-légers Muho s'est comporté à la façon d'un brigand. En effet, il a escroqué, de la façon la plus vulgaire, son camarade de régiment, le duc François-Joseph, fils du duc Charles-Théodore de Bavière. Cet individu a finalement été condamné à la prison et a été destitué. *La Berliner Morgen-Zeitung* fait à ce propos les réflexions suivantes:

« Il y avait, à Dieuze, un véritable tripot, où se rencontraient non seulement tous les gentilshommes appartenant à la haute noblesse de Bavière, mais encore des Autrichiens, des Prussiens et des sportsmen sans particule.

» On prétend aussi que ces messieurs ne se bornaient pas à jouer et qu'ils participaient à des bals extrêmement intéressants, donnés dans les costumes les plus décolletés. Dans ce procès, sont impliqués des officiers, des gentilshommes et des usuriers de Munich, de Metz, de Strasbourg, de Wurtzbourg, etc. On pontait en argent ou en billets. A deux reprises, on a *joué* deux artistes qui étaient les maîtresses de deux de ces gentilshommes; ayant été perdues, elles passèrent en d'autres mains. L'une de ces divas avait été autrefois la maîtresse d'un consul à Munich; ce dernier ayant fait, un soir, de grosses pertes, la céda au comte Preysing à qui elle plaisait. Quand celui-ci en eut assez, il se débarrassa d'elle en lui faisant un cadeau. »

Or, de tout temps, l'expérience nous apprend que « les mauvais exemples sont contagieux ».

Le sous-officier allemand cherchant à imiter, jusque dans ses ridicules, son supérieur qui, pour pour lui, est l'incarnation de la distinction, MM. les sous-off se sont empressés de jouer à leur tour.

Ces pauvres bougres feraient vraiment mieux de garder les quelques sous qui leur restent de leur solde et de les employer à agrémenter d'un morceau de fromage leur triste souper, composé, comme on le sait, d'un morceau de pain et d'un verre de café.

La noble passion du jeu est tellement ancrée dans le milieu des sous-officiers que, récemment, à Berlin, un capitaine informé de la chose par une lettre anonyme, pénétra dans un établissement fréquenté par eux et les trouva occupés à jouer. De très gros enjeux étaient sur la table.

Evidemment, il n'est pas honteux de ne pas être riche ou de n'avoir que juste le strict nécessaire pour vivre, mais il ne faut pas que l'insuffisance des moyens soit une excuse pour les gens qui prétendent vivre aux dépens de leur prochain. C'est, pourtant, ce que font la plupart des officiers, quand ils ont déposé leurs derniers sous sur l'autel des dames Vénus et Fortune.

Un grand nombre d'officiers sans fortune et des familles entières d'officiers ne vivent que d'emprunts. Le *tapage* existe en proportion inverse de la « noblesse des sentiments ».

Dans l'armée allemande, le *tapage* est inséparable de l'uniforme. C'est à ce fait que doit son existence le proverbe :

« Il a des dettes comme un officier supérieur. »

C'est un mal dont les officiers sont les premiers à se rendre compte. En 1893, accompagnant à son domicile mon lieutenant, un soir, après avoir célébré la fête de l'empereur, il me dit :

— Oui, oui, mon cher Stéphany, dans notre métier, tout ce qui brille n'est pas or ».

Cet officier était un des rares merles blancs de notre armée ; il vivait selon ses moyens et avait le courage de mettre le doigt sur la plaie. Parmi ceux qui pratiquaient avec ferveur la doctrine : « Après nous le déluge », se distinguaient, surtout, les lieutenants baron de Kromer, du régiment d'infanterie n° 67, et Buer, du régiment d'infanterie n° 98.

Tous deux appartiennent à la catégorie des poules de marais de la garnison de Metz. Le lieutenant

Buer était un joueur enragé. Il empruntait de l'argent à tous les garçons de café; ce qui suffit pour caractériser la noblesse de ses sentiments. Il ne constituait, d'ailleurs, pas une exception, car la plupart des officiers acceptent les pires humiliations, quand il s'agit pour eux de réaliser un emprunt.

Il y avait, à Metz, en qualité d'engagé volontaire, au régiment de dragons n° 13, un jeune homme nommé Foster, qui était le fils d'un riche commerçant. Il avait pour ami un voyageur de commerce, également dans une belle situation de fortune, et qui s'appelait Spatzer.

Suivant le proverbe allemand « le butin allèche les voleurs », lui et son ami ne tardèrent pas à se voir entourés d'une bande innombrable d'officiers d'infanterie. Ces messieurs, attirés par l'éclat des pièces d'or qui garnissaient les porte-monnaie de Foster et de Spatzer, les *honorèrent* de leur fréquentation. En échange de quoi, ils vécurent à leurs crochets et leur empruntèrent des sommes considérables. Le plus dégoûtant de l'affaire, c'est que ces messieurs, *aux nobles sentiments*, dès que leurs banquiers avaient tourné le dos, se moquaient d'eux et les traitaient de *calicots*. Entre tous ces pirates, se distinguait principalement le lieutenant Scheller, du régiment d'infanterie n° 130. C'est par lui que j'ai fait la connaissance de cette catégorie de détrousseurs de grandes routes et que j'ai été témoin oculaire et auriculaire des faits que je rapporte.

Le lieutenant de Heduck, un monsieur qui n'était noble que de nom, était le digne émule des précédents. Le mardi gras de l'année 1893, — à cette époque je servais en qualité de volontaire d'un an au régiment de M. de Heduck, — celui-ci, que j'avais rencontré au restaurant Zeising, rue des Romains, me pria de payer plusieurs verres de cognac qu'il avait pris, sous prétexte qu'il avait dépensé tout son argent.

Quand nous nous séparâmes, dans la rue, il me pria de lui prêter un mark 5o disant qu'il allait prendre du café; ce personnage a été mis, plus tard, dans une maison de fous. Il devait déjà être atteint d'une perte de mémoire, bien longtemps auparavant, car il n'a jamais songé à me restituer les 1 mark 5o dont il m'avait soulagé.

Parlons maintenant un peu des officiers mariés.

Pour sacrifier à la représentation, ils n'hésitent pas à crever de faim. Parmi les gens qui ont atteint une véritable célébrité dans le domaine de l'« épate » et aussi de la mortification stomacale, je citerai les familles suivantes qui ont habité Metz: le général Bronsart de Schellendorf; général d'Oppeln Broni-kowski, général de Woyna, colonel baron de Pœllnitz, capitaine König, capitaine de Mack. Ces derniers n'étaient pas seulement partisans de la mortification de leur ventre, ils cravachaient l'un sa femme, l'autre sa domestique. Au reste, le public sait fort bien que dans les familles d'officiers, la cravache joue un rôle considérable.

De même que la méthode de jeûne, le *tapage* est pratiqué sur une vaste échelle par les familles d'officiers désireuses de faire de l'« épate ». Beaucoup de ces gens, qui font un volume énorme, ne songent qu'en dernier lieu à désintéresser leurs créanciers. D'après le point d'honneur admis par cette « élite de la nation », les dettes de jeu doivent être payées dans les vingt-quatre heures. En revanche, le malheureux ouvrier, qui gagne péniblement son existence, est obligé d'user, Dieu sait combien de paires de semelles pour arriver à se faire payer — trop heureux encore lorsqu'il y réussit — les quelques paires de mark qui lui sont dus. Et combien de fois, au préalable, ne se voient-ils pas éconduire après avoir reçu un paquet d'injures!

Quand le crédit est épuisé partout, on fait un pas de plus et on commet des actes indélicats. Je puis citer à l'appui de ce qui précède une foule de scandales qui se sont passés dans le monde des officiers.

Ainsi l'intendant militaire de Carlsruhe, général de Schlechtung, fit mettre en gage, par un de ses domestiques, l'argenterie dont il n'avait le droit de faire usage que dans certaines occasions, mais dont, abusivement, il se servait chaque jour. A la suite de cet acte de malhonnêteté, l'administrateur de la garnison, Heinrichs, fut saigné à blanc, car il fut contraint de verser de sa poche la somme nécessaire pour dégager cette argenterie La femme du général, une personne très pieuse, avait les mêmes principes au point de vue du « tien et du mien ».

Elle fit cadeau à une église d'une tapisserie de prix, appartenant au logement de service qu'elle occupait, et la remplaça par une autre complètement usée et dépourvue de toute valeur.

La pauvreté qui règne dans les familles d'officiers se traduit par toutes sortes de manifestations, notamment par les toilettes misérables et sans goût que portent la plupart des femmes. En Alsace-Lorraine, où le chic français s'est conservé intégralement, la moindre petite couturière ou demoiselle de magasin est habillée plus élégamment que « les dames d'officiers ». Et, comme l'habit fait le moine, on peut s'imaginer les comparaisons auxquelles se livrent les habitants.

Et l'éducation des enfants!

Ces pauvres petits malheureux, après avoir crevé de faim à la maison paternelle, jusqu'au jour où ils atteignent l'âge exigé, sont, la plupart du temps, fourrés dans une école de cadets. Là, moyennant une rétribution très modique, et plus générale-ment gratuitement, ils mangent au moins à leur faim. Les parents sont débarrassés d'eux à peu de frais et, par conséquent, affranchis de graves préoccupations.

Au sortir de l'école des cadets, ils entrent alors dans la misère dorée, dans l'armée, qui est l'ancre de salut pour les enfants d'officiers et les nobles pauvres.

Ces derniers sont très nombreux. En raison de leur sang bleu, la carrière militaire est la seule qu'ils puissent embrasser. C'est aussi la seule que puissent accepter un grand nombre d'entre eux. J'en connais des masses, tordus, mal bâtis, qui n'au-raient jamais réussi à gagner leur pain ailleurs. Ils sont la risée de leurs inférieurs, mais ça n'a pas d'importance.

Les ordonnances et autres domestiques, tant des officiers célibataires que de ceux qui sont mariés, sont contraints de supporter les conséquences de l'« épate » faite par eux. C'est au détriment du per-sonnel de service que l'on fait les principales écono-mies, en particulier, l'ordonnance est « une bonne à tout faire » dont le sort n'est pas enviable.

La rétribution moyenne que les officiers doivent donner à leurs ordonnances n'est que de 6 mark par mois. En général, ceux-ci ne reçoivent pas un rouge liard et, par-dessus le marché, pendant les trente jours du mois ils sont, la plupart du temps, obligés d'avancer de l'argent pour les dépenses de leur officier.

Dans les ménages, le brosseur est traité de la façon la plus inconvenante que l'on puisse imaginer. Presque jamais on ne lui donne d'argent; de temps à autre il attrape quelques restes à manger. Il est une chose, par exemple, que les pauvres diables récoltent en masse, ce sont des gifles et des raclées formidables. Au mois de janvier 1907, le major de Tchewitz, commandant le bureau de recrutement de Freiberg, a été condamné, par le conseil de guerre, à huit semaines de forteresse, pour avoir frappé son ordonnance en trois occasions différentes. Les habitants de Metz ont conservé le souvenir des moyens originaux qu'employait l'ancien commandant du 16ᵉ corps d'armée, Haeseler, pour réprimer l'abus scandaleux que l'on faisait des ordonnances.

Le général feld-maréchal en question était une de ces rares hirondelles qui, suivant le dicton, ne font pas le printemps.

Il est fort douteux que le ministre de la guerre de Prusse ait le courage d'intervenir, à la façon du général Picquart, pour mettre un terme à l'exploitation ignoble et illégale des ordonnances. Ceci n'arrivera jamais en Allemagne.

C'est un fait connu de tout le monde que « les plus nobles de la nation » sont d'incomparables chasseurs de dots.

Ce chapitre ne serait pas complet, si je ne consacrais pas un mot à ce que l'on appelle, chez nous, les lieutenants d'été, autrement dit les officiers de reserve. Aussitôt que ces messieurs dépouillent le brave vêtement bourgeois et qu'ils endossent, pour quelques semaines, l'uniforme, leurs sentiments, leur façon de penser, leurs habitudes et leurs manières se modifient à l'avenant. Ils n'ont plus d'autre ambition que de ressembler le plus possible aux professionnels, à « l'élite de la nation ». Tels qu'eux, ils jugent nécessaire de se distinguer par un ton brutal et de montrer une morgue à la fois grotesque et réjouissante. Plusieurs de ces « oncles de la réserve » sont atteints d'une vanité qui prend des proportions inquiétantes.

J'en connais un qui en perd littéralement la tête. C'est un professeur du lycée de Metz, le docteur Wick. Ce monsieur, qui est capitaine de landwehr, rencontra, un jour, le contrôleur des contributions directes Putz, qui est officier de contrôle de la cavalerie de landwehr. C'était à la brasserie Germania de Metz. Ces messieurs s'entretinrent, dans les formes usitées entre personnes qui se connaissent ; mais, à un moment donné, M. Putz, ayant eu « l'audace » de trinquer avec l'autre, sans attendre que celui-ci en eût pris l'initiative, le capitaine de landwehr, très émotionné, bondit de sa chaise, interpella le lieutenant Putz, en lui demandant comment il pouvait se permettre de manquer pareillement de respect à un supérieur militaire. Cette histoire idiote, qui provoqua un éclat de rire général, faillit néanmoins entraîner un duel.

Au sujet des relations que les officiers de réserve

ont entre eux, il importe de faire observer ceci :
Ceux qui ont des positions sociales à peu près égales
se réunissent entre eux et se tiennent à l'écart de
ceux qui occupent une situation un peu inférieure,
et ne manquent pas une occasion de leur faire sentir la différence qu'il y a entre eux.

La chose devient tout à fait amusante quand,
dans la même garnison, deux individus qui, dans
la vie civile, font partie de la même hiérarchie,
mais à des degrés différents, sont tous deux officiers
de réserve

Quoique égaux en rang, comme officiers de réserve, quoique camarades et contraints de se montrer tels, le supérieur traite l'autre avec dédain,
parfois même d'une façon insultante. Tel est par
exemple le cas, à Strasbourg, entre le président de
police et son *ad latus* d'une part, et le commissaire
de police Wehman, d'autre part ; ce dernier est
traité par ses deux supérieurs à la façon d'un officier de réserve de deuxième classe. On a constaté
que ces messieurs se montrent particulièrement
désagréables envers ce dernier, lorsqu'il revient de
faire une période d'instruction. Ces messieurs ne
lui pardonnent pas, étant leur inférieur, de porter
comme eux « le plus noble des vêtements ».

Incontestablement, il se trouve, parmi les officiers
de réserve, des gens qui ne sont pas à leur place.
Je citerai entre autres le contrôleur des douanes
Scher, qui a épousé la fille d'une sage-femme de
Metz, condamnée à quatre ans de prison pour ma-
nœuvres abortives ; puis un certain Borow, médecin
à Bâle, qui, jadis, au retour d'une excursion faite à
Sarrebourg, en Lorraine, a crié par la portière de

17.

son wagon « J'em... l'empereur ! » Emprisonné
pour cette cause, il fut relâché presque aussitôt.

On ne peut pas s'imaginer les extravagances auxquelles donne lieu la nomination de certains individus au grade d'officier de réserve.

Certain gros commerçant de l'Allemagne centrale a eu l'idée fabuleuse de faire parvenir à tous
ses clients la circulaire suivante :

« J'ai l'honneur de vous annoncer, par la présente, que j'ai pris pour associé mon fils, le lieutenant de landwehr.

Je signerai comme précédemment X..., conseiller de commerce. Mon fils signera X..., lieutenant
de landwehr. »

Au surplus, rien n'est plus propre à montrer le
fétichisme dont l'uniforme est l'objet. en Allemagne, que la célèbre comédie du « capitaine de
Kœpenick ». On peut dire qu'à cette occasion
l'Allemagne a fait la joie du monde entier.

Ce fait est si récent qu'il me semble absolument
inutile de me livrer à de longs développements à
son sujet.

Le sous-officier allemand se distingue par son
ignorance, sa brutalité et son besoin de jouir; ce
dernier, d'ailleurs, est occasionné en majeure partie
par l'envie irrésistible qu'il a d'imiter le mauvais
exemple qui lui est donné par ses officiers.

Le sous-officier allemand est pauvre comme un
rat d'église. Sa soldè est inférieure à la paye d'un
simple domestique de labour. Malgré cela, il se
croit obligé de représenter. Avant tout, il faut qu'il
ait une fiancée, — peu importe qu'elle ait déjà

p assé par d'innombrables mains, — il faut qu'il se
montre dans toutes les auberges, et sa présence est
indispensable dans toutes les salles de danse. Pour
se donner un certain air de distinction, il singe les
attitudes, la démarche, les manières et le ton de ses
officiers. Si les semelles de ses bottes sont trouées,
ça ne l'empêche pas d'avoir une bague au doigt.

Comme les moyens des sous-officiers sont très
exigus, ils recourent à divers procédés pour être à
même de mener la vie joyeuse. Le premier de ces
procédés consiste — à l'imitation de ce que font leurs
officiers, d'ailleurs — à nouer des relations avec des
filles de brasserie ou des filles soumises et à se faire
donner de l'argent par elles. Bon nombre d'entre
eux portent même des uniformes de fantaisie, qui
leur sont payés par des filles de la catégorie la plus
basse. Un autre procédé consiste à voler, ains
qu'en font foi de nombreuses condamnations prononcées par le conseil de guerre.

A l'époque où j'ai fait mon volontariat d'un an,
un de mes caporaux de régiment, nommé Schrape,
fut victime d'un vol : son propre caporal d'escouade lui enleva la nuit son porte-monnaie, qui
était caché sous le traversin. Ce sous-officier fut
condamné à plusieurs mois de prison et à la dégra-
dation; plus tard, il se brûla la cervelle. Chaque
jour, des conseils de guerre ont à s'occuper de vols
commis par des sous-officiers, au détriment de leurs
subordonnés, de détournements d'objets appartenant à l'État, etc.

La situation devient encore bien plus lamentable
pour le sous-officier, le jour où il se marie. Les
ménages de sous-officiers vivent dans un état conti-

nuel de famine et de privations. De là résultent toutes les indélicatesses possibles et imaginables, dont la moindre est encore l'acceptation de pots-de-vin. Je ne connais pas de lecture plus intéressante que la brochure consacrée à ce sujet et publiée à Berlin sous le titre de *Misères sociales dans l'armée*.

Alors que je faisais une période d'instruction, comme vice-sergent-major, au régiment d'infanterie n° 145, à Metz, j'ai fait la connaissance d'un vice-sergent-major, nommé Jank, qui me fournit un exemple typique.

Ce sous-officier, qui avait de nombreux enfants, s'enivrait chaque jour et menait une vie joyeuse, tandis que les siens mouraient de faim à la maison. Dépourvu d'honneur et de caractère, il se faisait graisser la patte par le premier venu et était capable de toutes les infamies. Actuellement, il est inspecteur de caserne à Strasbourg.

En ce qui concerne la brutalité du sous-officier allemand, je crois qu'elle est connue du monde entier. Elle constitue une de ces vérités incontestables qui sont admises par tous. Cependant, il est nécessaire de montrer comment elle se manifeste. Cette brutalité s'exerce aussi bien à l'égard de la population civile que contre ses propres subordonnés.

La langue allemande ne possède pas de termes susceptibles de traduire exactement les horreurs dont les soldats sont victimes de la part de leurs sous-officiers.

Il ne se passe pas de jour que ceux-ci ne s'attaquent à des civils principalement dans les grandes garnisons, telles que Metz ou Strasbourg. Aussi longtemps que j'ai été commissaire de police, il a été porté à ma connaissance une multitude de cas, dans lesquels des sous-officiers, après avoir vu des filles soumises, les ont rouées de coups et parfois même les ont blessées grièvement à coups de baïonnette.

Quant aux actes de brutalité dont les simples soldats sont victimes, on peut dire que les sous-officiers marchent de pair avec les officiers, dont ils ne font d'ailleurs que suivre les exemples. Pour cette raison, je traiterai, d'une façon générale, la question des sévices dont les soldats sont victimes.

Le soldat allemand est un être absolument dépourvu de volonté, ignorant ses droits, digne de pitié au plus haut point; c'est un pauvre diable, dressé à une obéissance aveugle. Pareil à une machine, il est incapable d'agir avec la moindre initiative; ses pensées, elles-mêmes, sont assujetties à une volonté étrangère. S'il était une vulgaire bête il serait au moins assuré de trouver un appui auprès de la Société protectrice des animaux.

Chaque jour, il se voit régaler d'épithètes telles que : chien, cochon, saligaud, misérable, bandit, crapule, etc.

L'imagination des supérieurs est fertile en invention de titres injurieux que l'on ne saurait trouver dans aucune encyclopédie du monde. Ces dénominations « flatteuses » appartiennent à l'allemand spécifique des casernes. A cet égard, le fait que je vais citer est très instructif.

Étant sous-officier volontaire d'un an, j'avais dans mon escouade un mousquetaire, répondant au nom de Stinesbeck, lequel était le fils d'un riche commerçant de la Province rhénane. Un matin, au rapport, le sergent-major de la compagnie me remit une lettre adressée à « monsieur le mousquetaire Stinesbeck ». Sur cette enveloppe, était imprimé le nom du père. En me remettant ce pli, le sergent-major me dit :

« Prévenez le nommé Stinesbeck que nous n'avons pas ici de « messieurs », mais seulement des tr....., du c....; qu'il l'écrive à ses cochons de parents. »

A l'occasion d'injures, qui avaient été proférées par un supérieur contre un de ses inférieurs, le tribunal militaire d'empire a rendu un jugement disant en substance que « les chefs n'ont jamais le droit, dans les réprimandes qu'ils infligent à leurs subordonnés, de leur dire des choses blessantes pour leur honneurs ».

Ceci est très exact, et les principes posés sont bons et beaux. Seulement, il faudrait qu'on les observât, et c'est ce qui n'a jamais lieu.

Même dans la vie civile, le défenseur de la patrie, qui est réserviste ou dans la landwehr, n'est pas à l'abri des injures. Lors des revues d'appel annuel, les hommes sont interpellés de la façon la plus grossière et accablés d'injures. Et l'on voudrait que des gens traités de cette façon aient du goût pour le métier militaire et éprouvent de l'attachement pour l'armée!

Les hommes qui ont chaque jour exposé leur peau aux colonies et qui ont sacrifié leur santé, sont réduits à se laisser traiter dans les termes les plus méprisants par le premier petit lieutenant venu, qui n'a encore senti l'odeur de la poudre qu'à la cible. En janvier 1907, le *Berliner Tageblatt* signalait un fait absolument révoltant.

Un soldat, qui avait servi pendant quelques années dans le Sud-Ouest africain et qui avait pris part à de nombreux combats, avait été évacué sur l'Allemagne, pour raisons de santé. Quand il vint se présenter au bureau de recrutement de Detmold, un lieutenant, qui aurait peut-être eu la chair de poule à la vue d'un nègre africain, l'interpella dans ces termes :

« Espèce de bougre, tâchez de rassembler vos nageoires. »

Là-dessus, le soldat répliqua qu'il n'avait pas de nageoires, mais des jambes et des pieds. Si justifiée que fût sa réponse, il fut traduit devant un conseil de guerre sous l'inculpation de manque de respect envers un supérieur. Il fut acquitté. Le lecteur se dira peut-être que la chose était naturelle. C'est le contraire qui est vrai. Ce n'est pas à l'intégrité de ses juges que l'accusé a dû son acquittement; il l'a dû à l'intervention d'un médecin-major, convoqué en qualité d'expert, et qui a déclaré qu'au moment où il avait commis cet acte répréhensible il n'était pas en possession de toutes ses facultés,...

En avril 1907, les réservistes et hommes de la landwehr convoqués à la revue d'appel qui avait lieu à Hayange, eurent affaire à un officier de recrutement qui les appela : « Anes, cochons ivres, etc. » Cet officier eut même l'impudence de frapper deux réservistes.

Dans l'armée allemande, les mauvais traitements

infligés aux soldats marchent de pair avec les injures qu'on leur lance à la figure. Les comptes rendus des débats devant les tribunaux militaires montrent, avec éloquence, tout ce qui a déjà été fait à cet égard et prouvent que, depuis quelques années, les sévices augmentent dans des proportions effrayantes.

Ayant habité, pendant plus de vingt-cinq ans, Metz et Strasbourg, et ayant d'ailleurs fait mon service militaire, j'ai été à même d'observer un nombre considérable d'actes de brutalité, je dirai même de torture, dont les soldats étaient victimes.

Les mauvais traitements courants, ou plutôt journaliers, sont :

1º A l'exercice : coups de poing, de crosse et de sabre sur la tête, le nez, les testicules, les fesses, le dos et l'estomac; coups sur les tibias et les chevilles;

2º Dans les exercices d'escalade : coups sur les mains et la tête;

3º A la gymnastique aux agrès : des pinçures et des coups d'aiguille dans les mollets et sur les autres parties du corps.

Les traitements barbares que voici dénotent un raffinement véritablement diabolique :

1º Obligation, pour les hommes, de nettoyer le plancher avec une brosse à dents;

2º Obligation de marcher sur leurs armoires;

3ᵣ Maniement d'armes, exécuté avec le chargement complet du sac à proximité d'un poêle rouge (généralement, au bout de quelques minutes, les victimes s'évanouissent);

4º Obligation de rester assis des heures entières

sur le pied d'un tabouret. Ce supplice produit le même effet que celui indiqué ci-dessus ;

5° En hiver, aspersion du corps nu avec un seau d'eau glacée.

L'inhumanité et la cruauté et le manque de confiance des officiers se traduisent par les horreurs suivantes, qu'ils imposent à leurs malheureuses victimes en les obligeant :

1° A manger leurs propres excréments ;

2° A lécher les crachoirs ;

3° A se laisser cracher dans la bouche par leurs supérieurs.

L'époque des bains militaires est une période horrible à traverser pour le malheureux qui ne sait pas nager. Il n'est pas d'ignominie à laquelle ses supérieurs ne se livrent envers lui à ce moment-là. La leçon de natation se donne dans les conditions suivantes :

L'élève est accroché à ce que l'on appelle, en argot militaire « une ligne » et on le laisse se débattre dans l'eau. S'il manifeste de la crainte ou de la maladresse, son « professeur » le laisse couler, pendant un certain temps, et ne le ramène à la surface que lorsqu'il a « bu » à en perdre connaissance. Si ce malheureux, torturé par la crainte, cherche à se raccrocher à quelque appui, son « professeur » lui donne des coups de pied sur les mains, sur la tête et sur la poitrine, jusqu'à ce qu'il se décide à rentrer dans l'élément humide.

Il résulte de là que pas un été ne se passe sans que les exercices de natation entraînent la mort d'un certain nombre d'hommes.

Encore en juin 1906, un mousquetaire du régi-

ment d'infanterie n° 105, à Strasbourg, a été martyrisé de cette façon et en est mort.

Moi-même, pendant mon année de volontariat, j'ai
assisté, aux bains militaires de Metz, à la mort de
quatre hommes, victimes de pareilles tortures.
Comme toujours, ces affaires furent étouffées et on
imputa ces accidents à un malheureux hasard.

Accomplissant mon volontariat à la 9° compagnie
du régiment d'infanterie n° 87, à Metz, en 1892,
j'ai été témoin d'une scène scandaleuse de brutalité,
et, en cette occasion, moi-même j'ai failli récolter
quelques mois de forteresse. Voici la chose :

Un dimanche matin, un peu avant l'appel réglementaire, en tenue de sortie, vers onze heures du
matin, je me rendis dans la chambrée, où se trouvait l'armoire dans laquelle mes effets étaient ran-
gés. Je pénétrai dans la chambrée juste au moment
où le sous-officier Teje, chef d'escouade, donnait
au mousquetaire Sander un tel coup de poing dans
la figure que la tête de cet homme alla frapper avec
violence l'armoire qui se trouvait derrière lui et
qu'il se mit à saigner de la bouche et du nez.

En présence de cet acte de brutalité incroyable, je ne
pus m'empêcher de faire observer au sous-officier :
« Fi donc! un supérieur ne devrait pas se conduire
ainsi. » Sur-le-champ, le sous-officier me fit face
et se mit à m'interpeller dans les termes que voici :
« Vous, tâchez de vous taire, je suis votre supérieur et vous n'avez pas de reproches à me faire ;
je vous signalerai pour manque de respect. »

Toutefois « monsieur le sous-officier » se garda
bien de mettre sa menace à exécution, car il n'ignorait pas que, dans ce cas, nous aurions été ensem-

ble en prison, lui pour sévices, et moi, si ridicule que cela paraisse, pour manque de respect envers un supérieur en présence de la troupe assemblée.

Pourquoi avait-il ainsi brutalisé ce soldat? C'était tout simplement parce que le mousquetaire Sander n'était pas en tenue au moment voulu. Ce pauvre diable, très lent, très maladroit, ne pouvait pour ainsi dire pas faire usage de ses jambes. On se demandait avec étonnement comment il avait fait son compte pour être pris à la revision. Et, pourtant, ce Sander était animé du plus grand zèle et faisait tout son possible pour devenir un bon soldat.

En récompense, il recevait des coups tous les jours. Le bourreau, qui s'acharnait de préférence après lui et qui s'ingéniait, chaque jour, à trouver quelque nouveau supplice à lui infliger, n'était autre que le sous-officier Teje, tout frais émoulu de l'école d'Ettlingen.

Ces écoles de sous-officiers sont les points d'origine de tous les sévices possibles et imaginables. C'est là que les futurs sous-officiers sont initiés, savamment, à tous les systèmes de torture et de persécution. Une fois en possession de cette science, ils entrent dans l'armée et mettent ces principes en application vis-à-vis de la troupe.

Pendant que je faisais mon stage de sous-officier de réserve, au régiment d'infanterie du Roi n° 145, à Metz, en 1894, les deux faits suivants se sont passés sous mes propres yeux :

Dans l'armée allemande, à l'heure des exercices de mise en joue et de tir, on considère comme un crime le fait de ne pas prendre immédiatement la position telle qu'elle est prescrite par le règlement. Comme, dans la plupart des cas, les hommes s'en abstiennent, on peut s'imaginer les flots d'injures qui débordent des lèvres des chefs et ce, principalement, des capitaines, qui tiennent à ce que leurs compagnies obtiennent des résultats brillants au tir.

C'est dans ces accès de fureur épouvantable que le capitaine Pfeffer, de la 5ᵉ compagnie du 145ᵉ, se trouvant au champ de tir derrière un mousquetaire qui était en joue, lui donna dans la nuque un coup de poing si violent que le coup partit et faillit blesser un des marqueurs. D'ailleurs, ce capitaine était renommé pour sa brutalité. Quand il menait sa compagnie à l'exercice, il affectionnait, tout particulièrement, d'asséner des coups de sabre sur le casque, les épaules et le dos de ses hommes.

Un après-midi, entrant dans une chambrée de troupe, j'y rencontrai un homme dont le visage était inondé de sang et qui portait à la tête une plaie béante, occasionnée par un coup de crosse, ou un coup de sabre. Questionné, à diverses reprises, par moi, à l'effet de savoir d'où provenait cette grave blessure, il persista à me répondre qu'il s'était heurté contre une arête très aiguë. Un instant après, j'appris la vérité par un autre soldat, qui me dit à voix basse que l'autre avait reçu un coup de sabre sur la tête, de la part du sous-officier Werkhuser, réputé pour sa brutalité et sa violence et redouté comme la peste. Terrifié par les menaces de cette brute, la victime n'avait point osé porter plainte.

Sur les observations que je lui fis, cet homme se

décida enfin à m'avouer la vérité. Là-dessus, je fis aussitôt mon rapport contre Werkhuser, mais celui-ci ne fut pas puni. En revanche, le soldat qui avait été blessé par lui fut maltraité encore plus que par le passé. De nombreux officiers et sous-officiers ont acquis, dans le domaine des sévices, une virtuosité qui dénote chez eux des aptitudes toutes particulières à l'emploi de valets de bourreaux.

Le prince Bentheim, du régiment de dragons n° 9, de Metz, et le major Stuben, du régiment d'infanterie n° 98, également à Metz, se distinguaient, à ce point de vue, d'une façon toute particulière.

Les comptes rendus des séances des conseils de guerre ne mentionnent, généralement, que les sévices les moins graves.

Les faits innombrables qui se passent dans les cours des casernes, loin des yeux du public, dans les chambrées, dans les magasins, dans les écuries, dans les hangars, en un mot, entre quatre yeux, on n'en sait jamais rien.

Le soldat allemand est obligé d'accepter ces mauvais traitements sans mot dire, sans broncher, car la très sainte discipline l'exige.

S'il cherche à résister, il s'attire de nombreuses années de travaux forcés. Quant aux misérables qui commettent de pareils crimes, si une fois, par hasard, on se décide à sévir contre eux, ils s'en tirent au prix d'une peine minime.

En novembre 1906, le sergent Ollenburg, du régiment d'infanterie n° 67, à Metz, a été condamné à six mois de prison seulement, bien qu'il se soit rendu coupable de sévices graves en cent quarante-cinq cas différents.

Le lieutenant wurtembergeois Haupt a été puni de neuf mois de forteresse, pour avoir abusé de son autorité en cinquante-neuf occasions diverses. Non seulement il a été gracié de sa peine, mais il a obtenu sa retraite. Après quoi, il a été réadmis dans l'armée prussienne, qui a besoin de pareilles gens.

Le soldat allemand est obligé d'accepter les insultes et les coups que lui prodiguent ses supérieurs. Bien qu'il ait le droit de réclamer, il n'en use point, car l'expérience apprend que les malheureux qui se plaignent de leurs supérieurs en pâtissent toujours.

Dès son arrivée au corps, on apprend au jeune soldat qu'en toute circonstance il vaut mieux se taire et ne jamais songer à réclamer. Il se conforme, scrupuleusement, à ce conseil, bien que, dans les théories, on lui apprenne, sans y insister d'ailleurs, qu'il a le droit de réclamer.

Cette iniquité entraîne les conséquences les plus diverses et les plus déplorables. Le soldat supporte les souffrances, jusqu'à un moment donné ; puis, quand elles ont atteint leur maximum et que l'existence lui devient insupportable, il déserte, ou il se suicide. Parfois, assez rarement d'ailleurs, il se venge directement sur l'auteur de ses maux.

A Gumbinnen, le capitaine de Krosigk a été victime d'une haine poussée à l'extrême. A Metz, le lieutenant Prager a été assassiné par erreur. Le coup de marteau qui lui a fracassé le crâne et le coup de couteau qui lui a littéralement tranché la tête étaient, en réalité, destinés au capitaine Trimborn, de l'un des régiments d'artillerie de campagne de

Metz, un bourreau qui poussait ses subordonnés au désespoir. L'assassin, le canonnier Hubing, avant d'être guillotiné, fut martyrisé de la façon la plus inhumaine, pendant quelques mois, à la prison militaire de Metz.

La désertion, le suicide et l'assassinat sont à l'ordre du jour de l'armée allemande. Ce sont les résultats directs des traitements ignobles auxquels les soldats sont en butte, et des dénis de justice qui leur sont infligés à perpétuité. Mais le militarisme si porté aux nues s'entend à se venger, dès que le ver de terre, foulé par lui, cherche à manifester son indignation.

Bien que la chose ne se rattache que par un très faible lien à la question des mauvais traitements, je tiens, cependant, à montrer comment le soldat allemand est soigné par ses médecins.

Tout d'abord, il importe de remarquer que le médecin militaire allemand est placé à un niveau professionnel assez bas. Cela tient aux études médicales très sommaires qu'il a faites. Faute de connaissances suffisantes, faute aussi d'expérience, le médecin militaire ignore tout ce qui n'est pas visible, ou ce qui ne se trahit pas par des symptômes infaillibles. Quiconque, à l'hôpital, ou à l'infirmerie, se plaint de douleurs internes, est assuré d'être considéré comme un carottier et de recevoir un paquet d'injures et finalement d'être envoyé au diable.

Un grand nombre d'entre eux se tirent d'embarras, à l'aide du remède universellement estimé dans l'armée : l'huile de ricin, dont ils font une consommation fabuleuse.

Pendant mon année de volontariat, j'ai vu un médecin aide-major administrer, trois jours de suite, des cuillerées d'huile de ricin à des soldats qui se plaignaient de douleurs dans la poitrine, provenant de la quantité d'eau qu'ils avaient avalée à la leçon de natation.

Le médecin, ne pouvant pas « voir les douleurs de poitrine », considérait ces trois hommes comme des simulateurs. Ah ! ces cuillerées ! Chacune d'elles équivalait au contenu d'une louche.

Un mot, pour finir. L'armée allemande d'aujourd'hui ne ressemble en rien à celle qui a remporté la victoire en 1864, 1866 et 1870. Cette décadence est imputable à deux causes :

1° A la valeur, de moins en moins grande, du personnel des officiers ;

2° Au système d'éducation de la troupe, actuellement en vigueur.

Aux yeux de l'officier allemand, de nos jours, les devoirs professionnels sont des accessoires; l'essentiel, c'est l'uniforme avec les honneurs et les avantages qui s'y rattachent. Il se consacre, sans le moindre plaisir, à son service, mais il se livre avec ardeur à la vie la plus crapuleuse. Comme ce genre de vie est en honneur, même parmi les chefs les plus haut placés, le corps d'officiers est inférieur, au point de vue des connaissances professionnelles et des connaissances générales.

Quiconque est d'origine aristocratique est assuré d'arriver au plus haut grade, si évidente que soit son incapacité. C'est ainsi que l'armée allemande possède des généraux de brigade, de division et de corps d'armée qui doivent leur rang uniquement à ce fait qu'ils portent un nom agréable au souverain. En matière d'avancement, c'est l'arbre généalogique qui joue le rôle décisif.

Toute l'éducation militaire du soldat allemand est faite en vue des revues et des parades, c'est-à-dire pour de vains spectacles. Avec un pareil système, forcément, l'éducation en vue de la guerre n'est qu'un accessoire, au lieu qu'elle devrait tenir la première place. Les alignements sont encore pris au cordeau, c'est-à-dire que l'on tend une corde contre laquelle les soldats sont obligés de tenir la pointe de leurs pieds. Aussi, quoi de plus grotesque que ce commandement : « Repos, les pieds en place, vous pouvez remuer le reste du corps ! »

Si les alignements sont corrects, les résultats des tirs sont généralement pitoyables.

Le soldat allemand n'est pas seulement mécontent des brimades qu'on lui inflige et du service absurde qu'on lui fait faire, il est encore aigri par les traitements indignes que lui infligent ses chefs. Il y a là un danger pour l'Allemagne ; le soldat ne se moque pas seulement, en secret, de ses chefs, il est encore animé d'une profonde haine à leur égard. Il n'y a pas d'exemple d'un soldat éprouvant un vrai respect ou de l'attachement pour ses supérieurs.

Lentement, mais sûrement, l'Allemand en est arrivé à ne plus aimer le métier militaire, et le sentiment patriotique s'est très sensiblement affaibli. L'homme de la classe, au moment de sa libération, pousse les vivats obligés en l'honneur de l'empereur — parce qu'il ne peut pas faire autrement — mais une fois rentré dans ses foyers, il inculque aux enfants la haine du militarisme. Quiconque, à son arrivée au régiment, était animé de sentiments patriotique, est une recrue assurée pour le socialisme, dès le jour où il s'en va.

Comme, en haut lieu, l'on ne modifiera jamais complètement le système, bientôt l'armée tout entière sera composée exclusivement de socialistes. Le cas échéant, ils ne tireront pas sur leurs père et mère, mais ils tourneront leurs armes contre leurs bourreaux, ainsi qu'on en a déjà vu des exemples pendant la guerre franco-allemande. Cet état d'esprit n'est pas ignoré en haut lieu. Ceci ressort de ce fait qu'en cas de mobilisation un grand nombre d'officiers changeront de corps.

L'armée allemande commet une grosse faute en se reposant sur les lauriers qu'elle a gagnés au cours de trois guerres et en se berçant du fol espoir d'être la première puissance militaire du monde. Elle oublie complètement que l'armée de son adversaire a subi des modifications profondes et s'est considérablement perfectionnée.

L'armée française actuelle, j'en ai journellement la preuve, ne se compose plus de troupes mal nourries, mal habillées et mal commandées comme autrefois. L'officier français ne porte pas de ceinture de chasteté, il s'amuse, mais avec modération et sans jamais perdre de vue son rôle essentiel. Entre le soldat français et son chef existent des liens de bienveillance, d'une part, d'estime et d'attachement, de l'autre.

CHAPITRE XI

Noceurs royaux et princiers.

Je n'avais fait qu'effleurer ce chapitre dans ma brochure, et je n'y reviendrais pas aujourd'hui si différents journaux, toujours à plat ventre devant le gouvernement, la *Strassburger Post* en premier lieu, ne m'avaient accusé de mensonge.

Les choses étant ainsi, je suis obligé de riposter et de démontrer l'exactitude des faits que j'ai avancés.

Un vieux diplomate a dit que les Hohenzollern n'ont jamais été des ascètes et qu'ils ont toujours eu un faible pour le beau sexe.

Si nous remontons à l'origine, pas bien lointaine, de la dynastie prussienne, c'est-à-dire jusqu'au xviii⁰ siècle, nous constatons que Frédéric le Grand, « le vieux Fritz », a été accusé, à raison ou à tort, je n'en sais rien, d'être un homosexuel. La chose n'est pas démontrée d'une façon irréfutable, et même, à lire entre les lignes d'une lettre peu connue de Frédéric II, elle ne paraît pas probable.

Etant prince royal, le 4 septembre 1732, il a écrit ce qui suit au général de Grumbkow, au sujet du mariage que son père lui imposait avec la princesse de Brunswick-Bevern, pour laquelle il éprouvait une véritable aversion.

« On veut à force de coups de bâton me rendre amoureux ; malheureusement, je n'ai pas la nature des ânes et je crains fort qu'on n'arrive à rien par ce procédé. On devrait pourtant se rappeler que ce mariage m'a été proposé *nolens volens* et que ma liberté en était le prix. Mais je crois que la grosse femme, la digne duchesse, me joue cette farce. Je souhaite du fond de l'âme que le diable la fricasse.

» Je me plais à espérer que le roi ne se mêlera pas de mes affaires, lorsque je serai marié. Ce mariage me rend majeur ; et, aussitôt que je le serai, je serai le maître absolu dans ma maison et ma femme n'aura pas d'ordres à y donner; car jamais, nulle part au monde, la femme ne doit tenir les rênes. Un homme qui se laisse gouverner par les femmes est, à mes yeux, le plus grand couillon. Je me marie en galant homme, c'est-à-dire que je laisserai madame faire ce que bon lui semblera et, moi aussi, je ferai ce qu'il me plaira, et vive la liberté!!!

» Vous m'accorderez que la violence et l'amour sont deux choses absolument différentes et que l'amour ne s'impose pas. J'aime le sexe, mais mon amour est très inconstant, je ne le veux que pour la jouissance, et, ensuite, je le méprise. Jugez, maintenant, si je suis du bois avec lequel on fait de bons époux. J'enrage, à la pensée d'en devenir un, mais je ferai de « nécessité vertu ». Je tiendrai ma parole, je me marierai ; mais après ça l'histoire sera finie, et bonjour, madame, et bon voyage ! »

De ce qui précède, il est permis de déduire que Frédéric le Grand n'était pas l'homme qui ne voulait rien savoir des femmes.

Il eut pour successeur Frédéric-Guillaume II, auquel le peuple prussien a décerné le surnom de « roi Guillaume ». Ce prince et sa cour ont joui d'une réputation très défavorable au point de vue des mœurs.

De nombreux écrivains, décrivant l'existence que l'on menait à sa cour, se sont servis de l'expression « vie de cochons ».

En ce qui concerne les grands parents de l'empereur actuel, ce n'est un secret pour aucun Allemand que l'empereur Guillaume Ier, dans sa jeunesse, a mené une existence très orageuse et que l'impératrice Augusta avait un faible, un très grand faible même, pour les officiers de la garde. Des aventures amoureuses de Guillaume Ier sont nés une masse de rejetons illégitimes, qui, par la suite, sont entrés dans l'armée, sous des noms extrêmement aristocratiques, et sont devenus généraux.

Ainsi que je l'ai dit, tout ce qui précède est le secret de polichinelle en Allemagne ; mais, par crainte des terribles paragraphes punissant le crime de lèse-majesté, cette science si dangereuse

ne se transmet qu'à voix basse de génération en
génération. Par la suite, l'empereur Guillaume I",
en sa qualité de vainqueur de 1870, de saint militaire et de vieillard a été aimé et respecté universellement. (En 1848, le contraire était vrai.)

Sur ses vieux jours, l'impératrice Augusta était
devenue très bigote; on prétend même qu'elle s'é-
tait convertie au catholicisme dans l'espoir que
celui-ci lui permettrait, plus efficacement, de faire
son salut. Ni ceci ni cela ne modifie la vérité de ce
qui a été dit à leur sujet.

Les histoires suivantes, concernant la vie amoureuse de Guillaume II, sont des vérités courantes.

La sensualité est très développée chez lui, ainsi
que le prouve suffisamment l'existence de ses sept
enfants. Dans ses appartements privés, sur les
tables et sur les murs, on voit des photographies et
des tableaux représentant des femmes nues ou à
peu près. Sur son bureau, est placé un portrait de
la duchesse d'Aoste, née Lœtitia Bonaparte. Ce
portrait, qu'il est formellement interdit de déplacer,
se distingue par cette particularité, que l'opulente
poitrine de la princesse n'est cachée que par un
collier de perles.

L'impératrice, à la fois très bigote et très jalouse,
est scandalisée par cette photographie que, de
temps à autre, elle s'efforce de faire enlever. Jusqu'à présent, tous ses efforts, dans ce sens, ont été
infructueux.

Etant encore simple prince de Prusse, en 1881,
Guillaume II alla à Vienne et, de compagnie avec
son cher ami, le prince Rodolphe qui a péri de si
tragique façon, mena une vie de bâton de chaise dont

on parla longtemps dans cette ville, où l'existence
est si facile.

A cette occasion, il entra en relations avec une
beauté viennoise appartenant au cercle des connaissances de son ami, une certaine Caroline Seiffert,
dont il eut un enfant en août 1882. Tout d'abord,
on chercha à imputer la paternité de ce bâtard à
un autre personnage ; mais finalement, la Seiffert
commençant à devenir gênante avec ses menaces,
M. de Bismarck intervint auprès du prince de Reuss
qui, à l'époque, était ambassadeur d'Allemagne à
Vienne, et celui-ci arrangea l'affaire.

En tout temps, Guillaume II entretient avec les
dames de sa cour des relations, il est vrai de courte
durée. Parmi celles qui ont marqué, l'on cite ses
liaisons avec la comtesse de Pañaflel, femme de
l'ambassadeur du Portugal à Berlin, avec Mme de
Kotze, épouse du maître des cérémonies de la cour,
et avec la comtesse de Hohenau. C'est surtout pour
cette dernière, une personne admirablement belle,
que l'empereur a éprouvé une passion profonde.
Elle l'a entraîné, un jour, à commettre une imprudence très grave consistant en ceci :

Certain soir, à une heure très tardive, il s'évada
de la cour et, de compagnie avec la comtesse de
Hohenau, s'en alla en traîneau à Potsdam, où il
passa la nuit avec elle.

Il est de notoriété publique que différentes cours
princières ne sont pas précisément des foyers où
s'abritent des mœurs rigoureuses. Aussi bien des
représentants de la vieille noblesse prussienne, ne
sont-ils ni honorés ni enchantés de voir leur fille
recevoir l'ordre d'aller faire le service à la cour. Il

y a quelques années, le capitaine de vaisseau d'Oppeln, de la marine impériale, a dit en présence de
la gouvernante de ses enfants :

« Jamais je ne permettrai à un de mes enfants
d'aller à la cour de Berlin, car les filles de la
noblesse sont uniquement destinées à peupler le
b..... de la cour. »

Cet homme savait à quoi s'en tenir. (C'est la gouvernante, en présence de qui cette réflexion a été
faite, qui nous l'a rapportée à ma femme et à
moi.)

J'ajouterai encore que l'empereur est un grand
amateur d'anecdotes très épicées et d'histoires graveleuses, bien entendu lorsqu'il se trouve en petit
comité.

Dans ma première brochure, j'ai énoncé que
l'empereur Guillaume, étant prince de Prusse, a eu
une liaison avec miss Low, une personne très
connue. A ce propos, la *Strassburger Post* m'a
accusé d'avoir menti grossièrement et d'avoir
insulté Sa Majesté.

Comme le prouvera la suite, ce reproche manque
de tout fondement et il me sera facile de le démontrer, tant à l'aide de documents qu'en me basant
sur les témoignages de personnes qui sont encore
de ce monde.

Occupons-nous d'abord des documents écrits.

J'ai raconté dans ma brochure que les négociations, ultra-confidentielles, auxquelles cette liaison
a donné lieu, sont confirmées par des documents,
par des papiers conservés jalousement à la présidence de Strasbourg.

Les mots « conservés jalousement » impliquent le fait qu'ils sont confiés à la garde d'une seule et unique personne, qui ne doit en donner connaissance à âme qui vive.

Comment ai-je réussi à jeter un coup d'œil sur ce dossier secret?

A cette question je répondrai que l'endroit sûr où ces papiers sont déposés a perdu de sa « sûreté » pendant un court espace de temps, grâce à la négligence de son gardien, le conseiller de police Zinch.

Voici comment les choses se sont passées :

Etant commissaire criminel, attaché à la présidence de police de Strasbourg, j'allai, un après-midi, trouver à son bureau le conseiller de police Zinch, avec lequel j'avais à causer d'une affaire de service. Or, c'est dans ce bureau que se trouve l'armoire contenant les dossiers confidentiels et ultra-confidentiels.

A peine avais-je entamé la conversation avec lui qu'un planton vint lui dire que le président de police désirait le voir sur le champ. Il me pria donc, en s'en allant, de rester assis et d'attendre son retour.

Je passai l'inspection de la pièce, dans l'intention de trouver un livre ou un journal qui me permît de tuer le temps. Et, tout à coup, mes regards s'arrêtèrent sur le sanctuaire de la présidence de police, sur l'armoire secrète; avec un effroi mélangé de respect, je constatai que la porte de cet abri « si sûr » était entrebâillée. Sur le premier moment, je me promis de résister à la tentation; mais je ne tardai pas à me convaincre que « l'occasion fait le latron ». En conséquence, je passai une inspection rapide du contenu de cette précieuse armoire. Et je ne tardai point à découvrir le dossier relatif à l'affaire de miss Low.

En raison des confidences qui m'avaient été faites précédemment à ce sujet, ma curiosité fut piquée au plus haut point; je tirai donc le dossier des profondeurs de l'armoire et je m'absorbai dans la lecture de son contenu.

Je pus me livrer à cette occupation d'autant plus à mon aise que le conseiller Zinch resta fort longtemps absent, peut-être une demi-heure, et que, d'ailleurs, j'étais assuré de l'entendre revenir.

En quoi consistait ce fameux dossier?

Il renfermait exactement les papiers dont j'ai parlé dans ma première brochure, et, en plus, d'autres que je n'avais pas cités, parce que j'avais jugé que ce n'était pas convenable. Dès l'instant que l'on m'a accusé de ne pas dire la vérité, je n'hésite plus et je vends la mèche. Voici les faits :

Miss Low, ainsi qu'il arrive toujours en pareil cas, chercha à exploiter de son mieux la liaison passagère qu'elle avait eue avec le prince Guillaume; par conséquent, elle l'assaillit d'incessantes demandes d'argent. Ces procédés confinant au chantage devaient, forcément, lasser celui qu'elle poursuivait ainsi. Pour y couper court, on recourut, en haut lieu, à la mesure suivante, pour mettre un terme à ces incessants tapages.

La première fois que miss Low fit une nouvelle demande d'argent, le cabinet civil (c'est-à-dire M. de Lucanus qui était son chef) lui envoya, *pour solde de tout compte*, une somme de 17,000 mark, mais en même temps, *pour s'assurer une garantie et un moyen d'intimidation, il prit une hypothèque de pareille valeur sur la maison de cette personne.* Le plus réussi de cette affaire, c'est que l'on inscrivit comme créancier hypothécaire M. Feichter, qui, à l'époque, était président de police. Ce monsieur, au su de tout le monde, était aussi loin d'être un Crésus que le Soleil est loin de la Terre, et ç'aurait été pour lui un tour de force impossible à réaliser que de réunir une somme pareille.

A vrai dire, M. le président de police Feichter n'avait été mis là que comme homme de paille.

Miss Low eut, d'un gros négociant de Strasbourg, un fils illégitime, dont le tuteur, un avocat de la ville, s'adressa plus tard au cabinet civil de Berlin, pour savoir quel sens il fallait attacher à cette hypothèque. Cet avocat ne reçut jamais de réponse à sa demande ; mais, en revanche, il ne fut jamais inquiété pour avoir parlé très abondamment et très crûment, dans sa lettre, des relations nullement platoniques qui avaient existé entre le prince Guillaume et miss Low.

Finalement, par suite d'achat et de transfert, cette hypothèque passa entre les mains d'un commerçant de Strasbourg, nommé Blum ; voilà pour les documents écrits.

Passons maintenant aux témoins vivants.

Je citerai, en première ligne, le commissaire de police qui, par ordre de M. le président Feichter, a mené les négociations avec miss Low et qui, d'une façon générale, a été chargé de tout ce qui concerne cette affaire. C'est lui-même qui, jadis, m'a fait des confidences ; confidences dont j'ai pu constater la sincérité, le jour où j'ai eu la chance d'avoir sous la main et d'étudier jusque dans ses moindres détails, le dossier conservé à la présidence de police. Ce fonctionnaire n'est autre que M. le commissaire de police Lingel, chef du deuxième district de Strasbourg, et qui, depuis peu de temps, est inspecteur de la police exécutive.

En sus de lui, vivent encore un grand nombre de personnes qui sont en mesure d'attester la véracité de mes assertions. Pour l'instant, je ne les nomme pas ; mais, en cas de besoin, c'est-à-dire si je suis poursuivi pour lèse-majesté, je sortirai leurs noms.

Grâce à une démonstration qui est strictement conforme à la vérité, je crois maintenant que le lecteur est en mesure de se faire une opinion exacte de la créance qu'il faut attacher aux appréciations formulées par la *Strassburger Post*, à mon égard.

Evidemment, pour un juge d'instruction, le fait d'avoir dit ce que contient le dossier ne constitue pas une preuve suffisante, d'autant plus que jamais de la vie les autorités ne consentiraient à montrer ce dossier. Pour des raisons tellement transparentes qu'il n'est pas nécessaire d'y insister, la présidence de police refuserait de s'en dessaisir et, pour ce faire, elle s'appuierait sur l'article 96 du code pénal de l'empire, disant que la communication de ce dossier pourrait faire du tort à l'empire ou à l'un des États fédérés. On n'ignore pas, qu'en Allemagne, du moins dans le monde du gouvernement, un ridicule infligé au chef de l'État correspond à un préjudice causé à l'empire.

Donc, nul œil profane ne verra ce dossier si dangereux : il demeurera aux yeux du public « l'image voilée ». Le gouvernement, fidèle à ses procédés habituels, niera tout ce que l'on ne pourra pas lui prouver directement.

Donc, les Hohenzollern n'ont aucune disposition pour l'ascétisme en matière de beau sexe. Une nouvelle preuve à l'appui de ceci a été fournie récemment par le prince impérial qui, pendant ses années d'études à l'université de Bonn, a eu des relations avec une jeune fille appartenant à l'une des familles les plus considérées de cette ville. Cette jeune personne a conservé de lui un souvenir très vivace, sous la forme d'un enfant, qui a été la sanction de son rêve d'amour.

Soit dit en passant, la presse allemande, qui est toujours à plat ventre devant le trône et qui fait un vacarme épouvantable dès qu'elle soupçonne quelqu'un de vouloir insulter Sa Majesté, trouve un malin plaisir à se moquer des aventures amoureuses des autres monarques.

On ferait des volumes avec tout ce que ces feuilles ont écrit sur le roi actuel d'Angleterre, le « gros Edouard » ou « le premier gentilhomme de l'Europe », comme elle l'appelle.

Ce serait un travail surhumain que de vouloir recueillir toutes les histoires piquantes colportées par la presse allemande concernant le roi Léopold de Belgique, ce « vieil épicurien » et « sa Cléo ».

Les rédacteurs de ces journaux sont des loques hypocrites qui se pâment respectueusement à la vue du premier crottin de cheval provenant des écuries impériales, des êtres qui, à force d'être éblouis par le soleil impérial, ne voient plus clair et auxquels il serait inutile de dire : « Pourquoi donc regarder ce qui se passe au loin? »

Cette conduite écœurante des byzantins allemands donne des haut-le-cœur à tout être indépendant et le pousse à examiner, d'un œil sévère, les agissements de notre propre élite, — hauts fonctionnaires et officiers. — De cet examen des gens « par la grâce de Dieu » résulte la constatation que les apparences sont trompeuses et que tout ce qui brille n'est pas or.

Revenons, maintenant, au premier empereur de l'empire d'Allemagne ressuscité, à Guillaume I⁰ʳ. En nous basant sur des données historiques d'une stricte vérité, nous obtenons de lui le portrait suivant tracé à grands traits :

En 1848 et 1849, le prince Guillaume de Prusse, le futur empereur Guillaume Iᵉʳ, était l'homme le plus détesté de toute l'Allemagne.

Cela tenait à ce qu'il empêchait son frère, le roi Frédéric-Guillaume IV, de donner une constitution à son peuple, lequel, à ses yeux, n'était qu'un ramassis d'esclaves. A la suite de quoi, en avril 1847, le peuple de Berlin s'insurgea, lui brisa les vitres de son palais Unter den Linden et jeta des excréments sur sa voiture.

Lorsque l'émeute eût éclaté à Berlin, le 15 mars 1848, le prince Guillaume insulta le gouverneur, parce que celui-ci n'avait pas tiré sur le peuple. Ceci donna lieu au célèbre combat des barricades du 11 mars 1848, à Berlin, combat où le prince Guillaume gagna le titre, peu honorable, de « prince-Mitraille ».

Le lendemain, 19 mars, une députation demanda

au roi d'éloigner son frère de Berlin. Après une
scène très violente, avec Frédéric-Guillaume IV,
l'autre obéit et s'enfuit honteusement, à l'abri d'un
déguisement, à Spandau. Quand sa retraite fut
découverte, chassé de partout, après avoir failli être
assommé à Nauen, il gagna Grabov, en Mecklem-
bourg, d'où il fut obligé de s'enfuir à son tour,
après avoir failli être tué d'un coup de fourche à
fumier. De là en toute hâte il alla à Ludwigslust;
mais il en fut chassé le 24 mars et forcé de se réfugier à Hagenow. Là il monta dans un train express,
à destination de Hambourg; mais il fut obligé de
le quitter en arrivant à Bergedorf, car les plus
grands dangers le menaçaient de toutes parts.
Enfin, de là, il se réfugia sur le vapeur anglais
John-Bull qui le transporta en Angleterre.

Quand il est revenu de là-bas, il n'était plus le
même homme; il avait appris, pendant son séjour
en Grande-Bretagne, que certains hommes ont parfois l'avantage de mettre de l'eau dans leur vin. Le
« prince-Mitraille » de 1848 est devenu, plus tard,
le « fondateur de l'empire d'Allemagne » et l'empereur Guillaume « le Grand ». Lui qui était jadis
universellement haï est devenu, en quelque sorte,
le « saint national ».

Tout change ici-bas.

Il a eu pour successeur Frédéric III, « l'empereur des cent jours », le martyr couronné, qui, dans
l'esprit du public restera toujours « notre Fritz »
et auquel l'historien strict, n'envisageant que les faits
dans leur nudité et ne se laissant pas influencer
par les circonstances atténuantes, donnera un bulletin libellé ainsi: « Aurait pu faire mieux ».

Leur successeur, Guillaume II, a mérité, de la part d'un sur-byzantin, cette appréciation : « L'empereur Guillaume est le premier voyageur de commerce de l'Europe ».

Se considérant comme « de droit divin », il estime être infaillible dans toutes ses décisions; et, comme il n'admet pas d'autre volonté que la sienne, ses « ministres responsables » jouent le rôle de véritables pantins; au lieu de lui imposer les conseils dictés par les circonstances, par leur servilité ils le confirment dans le sentiment de son infaillibilité.

A son propre avis, Guillaume est versé en tout, et ses jugements sont décisifs. Il se considère comme un grand homme de guerre, comme un orateur de première force, comme un politicien de première taille et il a abordé tous les domaines de l'art et de la science, la musique, la peinture, l'architecture; il est même le grand aumônier de son armée. En un mot, l'empereur Guillaume II sait tout.

En toute circonstance, il se pousse au premier plan et empêche les autres de parler. Son entourage s'arrange en conséquence, son chancelier de Bulow le premier. En raison de son caractère, Guillaume n'est en outre agréable pour aucune cour étrangère.

N'ayant pas l'intention d'écrire son histoire, je me borne à citer les particularités et les actes grâce auxquels il prête à rire et se fait peu aimer tant en Allemagne qu'à l'étranger. Son orgueil et sa suffisance ne connaissent pas de bornes. Il n'a d'égard pour rien ni pour personne et soucie de

la maladie que les Romains appelaient la folie cé-
sarienne. Ce n'est pas depuis son avènement au
trône qu'il est atteint de cette maladie; il l'a eue
dès son enfance, ainsi que le prouve la note insé-
rée par le prince de Hohenlohe — l'oncle Clovis
— dans ses mémoires. En effet, à la date du
20 mai 1881, il écrit ceci :

« Le prince Guillaume est un jeune homme qui
n'a d'égard pour rien ni pour personne, dont sa
mère a peur, et qui a de fréquentes discussions
avec le kronprinz son père. »

Il y a quelques mois, il a gratifié plusieurs régiments du 6° corps des bustes des personnalités,
princes ou généraux, dont ces corps portent les
noms. A cette occasion, il a adressé au régiment
de fusiliers n° 38, l'ordre de cabinet suivant qui
est tout simplement ridicule :

« J'ai décidé de donner au régiment de fusiliers « général-feld-maréchal de Moltke », n° 38, le
buste du grand capitaine dont je l'ai jugé digne de
porter le nom. J'ai l'espoir que ce régiment se
montrera toujours digne de ma grâce royale par
le fidèle accomplissement de ses devoirs. »

Guillaume affecte par trop de suffisance et de *sur-
humanité*; il abuse beaucoup trop du mot « grâce ».
Lui qui est le grand aumônier de son armée, qui
ne manque pas une occasion d'affirmer sa croyance
en Dieu, il devrait pourtant savoir que nul mortel,
fût-il couronné, n'a le moyen d'accorder « la
grâce ». Ceci n'appartient qu'à Dieu ; par conséquent
de telles paroles dans la bouche d'un homme ne sont
pas seulement inexactes, elles sont encore grotesques.

Par ses discours publics, ses télégrammes, ses voyages, etc., il a excité le mécontentement général et provoqué les sarcasmes du monde entier. Il n'a de mesure en rien ; après avoir fait la cour, jadis, aux Russes, aux Français et aux Anglais, le voici maintenant qui court après les Américains. En dépit du voyage de son frère en Amérique, en dépit de l'échange des professeurs et en dépit du cadeau qu'il a fait de la statue du vieux Fritz, l'intimité entre l'Allemagne et l'Amérique n'a pas grandi, et le mépris du Yankee pour le *dutshman* n'a pas diminué de l'épaisseur d'un millimètre.

Il a cru se concilier la sympathie des autres nations par les cadeaux qu'il leur faisait, mais il s'est vu obligé de constater que ces libéralités, qu'on ne lui demandait pas, ne lui valaient que des plaisanteries. Après avoir donné aux Américains la statue de Frédéric le Grand et aux Italiens celle de Gœthe (on sait les mauvais traitements que ces deux monuments ont subis), il s'est avisé, tout récemment, d'expédier aux Anglais une statue de Guillaume d'Orange et à la commune de Carouge, dans le canton de Genève, un certain nombre d'objets d'art en terre cuite.

Les m'amours qu'il fait à la France sont tout simplement écœurantes.

Il ne s'est pas passé d'événement dans ce pays à l'occasion duquel Guillaume II, toujours bon premier, n'ait adressé un télégramme de félicitations ou de condoléances. Ces manifestations sont accueillies avec une froide politesse ; mais elles demeurent impuissantes à amener une modification des sentiments de la France vis-à-vis de l'Allemagne. L'annexion de l'Alsace-Lorraine sépare pour toujours les deux peuples. Dès l'instant que Guillaume II n'est pas décidé à lui restituer ces deux provinces, il ferait beaucoup mieux de s'épargner toutes les démonstrations inutiles.

Dans l'état de choses présent, ses tentatives en vue d'amener une entente cordiale entre les deux pays sont inutiles et ne sont bonnes qu'à le faire paraître sous un jour ridicule et indigne de lui.

Ceci m'amène à revenir sur ce que j'ai dit dans ma première brochure, à sa voir que Guillaume II est allé incognito à Paris en 1900. Comme il fallait s'y attendre, les organes reptiliens allemands m'ont infligé un démenti. Quoi que puissent dire la *Strassburger Post* et l'ensemble de ses correspondants berlinois, je maintiens mon affirmation dans toute son intégrité, car elle est absolument conforme à la vérité.

Étant au bureau central de la police, au ministère de l'Alsace-Lorraine, j'ai eu sous les yeux tous les documents officiels, concernant le voyage de l'empereur Guillaume à Paris. Loin d'avoir inventé quoi que ce soit, je me suis borné à reproduire ce que j'ai vu, noir sur blanc. Or, il me semble fort douteux que le bureau central de la police se soit permis d'inventer cette histoire. Au surplus, rien de plus naturel que ces démentis, concernant un fait que l'empereur lui-même avait tout intérêt à tenir secret.

Évidemment, le fait que le monarque s'est introduit à Paris, la nuit, à la façon d'un voleur, ne contribuerait guère à relever son prestige. Sans m'étendre davantage sur ce sujet, je me borne à enregistrer le dicton : « Tout comprendre, c'est tout pardonner ».

Plus que tout autre prince, Guillaume II sacrifie au veau d'or; il éprouve un tel respect, à l'endroit de l'argent, que, lors d'une visite faite à quelque port de guerre allemand par des milliardaires américains, il a toléré que ceux-ci le traitassent avec le dernier sans-gêne. C'est ainsi, par exemple, que le célèbre X... lui donna des tapes amicales sur l'épaule, tandis que le non moins fameux Vanderbilt, d'un air pro tecteur, lui déclarait qu'il était « un bon bougre ». Il a accepté toutes ces familiarités sans en être choqué le moins du monde.

C'est également sous l'influence du même respect pour l'argent qu'il a éprouvé le besoin d'assister au mariage de Mlle Bertha Krupp, avec M. de Bohlen. A cette occasion, il a prononcé un toast au cours duquel il lui a échappé certaines paroles qui ont provoqué d'innombrables hochements de tête. Notamment, il a traité la jeune femme de « chère Bertha » et de « chère fille ». En lui parlant de son père, il a dit mon cher et bien-aimé « ami ». Jamais jusqu'à ce jour, l'empereur n'avait décerné ce titre de chère fille, même aux jeunes personnes appartenant à la plus haute aristocratie; de plus, on a été assez péniblement surpris de l'entendre qualifier de « cher et tendre ami » un homosexuel qui s'est suicidé dans les conditions que l'on sait.

S'il s'est imaginé, en le traitant de cher et tendre ami, réhabiliter sa mémoire, il s'est fait une opinion complètement erronée de l'effet de ses paroles. Cet incident a dû lui prouver une fois de plus qu'un souverain commet toujours une grosse faute en voulant intervenir en faveur de gens qui ont été condamnés par le monde entier.

Ç'a été une autre gaffe, de sa part, d'aller conférer l'ordre pour le Mérite au général Stœssel, ce lâche qui a livré aux Japonais la forteresse de Port-Arthur et qui, pour ce fait, vient d'être condamné à mort.

Autre gaffe : la collation de l'ordre de l'Aigle-Noir au prince de Monaco, à ce principicule qui se fait entretenir par une bande de vampires et sur qui pèsent les malédictions de tout le monde civilisé.

Il se montre particulièrement généreux dans la distribution des décorations. Chaque année, à propos de n'importe quoi, il en lance des poignées aux quatre coins de son empire. A ce point de vue l'Alsace-Lorraine est particulièrement favorisée. Dans ce but les sous-préfets font parvenir aux commissaires de police une liste intitulée: « Propositions pour l'obtention de titres et de décorations ».

Dans ces conditions, puisqu'il faut que quelqu'un y soit inscrit, on prend le premier venu, qu'il puisse faire valoir des services ou non. La seule condition exigée c'est que la personne proposée soit « irréprochable », c'est-à-dire appartienne à cette catégorie d'individus qui promènent leur patriotisme sur un plateau.

Une année, j'avais proposé M. Oppenheimer, propriétaire d'une fabrique à Lingolsheim, un homme qui était tout désigné pour obtenir une distinction. J'avais demandé pour lui le titre de conseiller de commerce; le sous-préfet me répondit par ces mots : « Allons donc, ce juif! »

Les trois cas suivants montrent la valeur que

possèdent les décorations et la bêtise avec laquelle on les répartit :

Lors d'un séjour que l'empereur a fait, en 1902, à Strasbourg, le président de police fut avisé qu'une croix de l'ordre de la Couronne était mise à sa disposition. L'autre nous réunit alors et prononça ces paroles mémorables :

« Je vous remets la décoration de l'ordre de la Couronne, monsieur le commissaire de police Bannicke, parce que vous êtes le plus âgé de la bande. »

A la même occasion, le même président de police remit la médaille d'honneur à un agent qui en avait déjà été titulaire.

Etant commissaire de police, je me trouvais, un jour, dans le tramway à vapeur de Strasbourg, en compagnie de l'inspecteur des travaux hydrauliques du canton d'Erstein. Celui-ci dit à une tierce personne qu'il allait remettre la médaille d'honneur à un éclusier du canal et il ajouta d'un ton sarcastique :

« Me voilà obligé de faire un discours à cet individu, afin qu'il comprenne bien la haute valeur que possède cette machine. »

En matière de titre, l'Allemagne se livre à une gymnastique des plus extravagantes. On ne peut pas s'imaginer tout ce qui a été inventé sous ce rapport. La dernière création, c'est le « conseiller intime des archives », et on ne s'arrêtera pas là.

Il est certain que les décorations et les titres sont plus faciles à accorder et reviennent moins cher que l'augmentation des traitements. D'ailleurs, en haut lieu, on est d'une économie rigoureuse; ainsi quand l'empereur accepte d'être le parrain d'un septième fils, il est bien entendu à l'avance que nul appel no sera adressé à son porte-monnaie.

C'est pour cela que toujours les autorités administratives sont invitées à établir un rapport concernant la situation de fortune de la famille qui a fait la demande.

L'empereur ne dénoue que très rarement les cordons de sa bourse; encore n'est-ce que dans des circonstances extraordinaires.

Le 2 février 1907, la *Strassburger Post*, délirante de joie, a reproduit cette correspondance de Barr :

« Absolument sain et vigoureux de corps et d'esprit, hier le couple Benjamin Dontenwill et Francisca, née Scholl, a célébré la fête peu commune de ses noces d'or. Le jubilaire, un ancien combattant de Crimée, a 78 ans, et sa femme 70 ans. L'heureux couple a eu l'honneur et la joie de recevoir de Sa Majesté un cadeau de trente mark. »

Comme on voit, l'empereur ne s'était pas fendu.

En Allemagne, on ne donne à pleines mains que lorsque ça ne coûte rien.

A ma grande stupeur les feuilles reptiliennes n'ont pas soufflé mot à propos de ce que j'avais avancé, concernant le roi de Saxe et n'ont pas signalé le crime de lèse-majesté, dont je m'étais rendu coupable envers ce monarque. L'explication de la chose est facile, car la *Strassburger Post*, entr'autres, savait bien qu'elle éprouverait un fiasco remarquable, le jour où elle entreprendrait de démentir ce qui est le secret de Polichinelle, à Strasbourg, l'ancien « lieu d'études » du roi Frédéric-Auguste.

La *Strassburger Post*, qui se pâme à la vue d'un simple laquais de la cour, a gardé le même silence à propos d'Otto de Schaumbourg-Lippe, ce prince si vaillant dans les domaines de Bacchus et de Vénus.

C'est qu'elle avait des raisons excellentes de ne pas entreprendre sa défense, les aptitudes particulières de cette Altesse étant également trop connues des habitants de Metz.

En ce qui concerne les princes non régnants et les princes apanagés, une expérience journalière nous apprend qu'eux aussi sont nés de la femme et nullement tombés du haut des cieux.

Les esclandres qu'ils commettent sont vite connus, étant donné qu'ils ne sont pas étouffés par l'atmosphère des cours.

Sous ce rapport, je me bornerai à signaler le prince de Waldeck-Pyrmont, jadis major au 9° régiment de dragons, à Metz; il y a mené une telle existence que sa villa de Plappeville et tout son mobilier ont été vendus, par ordre de la justice.

Ensuite, il y eut le vilain procès en divorce du prince Philippe de Saxe-Cobourg-Gotha; enfin, tout récemment, l'histoire très malpropre dont les principaux personnages étaient le prince Joachim Albert de Prusse, l'actrice Marie Sulzer et son mari dupé, le baron Liebenberg.

Le comte de Hatzfeld connaissait bien tout ce monde-là. C'était lui qui disait :

« Il y avait là une foule de petits princes et... m'ade nouveau ennuyé au delà de toute expression. Un personnage de la cour m'a dit hier : « A rester longtemps ici, on devient républicain ».

Malheureusement, la Prusse-Allemagne est la terre classique du plat byzantinisme, de la servilité la plus abjecte, un pays dans lequel toutes les classes de la société sont subjuguées par le servilisme, la bassesse et le ventre-à-terre.

La nation allemande, en majeure partie, n'est heureuse que quand elle peut faire le pied de veau sous les yeux de l'autorité ; c'est une nation dans laquelle se manifeste un fétichisme tel que, à l'approche d'une simple voiture de la cour, les hommes qui, pourtant, ont été créés pour marcher et se tenir droit, se plient en deux et courbent la tête et, dans l'ivresse de leur enthousiasme, ne se demandent même pas pourquoi, ni pour qui ils s'enthousiasment.

Les autorités administratives, sans exception, et ce que l'on appelle la presse reptilienne sont saturées en Allemagne d'un byzantinisme revêtant les formes les plus écœurantes.

Si, par exemple, telle ou telle feuille qui meurt du respect que lui inspirent le trône et l'autel reproduit une dépêche télégraphique disant que l'empereur est arrivé, tel jour, à telle heure, à tel endroit, a vu tel régiment et a pris ses repas ici ou là ; instinctivement, on se demande si ce fait a réellement une importance telle qu'il y ait nécessité de l'annoncer par la voie télégraphique.

Cette presse byzantine est absolument grotesque lorsqu'elle parle des aptitudes et nobles traits de

l'empereur et de sa famille. C'est à mourir de rire
quand on en voit parler de l'extraordinaire adresse
au tir dont fait preuve Sa Majesté. Qu'est-ce que
cela peut nous faire en somme que l'empereur ait
tué, le 14 novembre, un renard et un lièvre; le 28,
quinze renards et le 17, quatre-vingt-cinq? Comme
si la chasse des souverains était intéressante! Tout
le monde sait que le gibier, traqué de toutes parts
par des laquais de la cour, vient s'offrir en masse
aux coups des têtes couronnées. Ils n'ont qu'à tirer
droit devant eux sans s'occuper de rien, sans viser,
pour massacrer un tas de pauvres bêtes.

Sur tous les tons, on loue l'empereur en qualité
de détenteur de la science infuse dans tous les domaines.

A ce propos, le comte Reventlow a fait une
observation extrêmement juste.

« Dans les premières années du règne de Guillaume II, dit-il, les gens de la cour s'étaient
répartis la besogne de façon que chacun pût
jouer son rolet de Byzantin. Si, par hasard, l'empereur émettait une opinion, immédiatement un
murmure s'élevait d'un certain côté et on entendait
dire : « C'est tout à fait Frédéric le Grand ». Quand
il émettait une deuxième appréciation on entendait
souffler dans un autre coin ces mots : « Ma parole,
on croirait entendre le Grand Electeur. » Ça n'a pas
dû beaucoup changer depuis et, en tout cas, on
continue de s'efforcer de faire croire à l'empereur
qu'il ressemble aux grands hommes et aux esprits
d'élite pour lesquels il professe une admiration
particulière. »

D'ailleurs, ces actes de courtisanerie ne s'exercent

pas seulement vis-à-vis de lui; c'est ainsi que, lorsque le kronprinz a eu son premier enfant, toute la presse à la dévotion de la cour a reproduit des comptes rendus analogues à celui-ci :

« Le petit prince est un enfant d'une vigueur extraordinaire ; il pousse à vue d'œil. Incontestablement, il ressemble à son père, surtout de profil ; il a des yeux bleu très clair, une abondante chevelure blonde couvre sa tête. L'enfant prospère et c'est avec une joie véritable que les médecins constatent la constante augmentation de son poids. »

Est-il possible d'inventer quelque chose de plus idiot que cela ?

Cet esprit servile règne en souverain maître dans la Prusse-Allemagne. Ci-après un exemple qui le caractérise à merveille :

Le prince héritier de Salm-Salm et son épouse ayant fait un séjour à Gronau en Westphalie, le journal de cette localité a célébré cet événement historique dans les termes que voici :

« Stattlohn, 25 juillet. — Lundi, vers midi, Son Altesse Sérénissime, le prince héritier de Salm-Salm, accompagné de Son Altesse son épouse Christiane, née archiduchesse d'Autriche, et des princesses ses nièces, venant du château de Rheda est arrivée ici, dans une automobile construite avec la dernière élégance. Leurs Très Hautes Seigneuries ont passé le temps de leur séjour ici à l'hôtel Sonntag, où elles ont daigné avoir une conversation très longue et des plus aimables avec les dames de la maison. Pendant que Leurs Altesses Sérénissimes sont restées à l'hôtel Sonntag elles ont déjeuné, puis pris un dîner somptueux et ont daigné exprimer, dans les termes les plus gracieux, le bon souvenir qu'elles conserveront des plats et des vins parfaits qui leur ont été servis » !

Je ne pense pas que l'on puisse pousser plus loin le servilisme byzantin.

Les autorités administratives de l'Etat sont infectées par le byzantinisme. Il est impossible de trouver, dans aucun pays du monde, une platitude pareille à celle qui distingue MM. les fonctionnaires allemands.

Dans une circulaire du 22 mars 1906, le ministre de la justice du Reichsland, M. le Dr Petri, invita tout le personnel de l'administration de la justice de l'Alsace-Lorraine ainsi que les avocats, à se procurer un portrait de la famille impériale. Cette circulaire ministérielle avait été précédée d'une autre adressée aux instituteurs, auxquels elle donnait à comprendre, en termes très clairs, que l'autorité désirait que chacun d'eux fît l'acquisition du portrait bien connu intitulé : « Quatre générations d'empereurs ».

Ceci n'est pas seulement pitoyable, c'est encore d'un ridicule achevé.

Cette platitude vis-à-vis de l'empereur ne respecte rien, pas plus la fortune de l'Etat que celle des communes. On gaspille les sommes les plus phénoménales, parfois, pour des motifs absurdes, dans l'unique but de se faire bien voir du souverain. Il y a quelques années, le secrétaire d'Etat, comte Posadowski, pour enlever le vote de la somme nécessaire à la restauration du château de Hohkœnigsburg, offert à l'empereur par la ville de Schlestadt, n'a pas hésité à prétendre que cette restauration avait une importance considérable au point de vue national.

Comme il s'adressait à une cohue d'êtres serviles, les sommes exorbitantes qu'il demandait ont été votées.

Un souhait de l'empereur allemand est un ordre pour ses sujets. En octobre 1906, la municipalité de Cassel, après avoir voté une somme de six cent mille mark pour la reconstruction du théâtre de la Cour, — chose qui lui était demandée par l'empereur — n'hésita pas à voter, après une discussion orageuse, une somme complémentaire de sept cent mille mark.

Etant donnés le caractère et la sensibilité exagérée de l'empereur Guillaume II, étant donné aussi qu'il n'aime pas regarder certaines vérités en face, on peut dire que les mémoires du prince de Hohenlohe l'ont cinglé à la façon d'un coup de fouet. L'exaspération qu'il en a ressentie s'est traduite par son fameux télégramme au fils de l'auteur, au prince Philippe de Hohenlohe.

Evidemment, il n'y aurait qu'un moyen de contenter ce monarque si chatouilleux : les articles politiques de tous les journaux devraient, avant de paraître, être soumis à son approbation.

Etant donné la tournure d'esprit de l'empereur Guillaume, toute vérité que l'on dit sur son compte et qui ne le montre pas sous un jour extrêmement favorable est, sur le champ, considérée comme une attaque injustifiée contre sa personne ou comme une appréciation déshonorante.

Toute critique, si minime soit-elle, formulée à son

endroit, est envisagée comme une manœuvre destinée à déprécier et à ridiculiser le chef de l'Etat.

Et, comme les choses en sont à ce point, malgré
que j'aie simplement rapporté des faits authentiques,
le procureur du roi entamera des poursuites contre
moi.

FIN

INDEX ALPHABÉTIQUE

des noms cités dans cet ouvrage

TABLE DES MATIÈRES

CHAPITRE II

LES PETITS FONCTIONNAIRES

CHAPITRE III

LES HAUTS FONCTIONNAIRES

CHAPITRE IV

LES TRÈS HAUTS FONCTIONNAIRES.

CHAPITRE VII

LE GASPILLAGE DES FINANCES D'ALSACE-LORRAINE.

CHAPITRE VIII

'LA PROSTITUTION.

CHAPITRE IX

LES OFFICIERS.

Imp. Kapp, 20, rue de Condé, Paris.